# COLLECTION
## UNIVERSELLE
### DES
### MÉMOIRES PARTICULIERS,
#### RELATIFS
#### A L'HISTOIRE DE FRANCE.
### TOME V.

CONTENANT la fin des Mémoires de BERTRAND DU GUESCLIN; la Liste des Chevaliers & des Ecuyers qui l'accompagnèrent dans ses différentes expéditions; les Mémoires sur la vie de CHARLES V, par CHRISTINE de PISAN; & ceux de PIERRE de FENIN Pannetier de CHARLES VI.

### XIVᵉ. & XVᵉ. SIÈCLES.

Il paroît régulièrement chaque mois un Volume de cette Collection. Les Editeurs ont pris les précautions nécessaires pour qu'il en ait paru 12 volumes à la fin de l'année 1785.

Le prix de la Souscription pour 12 Volumes, à Paris, est de 48 l. ou de 24 l. pour la demi-année. Les Souscripteurs de Province payeront de plus 7 l. 4 f. pour l'année entiere, ou 3 l. 12 f. pour la demi-année, à cause de frais de poste.

C'est au Directeur de la Collection des Mémoires, &c. qu'il faut s'adresser, *rue d'Anjou-Dauphine* N°. 6, à Paris. Il faut avoir soin d'affranchir le port de l'argent & des lettres.

# COLLECTION

*UNIVERSELLE*

DES

MÉMOIRES PARTICULIERS

RELATIFS

A L'HISTOIRE DE FRANCE.

*TOME V.*

A LONDRES;

*Et se trouve à* PARIS,

Rue d'Anjou-Dauphine, N°. 6.

1785.

# MÉMOIRES DE BERTRAND DU GUESCLIN.

## CHAPITRE XXXIV.

*De plusieurs Places conquises par* BERTRAND *sur les Anglois, & de la reddition qui lui fut faite de celle de* Randan, *devant laquelle il mourut, après qu'on lui en eut porté les clefs.*

LES François, sous la conduite de Bertrand, (88) poussèrent toujours leurs armes victorieuses, après s'être rendus les maîtres de S. Jean d'Angely & de Xaintes, qui ne purent tenir long-temps contre un si grand Capitaine, dont le nom seul étoit devenu la terreur des Anglois. Il alla ensuite assieger *Cisay*, après avoir pris la précaution de s'assurer de Montreuil-Bauny, qu'il lui fallut prendre d'assaut. Tandis qu'il disposoit toutes choses pour le succès de ce siege, les Seigneurs de Clisson, de Laval, & de Rohan, qui s'étoient attachés à celui de la Roche-sur-Yon, lui manderent qu'il eut à se tenir sur ses gardes, parce que les Anglois s'assembloient en grand nombre à Niort, dans le dessein de secourir ou la Place qu'il affiegeoit, ou celle devant laquelle ils étoient paffés. Guefclin les remercia du foin qu'ils avoient pris de lui donner un avis fi judicieux & fi falutaire, & leur témoigna que pour en profiter, il alloit fe tenir alerte, afin de prévenir l'infulte qu'on lui pourroit faire : en effet, il fit environner fon camp de foffés & de pieux pour en défendre les approches ; & ne fe contentant pas d'aller audevant des entreprifes que les ennemis pourroient faire pour troubler la continuation de fon fiege, il envoya des ordres à Alain de Beaumont, de fe cantonner & de fe retrancher comme lui, de peur que les Anglois ne lui vinffent tomber fur le corps, tandis qu'il feroit devant Lufignan qu'il tenoit ferré de fort près. Alain ne manqua pas de prendre là-deffus les mêmes précautions que Bertrand : ces trois fieges de *Cifay*, de la *Roche-fur-Yon* & de *Lufignan*, qui fe faifoient tous dans le même temps, partageoient beaucoup les forces des François, qui, toutes raffemblées les euffent mis en état de faire de plus grands efforts & d'agir avec plus de fuccès. Bertrand perdoit fon temps & fes peines devant Cifay qui fouffrit plufieurs affauts, fans qu'on en put venir à bout. Il tâcha d'en corrompre le Gouverneur à force de préfens ; mais fa fidélité fut inébranlable, car bien loin de prêter l'oreille à ses persuasions, il ne le paya que de railleries.

Tandis qu'il se morfondoit devant cette Place, les Anglois tenoient conseil devant Niort, pour délibérer entr'eux à laquelle des trois villes assiegées, ils pourroient donner du secours. Le sire d'Angoris, le plus fameux & le plus expérimenté Capitaine d'entr'eux, opina que c'étoit à Bertrand qu'il falloit aller, parce que de sa défaite dépendoit la réputation de leurs armes; & s'ils le pouvoient une fois débusquer de devant Cisay, par une bataille qu'ils pourroient gagner sur lui, tout le reste des François ne tiendroit pas long-temps contre une armée qui viendroit de triompher d'un si grand Capitaine.

*Jaconel*, qui ne connoissoit pas la valeur de Bertrand, jura devant toute cette assemblée qu'il l'iroit attaquer en personne, & qu'il le leur ameneroit mort ou vif. Il s'avisa même d'y proposer un expédient qui seroit capable d'intimider les François, en cas qu'on le voulut suivre : c'étoit de porter tous des chemises de toile au-dessus de leurs armes, & d'y faire coudre au milieu des croix rouges devant & derriere. Tout le monde goûta fort cet avis, & l'on résolut aussi-tôt de le suivre.

Tandis que les Anglois étoient sur le point de se mettre en campagne avec ce bel épouvantail, il leur vint une recrue de quatre cens homme, qui leur demanderent la permission de se joindre à eux, pour combattre les François ensemble, qu'ils devoient tous regarder comme leurs communs ennemis. Ce renfort les rendant encore plus fiers, ils partirent tous de Niort avec leurs habits de toile & leurs croix rouges en fort belle ordonnance, sous la conduite de Jaconel, qui, croyant déjà Bertrand dans ses mains, avoit ordonné qu'on tendît fort proprement une chambre, & qu'on y préparât un grand repas pour bien recevoir dans Niort, & y régaler le Connétable de France, qu'il comptoit y amener, dès le soir même. Ils se promettoient de remporter une victoire si complette dans cette journée, qu'ils avoient déjà résolu de faire passer tous les François au fil de l'épée sans faire quartier qu'à trois seulement, à Guesclin, à Messire Maurice du Parc, & à Geoffroy de Cassinel, tous Chevaliers Bretons, dont ils espéroient tirer une rançon considérable.

Cette troupe, composée de quelques quinze cens Anglois, vint rabattre dans sa marche auprès d'un bois; tandis qu'ils y faisoient alte, ils apperçurent deux charettes de vin qu'on menoit au camp devant Cifay, on les avoit tirées de Montreuil Belay, qui est le meilleur vignoble de Poitou. Les Anglois altérés par la grande chaleur du jour, défoncerent tous les muids & s'en donnerent à cœur joie, fans en laiffer aucune goute. Tandis que les fumées du vin leur montoient à la tête, ils fe faifoient une haute idée de la victoire qu'ils alloient emporter fur les François, fe promettant les uns aux autres de n'en pas laiffer échapper un feul, & de répandre plus de fang qu'ils n'avoient verfé de cette liqueur dans leurs gofiers.

Tandis que leur imaginaire intrépidité les rendoit ainfi fort contens d'eux-mêmes, les gens de Bertrand prirent un Breton, qui, depuis quatre ans, étoit dans le parti des Anglois; ils le menerent devant lui. Guefclin qui le regardoit comme un déferteur, donna auffi-tôt les ordres pour le faire pendre : celui-ci fe difculpa fort bien du crime dont on le foupçonnoit, en difant que les Anglois s'étoient faifis de fa perfonne, & l'avoient retenu malgré lui dans leurs troupes, & que depuis il avoit toujours cherché l'occafion de s'échapper : mais qu'elle ne s'étoit jamais préfentée plus favorable pour cet effet, que tout recemment il les avoit quittés pour se ranger du côté de sa Nation & reveler à Bertrand une nouvelle de la derniere consequence. Celui-ci le prenant toujours pour un transfuge & pour un espion, le menaça de le faire brancher au premier arbre, s'il venoit à découvrir en lui la moindre supercherie. Ce Breton l'assura qu'il lui parloit sincerement & de bonne foi, ne s'étant séparé des Anglois que pour lui donner avis du danger qui le menaçoit, & lui dire que les ennemis étoient fort près de lui tous vêtus de toile sur leurs armes, qu'ils portoient des croix rouges devant & derriere pour intimider les François par un spectacle si bizarre & si surprénant, & qu'ils avoient dessein de les surprendre de nuit, ou de jour. Bertrand à qui cet homme étoit encore suspect, lui témoigna que s'il étoit surpris en mensonge il lui en coûteroit la vie. Cependant il se trouva que ce Breton n'imposoit aucunement à la vérité : car les Anglois n'étoient pas à un quart de lieue de là cachés dans un bois; ils n'attendoient que la nuit pour venir tomber sur le camp des François. Le coup étoit immanquable s'ils eussent suivi leur premier dessein : mais la sotte vanité de Jean d'Evreux le fit avorter; voulant faire l'intrépide & le courageux, il prétendoit comme un autre Alexandre ne pas dérober la victoire à la faveur des ténebres, mais la remporter en plein jour, comme si les Anglois n'avoient pas assez de cœur & de bravoure pour défaire les François en combattant contre eux dans les formes. Il leur représenta que la gloire de leur nation vouloit qu'on n'imputât pas leur victoire à une surprise qui auroit un air de trahison, d'autant plus qu'étant deux contre un, les François seroient obligés de céder à la multitude. Cet avis ayant été suivi de tout le monde, on ne pensa plus qu'à l'exécuter. Mais avant que de faire le premier mouvement là dessus, on envoya quelques coureurs pour reconnoître auparavant en quelle position étoient les François : car les Anglois avoient tant de fierté qu'ils appréhendoient que si les ennemis avoient le vent de leurs approches, ils ne levassent aussitôt le siége de Cisay pour prendre la fuite. Ils marcherent donc dans une fort belle ordonnance au nombre de douze cens.

Le spectacle de toutes ces toiles blanches & de ces croix rouges dont ils étoient vêtus, jettoit un grand éclat dans la campagne. Ils avoient outre cela quatre cens Archers montés à l'avantage, ayant chacun le casque en tête, & la lance au poing, vêtus de croix rouges & de toiles comme les fantassins. Leurs drapeaux que le vent agitoit au soleil contribuoient beaucoup à rendre leur contenance plus brave & plus fiere. Tout cet appareil jetta quelqu'étonnement dans l'ame des François, qui croyoient n'avoir pas des forces suffisantes pour résister à tant d'ennemis. Bertrand s'apperçut de leur crainte, & pour leur relever le courage, il leur dit dans son langage du quatorzième siecle, *Je octroye qu'on me trenche les membres se vous ne bées aujourd'hui l'orgueil des Anglois trebuchier.* Cette parole prononcée d'un ton hardi les rassura dans le même instant. Il partagea ses troupes en trois bandes. Il mit à l'aile droite *Geoffroy Cassinel* Capitaine brave & estimé, qui étoit son elève ; *Maurice du Parc* eut ordre de conduire la gauche : il se réserva le commandement du corps de bataille, & pour ne pas abandonner le siége de Cisay dont la garnison qui viendroit à sortir le pourroit charger par derriere tandis qu'il seroit aux mains avec les Anglois, il laissa devant cette place Jean de Beaumont pour tenir toujours les assiégés en haleine, avec quelques troupes qui faisoient mine de vouloir entreprendre un assaut.

Tandis que Bertrand rangeoit ainsi tout son monde pour marcher contre ses ennemis avec discipline, il vint un Trompette Anglois lui faire une bravade en le sommant ou de lever le siége, ou de donner bataille. Guesclin lui commanda de se retirer au plus vite, lui disant que les Anglois auroient bientôt de ses nouvelles. Le Trompette les vint avertir que Bertrand disposoit toutes choses au combat. Au lieu d'être alerte aussi de leur côté, ils s'aviserent en attendant de se coucher tous sur le pré les jambes croisées ne doutans point de battre les François, tant ils avoient une haute opinion de leur bravoure, & qui leur étoit inspirée par le vin dont ils étoient pris & qu'ils n'avoient pas encore bien cuvé. Bertrand se voulant prévaloir de la fiere négligence de ses ennemis, sortit aussitôt de ses retranchemens & fit montre de ses François en pleine campagne en marchant droit aux Anglois, qui ne bougerent point de leur place & demeurerent toujours dans la même position jusqu'à ce qu'on fût auprès d'eux. Ceux de Cisay voyans les François décamper de devant leur ville firent une sortie sur les troupes de Jean de Beaumont : ceux-ci les reçurent si bien, qu'ils les taillerent en pieces, & les repousserent dans leurs murailles. Bertrand ayant appris cette heureuſe nouvelle avant l'ouverture du combat en fit part à ſes gens pour les encourager.

Comme on étoit ſur le point d'en venir aux mains, un Anglois ſe détacha de ſon gros par ordre de Jean d'Evreux pour dire aux François qu'il paroiſſoit bien qu'ils appréhendoient de ſe battre, puiſqu'ils employoient tant de temps à ſe préparer: que s'ils vouloient épargner leurs vies, il leur conſeilloit de demander la paix aux Anglois, & que s'ils vouloient prendre ce parti, il travailleroit volontiers à la leur procurer.

Gueſclin le renvoya plus fierement (89) que le premier, avec ordre d'aſſurer ſes Maîtres qu'il avoit entre ſes mains Robert Milton Gouverneur de Ciſay dont la ſortie lui avoit été funeſte, puiſqu'après avoir été battu par Jean de Beaumont avec tous ſes gens, il avoit encore été fait priſonnier, & qu'il eſperoit qu'il en iroit de même de la bataille que du ſiége. Il lui commanda de plus de faire aſſembler les Anglois auſſitôt qu'il les auroit joints, & de les avertir qu'ils ſe levaſſent ſur leurs pieds, parce qu'il ne daignoit pas les attaquer, tandis qu'ils demeuroient ainſi couchés ſur le pré. L'Anglois retournant ſur ſes pas exhorta les siens à bien faire & leur apprit la défaite de Milton & des assiégés. Ils se leverent aussitôt en criant *St. Georges* & se rangeant en bataille ils vinrent au petit pas contre les François. Leurs Archers ouvrirent le combat en tirant une grêle de fléches qui fit plus de bruit que d'effet ; parce que comme elles tomboient sur les casques des François elles n'en pouvoient percer ni le fer ni l'acier. Les Archers ayant fait leur décharge firent place aux Gendarmes, à qui Jean d'Evreux ordonna qu'après qu'ils auroient fait les derniers efforts pour ouvrir les François avec la pointe de leurs lances, ils les jettassent aussitôt par terre pour mettre l'épée à la main & les combattre de plus près, espérant que s'ils pratiquoient bien cette discipline, ils marcheroient à une victoire assurée. Les Anglois se mirent en devoir de bien exécuter cet ordre qu'ils reçurent de leur Général, & d'abord ils chargerent les François avec tant de vigueur qu'ils les firent reculer plus de vingt pas.

Bertrand surpris de voir ses gens plier de la sorte & sur le point de se rompre, les fit retourner à la charge & leur commanda de disputer le terrein pied-à-pied à leurs ennemis sans sortir de leur place. Les François rentrerent donc en lice, & la mêlée recommença de part & d'autre, avec plus de chaleur ; les Anglois les furpaſſoient en nombre ; mais la préſence de leur Général leur tenant lieu de tout, les faiſoit combattre avec un courage invincible. Bertrand qui veilloit à tout & couroit par-tout leur crioit de frapper à grands coups de ſabres, de haches & de marteaux de fer pour aſſommer leurs ennemis dont ils ne pouvoient percer les corps avec leurs épées : parce que les armes dont ils étoient couverts en émouſſoient la pointe.

Les François s'acharnant à ſuivre exactement cet ordre, renverſoient par terre tous les Anglois qu'ils pouvoient atteindre & déchargeoient ſur eux de ſi grands coups qu'ils leur faiſoient plier les genoux. Cet effort qu'ils firent ſur le premier rang fit bientôt reculer les ſeconds. Bertrand voyant que ce jeu de main produiſoit l'effet qu'il en attendoit, fit avancer auſſitôt les deux aîles de ſon armée, qui faiſans la même manœuvre abbatoient têtes, bras, épaules & jambes ſur le pré. Leurs haches enfonçoient le caſque des Anglois dans leur tête, ils crioient en ſigne de victoire *Montjoye Saint Denis*. Leurs ennemis faiſoient les derniers efforts pour ſe rallier ; mais ils ne leur en donnoient pas le loisir à force de les charpenter & de les hacher comme des bœufs. Toute la campagne étoit affreuse à voir étant couverte de têtes, de bras, de casques renversés, tout ensanglantés, & d'épées rompues. Ce pitoyable objet donna tant de terreur aux Anglois, qu'ils ne rendirent presque plus de combat. Chacun d'eux chercha pour lors à se garantir de la mort par la fuite. *Jaconnel* au désespoir de voir la déroute des siens qui s'ouvroient, plioient, se débandoient & commençoient à lâcher le pied, s'en vint s'attacher sur Bertrand avec une rage qui le faisoit écumer comme un sanglier, & lui déchargea un grand coup de sabre sur son casque; le fer ne fit que glisser à côté. Bertrand lui voulant donner le change à l'instant, le prit par la visiere & la soulevant un peu, il lui passa sa dague dans la tête & lui perça l'œil droit. Les Anglois voyant la fâcheuse aventure qui venoit d'arriver à l'un de leurs Généraux, gagnerent au pied & laisserent le champ de bataille aux François qui compterent plus de cinq cens de leurs ennemis qu'ils trouverent morts couchés par terre.

Jean d'Evreux, le Sire d'Angoris & plusieurs autres Chevaliers y demeurerent prisonniers. Il n'y avoit pas jusqu'au moindre goujat qui n'en eut quelqu'un dont il comptoit avoir une bonne rançon; mais comme il y avoit entre les François de la contestation pour sçavoir auquel appartenoit chaque prisonnier; Guesclin leur commanda de les mettre tous au fil de l'épée : si bien qu'il n'y eut que les chefs Anglois qui furent épargnés. Ceux de Cisay voyant la défaite entiere des troupes qui venoient à leur secours, ne balancerent plus à ouvrir leurs portes aux vainqueurs. Bertrand qui ne se lassoit jamais de combattre & de vaincre, proposa de marcher à Niort, disant qu'il y vouloit souper, & que chacun se mit en devoir de le suivre. Il se servit d'un artifice qui lui réussit, commandant à ses gens de se revêtir des habits des Anglois, & de porter leurs mêmes drapeaux. Ceux de Niort voyant ces croix rouges avec ces chemises de toile, & les Léopards d'Angleterre arborés sur leurs enseignes, s'imaginerent que c'étoient les Anglois qui revenoient victorieux. Les François pour les faire encore donner davantage dans le piège qu'ils leur tendoient, s'approcherent des portes de leur ville en criant *St. Georges.* Les bourgeois ne manquerent pas de les leur ouvrir aussitôt; mais cette crédulité leur fut pernicieuse : car les François entrerent dedans comme dans une ville prise d'assaut, y firent toutes les hostilités dont ils s'aviserent, mirent à mort tout ce qui voulut résister, & prirent à rançon tous ceux qui voulurent se rendre; si bien que tout le Poitou revint à l'obéissance des Lys, & secoua le joug des Léopards.

Bertrand après s'être emparé de toutes les places de cette Province, en établit Alain de Beaumont Gouverneur, & s'en alla droit à Paris pour rendre compte au Roi son maître de la situation dans laquelle il avoit laissé les affaires. Charles le Sage le reçut avec les démonstrations d'une joye parfaite, & lui fit l'accueil qu'un Général victorieux doit attendre d'un Prince qu'il a bien servi. Guesclin ne fit pas un fort long séjour à la Cour, & comme le Duc d'Anjou demandoit du secours au Roi son frere, on en donna le commandement à Bertrand, qui fit des choses incroyables en faveur de ce Prince avec le Maréchal de Sancerre, Ivain de Galles & d'autres Chevaliers contre les Anglois, auxquels ils enleverent plusieurs places, & particuliérement le château de la Bernardiere & Bergerac qu'ils remirent sous l'obéissance du Duc d'Anjou qui s'estima heureux de s'être servi de la tête & du bras d'un Capitaine si fameux que l'étoit Guefclin, dont le nom feul étoit fi rédoutable aux Anglois. Le Duc après ces conquêtes retourna dans fa fouvéraineté d'Anjou, fort content du fuccès de fes armes, dont Bertrand avoit rétabli la réputation. Celui-ci reprit le chemin de Paris, où le Roi ne le laiffa pas longtemps oifif. Il le (90) renvoya fur fes pas en Auvergne pour attaquer le château de *Randan* qui n'étoit pas encore foumis à fon obéiffance. Guefclin partit avec de belles troupes, efpérant couronner fes grandes actions par cette derniere expédition. Ce fut en effet non-feulement la fin de fes conquêtes; mais auffi celle de fa vie. Bertrand inveftit cette forte citadelle avec tout fon monde; mais avant que d'en venir à l'attaque, il voulut preffentir le Gouverneur & le tâter pour l'engager à lui porter les clefs de fa place, lui difant qu'il étoit réfolu de n'en point décamper qu'il ne l'eût par affaut, ou par compofition. Le Capitaine fut à l'épreuve de toutes ces menaces; il lui répondit fort honnêtement qu'il connoiffoit la valeur & la réputation du Général auquel il parloit, & la puiffance du Roi qu'il fervoit; mais qu'il feroit bien malheureux s'il étoit affez lâche pour rendre ainfi un place forte, bien fournie

de

de vivres, & ayant une bonne garnison : que le Roi d'Angleterre qui lui avoit confié la défense de cette ville, le regarderoit comme un traître, & le puniroit du dernier supplice, s'il étoit capable d'une semblable perfidie. Qu'enfin son honneur lui étant plus cher que sa vie, il vouloit risquer son propre sang pour conserver sa réputation. Guesclin s'appercevant que la fidélité de cet homme ne pouvoit être ébranlée par les persuasions & les remontrances, jura *que jamais ne partiroit d'illec, si auroit ledit chatel à son plaisir*. Il donna donc les ordres nécessaires pour en venir à l'assaut, qui fut meurtrier ; mais la résistance des assiégés fut si vigoureuse, que les gens de Bertrand furent repoussés avec quelque perte. Cette disgrace le toucha si fort, & lui donna tant de mortification, qu'il en tomba malade dans sa tente, sans pourtant discontinuer le siége qu'il avoit commencé : son mal s'aggravant de plus en plus lui fit bientôt connoître qu'il ne releveroit point (91) de cette maladie.

Ce grand cœur qu'il avoit fait paroître dans les occasions les plus dangereuses, ne se démentit point à cette derniere heure, dont l'approche ne fut pas capable de le faire pâlir : comme il avoit toujours eu pour son Dieu des sentimens fort religieux, n'étant pas moins bon Chrétien que fidele sujet de son Prince; il se fit apporter le Viatique, après avoir purifié ses déréglemens passés par les larmes de la pénitence. Il édifia tous les Chevaliers dont son lit étoit environné, par les dernieres paroles qu'ils entendirent prononcer à ce grand homme : car après avoir demandé le pardon de ses péchés à son Dieu, d'un air fort contrit, il lui recommanda la sacrée personne de Charles le Sage son bon maître, celle des Ducs d'Anjou, de Bourgogne & de Berry, celle aussi de sa chere femme, qui avoit pris un si grand soin de lui, & pour laquelle il avoit toujours eu une tendresse singuliere. Il se souvint aussi de faire des vœux & des prieres pour la conservation du Royaume de France, priant le Seigneur de lui donner un Connétable qui le sçut encore mieux défendre que lui. La douleur que son mal lui faisoit souffrir ne l'empêcha pas de songer à couronner la fin de sa vie par un dernier service qu'il pouvoit encore rendre à son maître. Ce fut dans cet esprit qu'il fit appeller le Maréchal de Sancerre, & le pria d'aller dire au Gouverneur de *Randan*, que s'il prétendoit arrêter plus longtemps une armée Royale devant la place, il le feroit pendre à l'une de ses portes, après l'avoir prise d'assaut. Le Commandant qui ne sçavoit pas que ce Général étoit à l'extrêmité, lui répondit, que ni lui ni les siens ne la rendroient qu'à Bertrand seul, quand il leur viendroit parler en personne. Le Maréchal eut la présence d'esprit de les assurer qu'il avoit juré de ne plus faire aucune tentative auprès d'eux pour les engager à se rendre, ni de leur en dire une seule parole. Il eut par là l'adresse de leur cacher sa maladie qui étoit incurable. La seule crainte de son nom leur fit ouvrir leurs portes; & le Commandant qui s'imaginoit trouver Bertrand dans sa tente plein de vie, fut bien étonné de rendre les clefs de sa place à un agonisant, qui pourtant eut encore assez de connoissance pour recevoir les soumissions & les hommages de ce Gouverneur : l'effort que cette cérémonie lui fit faire, lui fit rendre le dernier soupir. Sa mort fut également regrettée de ses amis & de ses ennemis. Il n'y eut personne qui ne pleurât la perte d'un si grand Capitaine qui s'étoit signalé durant sa vie par tant de conquêtes, & qui l'avoit finie par le gain d'une place fort importante. Comme si le Ciel eût voulu que ce dernier succès eût été le couronnement de tous les autres.

On dit qu'avant que d'expirer, il demanda son épée de Connétable, & pria le Seigneur de (92) Cliffon de la prendre pour la remettre entre les mains du Roi, conjurant tous les Seigneurs qui se trouverent là présens, de le bien servir, & de lui témoigner de sa part qu'il avoit trouvé le Seigneur de Cliffon fort capable de lui succéder. En effet Charles le Sage lui laiffa dans les mains l'épée de Connétable qu'il lui voulut rendre. Ce grand Prince fut si touché de la mort de Bertrand, qui lui avoit pour ainsi dire remis la couronne sur la tête, que les Anglois avoient tâché de lui arracher, qu'ayant appris que ses parens avoient deffein de transporter son corps en Bretagne pour y faire les funérailles, il voulut lui donner un sépulchre (93) plus glorieux, en commandant qu'il fut inhumé dans l'Abbaye Royale de Saint-Denis, auprès du tombeau qu'il avoit déjà fait ouvrir & creuser pour lui-même : afin que la postérité sçut qu'un si fidelle sujet (94) ne devoit être jamais séparé de son souverain, pas même après son trépas : & qu'après avoir si bien soutenu durant sa vie la gloire des Lys, il devoit être après (95) sa mort enterré dans le même lieu destiné pour la sépulture des Rois qui en portent le sceptre. La lampe qui brûle encore aujourd'hui sur le cercueil de ce grand Capitaine, nous fait voir que la succession des temps ne sera jamais capable d'éteindre la gloire qu'il s'est acquise par sa fidélité, par sa valeur, & par ses services.

*Fin des Mémoires du quatorzième siècle.*

# OBSERVATIONS
## SUR LES MÉMOIRES
## DE BERTRAND
## DU GUESCLIN.

(88) Les mémoires du 14ᵉ. siècle passant fort rapidement sur les conquêtes de du Guesclin dans le Poitou & dans la Guyenne ils n'entrent à cet égard dans aucun détail des différents siéges & des rencontres particulieres qui eurent lieu. Du Chastelet au contraire s'y livre longuement. Dans l'Histoire de du Guesclin par Menard, l'Auteur raconte la mort du fameux Chandos, qui fut tué dans une escarmouche... Et là, est-il dit, dans (a) cette Histoire, y avoit un Escuyer François moult hardy, qui par grant hardiesse alla férir Chandos d'un glaive en poussant, & tellement l'empaint, & de si grant force, à la peine qu'il y mist, que par dessouz la poitrine lui perça le jaque, la cotte & le pourpoint à armer, & lui bouta le fer dudit glaive dedens le corps; & quand Chandos se senty navres, si escria à ses gens... Ayme Dieu, je suy mort, huy est venu mon derrain

(a) P. 479 & 480.

jour & ma fin. A Dieu comment Monsieur le Roy d'Engleterre, Monsieur le Prince, & la Dame que j'ay espousée.

Cette même (a) Histoire de du Guesclin renferme une anecdote, qu'on ne doit pas omettre : l'événement arriva au siége de St. Severe. Dans le dernier assaut que du Guesclin fit donner l'Abbé de Malepaye se signala... Ecoutons l'Historien.....

Mais sur tous les assaillans l'Abbé de Malepaye y assailli ce jour. Car en la plus forte tour dudict chatel il mina si fierement, qu'il y fit un trou par où fussent entrés deux hommes tout d'un front, & il mesmes fust entré dedens ledit trou, quant malement fust repoussé des Engloiz...... Ce nonobstant ledit Abbé fust entré dedens, quant il fut féru d'une hache tellement que le bacinet lui fut embaré, & lui tumba par terre. Et quant Engloiz le virent ainsi abbatu,.... si le saisyrent par le camail, & tirerent à eux tant comme ils pourrent. Et Françoiz d'autre part le prindrent par les braz & le tirerent à eux tant comme ils pourrent contre Engloiz. Si fust tellement tiré d'un costé & d'autre, que à peu qu'il ne fust desmembré. Mais Françoiz le rescouyrent à force, & lui deslacerent son bacinet pour

(a) P. 500 & suiv.

lui rafreſchir. Car le tems eſtoit chault. Et quand l'Abbé fuſt un pou rafreſchi, & il ot bu une fois, il alla miner en un autre lieu plus avant.

(89) Nennil, diſt Bertran, par ma foy, je n'ay envie de paix ne de concorde. Ceux du chaſtel ſont deſconfiz en préſent, & Robert Myton priſonnier. C'eſt ſigne que Dieu nous donrra victoire prouchainement. Alez faire lever vos gens ſur les piez. Car je ne daigneroie aſſembler à eux, ſe ils n'eſtoient en eſtant. Si diſt le Héraut,.... vous parlez ſagement. Adonc retourna aux Engloiz & leurs cria haultement.... Or ſus Seigneurs, aſſaillez Françoiz. Car ils ont jà deſconfiz ceux du chaſtel, le Capitaine prinz & ſes gens occis. Et ainſi feront-ils de vous, ſe vous ne vous défendez bien.... Lors ſe leverent Engloiz en criant haultement... Saint Georges oubliez-vous ainſi vos gens!... (Hiſt. de du Gueſclin par Menard, p. 529 & 530.)

(90) C'eſt à cette époque que ſuivant du Chaſtelet, du Gueſclin fut ſur le point de remettre au Roi l'épée de Connétable, & de ſe retirer en Eſpagne. La cauſe de ſon mé-

contentement vint des mauvaises impressions qu'on avoit données contre lui à Charles V. Des favoris de ce Monarque & surtout Bureau de la Riviere jaloux du grand crédit de Bertrand l'avoient accusé d'une intelligence secrette avec le Duc de Bretagne. Cette prétendue accusation étoit d'autant plus destituée de fondement que du Guesclin avoit dépouillé le Duc de ses Etats. Au surplus comme tout ce qui concerne ce fait n'est pas trop bien prouvé, nous ne nous y arrêterons pas. (Note des Edit.)

(91) Si avint par la volenté de Dieu lequel a ordonné à toutes choses ayant commencement avoir fin aux termes establis, que l'en ne puet passer, comme dist en une Epistre Monsieur Saint Jehan Evangeliste, certaine maladie prist à Bertran, lui estant audit siége, de laquelle il alla en brief tems de vie à trespassement. (Hist. de du Guescl. par Menard p. 538 & 539.)

(92) Du Chastelet p. 268 dit que ce fut entre les mains du Maréchal de Sancerre que du Guesclin en mourant remit l'épée de Connétable.

(93) Charles V. ordonna qu'on rendit les

plus grands honneurs à son corps dans toutes les villes où il passa pour être déposé à St. Denis. A Chartres il fut reçu par l'Evêque du lieu qui avec tout son Clergé vint processionellement à sa rencontre ( Hist. de du Guescl. par P. H. du Chastelet p. 270.)

(94) Voici le portrait que fait de du Guesclin, d'Argentré livre 8 de son Histoire de Bretagne ch. 7... Ce fut la fleur de Chevalerie; fut de sa personne pour avoir combattu d'homme à homme en champ clos six ou sept fois; fut en conduite de batailles ou d'armées. Jamais le grand nombre ne l'empêcha de charger; & l'eussent bien mieux apperçu les Anglois sur la fin, n'eussent été les estroites défenses que lui faisoit le Roi de ne hazarder jamais rien, ni de combattre, ce que lui déplaisoit assez. Ce fut un homme sans fard, sans dissimulation, le visage tousjours ouvert, en mesme état prest de quelque agréable parole..... Tout son meuble & bagues de sa femme se dépendoient en l'avancement de la solde aux capitaines & gens de guerre & payements de rençons pour les povres soldats...... Au milieu d'une bataille froid & assuré comme en sa chambre, au combat furieux fort & roide. Jamais

n'affailly place qu'il ne prift par compofition, fappe, efcalade ou par force, fors peu......

(95) Auparavant que de partir de St. Denis, le Roy voulut que toute la Nobleffe qu'il y avoit affemblée, affiftaft aux funérailles de feu Meffire Bertrand du Guefclin qui avoient été jufques là differées; & il n'y eût perfonne qui ne fût bien aife de rendre ce devoir à une mémoire fi précieufe, & d'avoir un exemple par la pompe royale de cette ceremonie, qui put encourager les Gentilshommes à faire des actions qui les rendiffent dignes de tous les honneurs qu'on rend aux Souverains. L'Eglife avoit été préparée durant qu'on fe divertiffoit aux Tournoys, & on avoit mis la repréfentation de cet illuftre deffunt fous une grande chapelle ardente toute couverte de torches & de cierges, au milieu du chœur, qui en fut auffi tout environné & qui brûlerent tant que le fervice dura.

Le deuil fut mené par Meffire Olivier de Cliffon Conneftable de France & par les deux Maréchaux Meffire Louis de Sancerre, & Meffire Mouton de Blainville, & il étoit reprefenté par le Comte de Longueville,

Olivier du Guesclin frere du deffunt, & par plusieurs autres Seigneurs de qualité, tous de ses parens ou de ses principaux amis, vestus de noir, qui firent l'offrande d'une façon toute militaire, & qui n'avoit pas encore esté pratiquée dans nostre royal Monastere. L'Evêque d'Auxerre qui célebroit la Messe conventuelle estant à l'offerte, il descendit avec le Roy pour la recevoir, jusques à la porte du chœur, & là parurent quatre Chevaliers armez de toutes pieces & des mesmes armes du feu Connestable, qu'ils representoient parfaitement, suivis de quatre autres montés sur les plus beaux chevaux de l'escurie du Roy, caparaçonnez des armoiries du meme Connestable & portant ses bannieres jadis si redoutables aux ennemis de l'Estat. L'Evesque reçeut ces chevaux par l'imposition des mains sur leurs têtes, & on les remena en même temps qu'il retourna à l'autel; mais il fallut pour cela composer du prix ou de la recompense, pour le droit des Religieux & de l'Abbaye à qui ils appartenoient. Après cela marcherent à l'offrande le Connestable de Clisson & les deux Maréchaux, au milieu de huit Seigneurs de marque, qui portoient chacun un escu aux armes du deffunt la pointe en haut en signe de perte de sa Noblesse terrestre, & tous entourez de cierges allumez. Puis suivirent Monsieur le Duc de Touraine frere du Roy, Jean Comte de Nevers fils du Duc de Bourgogne, & Messire Pierre fils du Roy de Navarre, tous Princes du sang, & Messire Henry de Bar aussi cousin du Roy, tous la vüe baissée & portant chacun une épée nüe par la pointe, pour marque qu'ils offroient à Dieu les victoires qu'il avoit remportées, & qu'ils avoüoient qu'on les avoit reçues de sa grace par la valeur du defunt. Au troisieme rang parurent quatre autres des plus grands de la Cour armez de pied en cap, conduits par huit Escuyers choisis entre la plus noble jeunesse de la suite du Roy, portans chacun un casque entre les mains, puis quatre autres aussi vetus de noir, avec chacun une banniere deployée & armoyée des armes de du Guesclin, qui sont d'argent à l'Aigle Imperiale de sable. Tout cela marcha pas à pas avec beaucoup de gravité & de marque de deuil, & chacun en son ordre s'agenouilla devant l'autel ou furent posées toutes les pieces d'honneur, & se retira dans le même ordre, après avoir baisé les mains du Prélat officiant.

Il est vray que cette pompe ne se pratique qu'aux funerailles des Rois & des plus grands Princes, & que c'étoit un honneur tout extraordinaire pour un Gentilhomme; mais ce n'étoit point en abuſer en celuy-cy, & tous les ſiecles produiſent ſi peu de pareils ſujets que tous les Seigneurs là preſens, dirent tout haut en faveur de la mémoire du grand du Gueſclin, qu'il en eſtoit très digne. Ils avouerent meſme ſans contredit, qu'il n'y avoit point d'homme vivant qu'on lui put comparer, & qu'on pouvoit douter qu'il s'en trouvaſt jamais un qui put ſoutenir l'Eſtat & triompher des ennemis avec autant de gloire que le deffunct en avoit remporté ſous les armes & ſous les enſeignes qu'on venoit d'offrir.

Après l'offerte, l'Eveſque monta en chaire devant la chapelle des Martyrs, pour faire l'oraiſon funebre, & il ne s'acquitta pas moins heureuſement des louanges qu'il devoit à la memoire de ſon Heros, que de l'obligation d'inſpirer à toute la Nobleſſe là preſente, la généreuſe emulation d'aſpirer à la meſme gloire. Il prit pour thême, *Nominatus eſt uſque ad extrema terræ*, ſa renommée a volé d'un bout du monde à l'autre, & fit voir par le récit de ſes grands travaux de guerre, de ſes merveilleux faits d'armes, de ſes trophées, & de ſes triomphes, qu'il avoit eſté la veritable fleur de Chevalerie, & que le vray nom de preux ne fe devoit qu'à ceux qui comme lui fe fignaloient également en valeur & en probité. Il prit fujet de paffer delà, aux qualités neceffaires à la reputation d'un vray & franc Chevalier, & s'il releva bien haut l'honneur de la Chevalerie, il fit bien conncître auffi par le difcours qu'il fit de fon origine, & de fa premiere inftitution, qu'on ne l'avoit pas jugée plus neceffaire pour la deffenfe, que pour le gouvernement politique des Etats, & que c'étoit un ordre qui obligeoit à de grands devoirs, tant envers le Roy, qu'envers le public. Il les exhorta à fervir Sa Majefté avec une parfaite foumiffion, il leur remontra que ce n'étoit que par fon ordre & pour fon fervice qu'ils devoient prendre les armes, mais fa préfence ne l'empêcha pas de dire auffi qu'il falloit que l'occafion en fut jufte, & qu'il falloit encore que leur intention fut droite & équitable, pour les rendre innocens de tous les malheurs & des cruautés de la guerre, & par toutes fortes d'exemples qu'il tira de toutes les hiftoires tant faintes que prophanes, qu'il falloit autant d'honneur & de vertu que de valeur & d'expérience dans les armes, pour meriter dans cette condition la grace de Dieu & l'eftime des hommes, & pour être dignes de la reputation du fidel Chevalier Meſſire Bertrand, qu'il recommandoit à leurs prieres, & pour lequel il alloit achever la Meſſe.

Son tombeau eſt dans l'Egliſe de St. Denys ſous une petite arcade qui a été faite exprès dans la muraille, au pied du Roy Charles cinquieſme, dit à juſte titre, le Sage & l'Heureux. Tout le monde ſçait combien les nations les plus polies ont conſideré l'honneur des ſépultures, & que parmi les Romains il étoit plus eſtimé que celui des ſtatues. On ne trouvera rien de plus glorieux dans toute l'antiquité que le ſepulchre de noſtre Conneſtable, ſoit par le lieu, ſoit par ſes autres circonſtances. Il eſt de marbre noir, la figure du deſſunt eſt poſée deſſus faite de marbre blanc au naturel, une lampe y brule inceſſamment, afin que ceux qui s'en approchent ayent plus de curioſité de ſçavoir par quelles actions il a merité une marque d'honneur ſi extraordinaire, que depuis la ruine de l'Empire de Rome perſonne n'en a eu de pareille. Les Perſes, les Egyptiens, les Grecs & les Romains ont donné des lampes à leurs morts les plus illuſtres, & les fables par une meſme raiſon ont fait des aſtres de leurs dieux, & ont voulu qu'Hercules &

quelques

quelques autres ayent été changez en estoiles. On lit cette epitaphe au bout de son tombeau.

*Icy gist Messire Bertrand du Guesclin, Comte de Longueville, Connestable de France, qui trépassa au Chastelneuf de Rendan en Givodan en la Seneschaussée de Beaucaire, le 13. de Juillet 1380.*

Jeanne de Laval, veufve de Bertrand du Guesclin, rendit à la mémoire de cet illustre mary, tout ce que l'amour conjugale peut inspirer de respect & de tendresse ; on voit encore en divers lieux les preuves que sa piété donna de sa douleur & de son affection, par les fondations dont elle dota plusieurs Eglises, afin d'y faire à jamais continuer des prieres pour le repos de son ame ; elle fit Chevalier, dit-on, André de Laval, Seigneur de Loheac, en luy ceignant une épée que le deffunt Connestable avoit souvent employée pour ses conquêtes : elle croyoit que ce grand personnage avoit donné à cette épée une vive impression de sa vertu, qui se transmettroit à ce jeune Seigneur ; aussi fut-il un des plus vaillans Capitaines de son temps, & il fit voir par mille belles actions, qu'il estoit digne

*Tome V.*         C

de porter cette glorieuse épée de laquelle on s'étoit servy pour le faire Chevalier. C'est une chose extraordinaire, mais non pas sans exemple, que des femmes ayent fait des Chevaliers; car plusieurs Reines l'ont fait par un droit attaché aux Couronnes, & c'est icy une marque de la grandeur de cette maison de Laval.

Comme Olivier de Clisson succéda en France à notre du Guesclin à la dignité de Connestable, Olivier du Guesclin son frere fut après lui Connestable de Castille : le Roy Dom Juan, fils du Roy Henry dit de Transtamare, l'appella avec plusieurs Chevaliers Bretons, & il le servit en cette qualité, dans la guerre qu'il eut contre le Roy de Portugal : j'ay cru que nostre Héros avoit encore quelque part dans cette expédition, puisqu'ayant formé son frere & ses compagnons dans le métier de la guerre, c'étoit encore sa vertu qui agissoit & qui leur donnoit ses mouvemens.

Il fut marié deux fois, mais il ne laissa point d'enfans légitimes; en telle sorte que les biens de sa succession passerent à Olivier du Guesclin son frere. Il a eu trois fils naturels, un en France nommé Michel, qui, estant homme de grand service, eut diverses aventures à la guerre, ce qu'on recueille d'un compte rendu par Eſtienne Turpain, ſous Charles ſixieme, où il eſt alloué au comptable une ſomme de neuf vingts livres, payée à ce Michel, de laquelle le Roy Charles cinquieme lui avoit fait don. Les deux autres enfans naturels de noſtre Conneſtable, naſquirent en Eſpagne, dont un porta le nom de Bertrand de..., & fut Chevalier de Calatrava, & Commandeur de Médula. On ne ſait pas le nom de l'autre, mais quelques Autheurs célebres entre les Eſpagnols, ont écrit que les Marquis de Fuentes auprès de Séville en étoient deſcendus, d'autres ont dit que ces Marquis eſtoient venus d'un Gentilhomme François qui avoit ſuivi du Gueſclin en Caſtille, & on dit qu'il étoit de la maiſon de Leon en Bretagne. Si on oſoit ſur des conjectures ſonger à éclaircir des doutes que le temps a rendus ſi obſcurs, je me rangerois à l'opinion de ceux qui ont penſé que les Marquis de Fuentes viennent de Bertrand du Gueſclin, & ce qui me fait paroître ce ſentiment pour le plus probable, c'eſt que les Marquis de Fuentes, dans le grand eſcuſſon de leurs armes, portent ſur le tout d'or à l'Aigle eſployée de gueule, ce qui a beaucoup de rapport avec les armes du

Conneſtable ; la différence du blazon ne ſuffit pas pour détruire la vrayſemblance qui s'y repréſente, & qui eſt d'autant plus forte, qu'elle ſe trouve appuyée de l'authorité des hiſtoriens. Je m'eſtonne de ne voir rien dans les vieilles chroniques, touchant ces trois baſtards qui doivent avoir eſté gens de conſidération, & icy je pourrois prendre ſujet de renouveller les plaintes que j'ay faites de leur négligence, mais je l'ay fait ſuffiſamment ailleurs. ( Hiſtoire de du Gueſclin, par P. H. du Chaſtelet, p. 271, 272, 273 ).

# EXTRAIT (1) DES OBSERVATIONS SUR LE CONNÉTABLE DU GUESCLIN,

*Par le Pere* GRIFFET, *Tome* VI *de l'Histoire de France, par le Pere* DANIEL.

BERTRAND du Guesclin fit ses premiers exploits dans la guerre qui s'alluma en Bretagne, entre Jean de Monfort & Charles de Blois, qui prétendoient tous deux au Duché de Bretagne. Jean étoit soutenu par les Anglois, & Charles par la France. Du Guesclin se déclara pour Charles de Blois. Il suivit ce Prince au siege de Vannes en 1342; la Comtesse de Monfort entreprit de jetter du secours dans la place, & elle envoya un corps d'Anglois qui étoient en garnison à Ploermel, pour surprendre le camp de Charles de Blois pendant la nuit. Du Guesclin y étoit, & s'étant mis à la tête d'un petit nombre de braves; il char-

---

(1) Les Editeurs n'ont pris dans ces Observations que les traits omis ou racontés différemment par l'Auteur des Mémoires du quatorzième siècle, Mesnard, & Paul Hay du Chastelet.

gea les Anglois avec tant de valeur qu'ils furent obligés de se retirer. Le P. Lobineau regarde ce fait comme douteux, parce que, dit-il, du Guesclin étoit alors trop jeune; il avoit cependant 28 ans, & l'on voit dans l'histoire des actions bien plus grandes, attribuées à des gens encore plus jeunes.

Charles de Blois ayant été fait prisonnier par les Anglois, fut mené en Angleterre où du Guesclin se rendit en 1351 avec quelques Seigneurs Bretons du parti de Charles, pour traiter de la rançon de ce Prince. Le Roi d'Angleterre leur proposa une treve, & les autres Seigneurs Bretons paroissant embarrassés à répondre, du Guesclin, quoique le plus jeune, prit la parole & dit, qu'on la garderoit à son égard comme il l'observeroit lui-même. Le Roi d'Angleterre fut si offensé de cette réponse, qu'il étoit sur le point de faire arrêter du Guesclin; mais un des Seigneurs Bretons nommé Charruel, lui dit pour l'appaiser que ce jeune homme *étoit léger de cerveau*, & qu'ils ne se servoient de lui que comme d'un *fol plaisant*. Ce désaveu appaisa en effet le Roi d'Angleterre; du Guesclin comprit qu'il avoit parlé indiscretement, & il garda le silence.

La guerre de Bretagne lui fournit bientôt

de nouvelles occasions de signaler sa valeur. Il défit la garnison de Becherel qui faisoit des courses dans le pays de Dol & de S. Malo, & deux des Capitaines furent faits prisonniers. Le premier nommé Robert Richer, Chevalier du Pays de Rays, se rendit à du Guesclin, & le second nommé Jannequin, Anglois, se rendit à Olivier de Mauni. L'Anglois ayant été obligé de payer six cens écus pour sa rançon, dit à du Guesclin qu'il espéroit se les faire rendre. Il tint parole, car quelque temps après, du Guesclin fut obligé de se rendre son prisonnier entre Dinan & Becherel, & de payer douze cens écus pour sa rançon. Il prit encore en une autre rencontre Jacques Plantis, de qui il exigea une grosse rançon : mais on la lui fit rendre une seconde fois, lorsqu'il fut pris au pont d'Euran par Robert Adas, sous la conduite de Robert Knolles, qui défit entierement les troupes de du Guesclin.

L'an 1352, du Guesclin fut fait Chevalier au combat de Montmuran où les Anglois furent battus, & il prit pour son cri d'armes *Notre Dame du Guesclin*.

Alors il leva une troupe qui devoit toujours marcher sous ses ordres; & comme il n'étoit pas assez riche pour fournir à cette dépense, il vendit tous les joyaux de sa mere qui en fut très-irritée : mais il trouva bientôt le moyen de la dédommager ; car ayant rencontré quelques jours après un Chevalier Anglois qui escortoit lui septième, un charriot chargé de plusieurs choses précieuses, qu'il conduisoit dans un château pour les y mettre en sûreté, du Guesclin attaqua le Chevalier avec trois hommes seulement qu'il avoit avec lui, le tua, se saisit du charriot, & fit porter à sa mere les habits & les bijoux qu'il y trouva, & qui étoient plus riches & plus précieux que ceux qu'elle avoit perdus. P. 180 181.

Du Guesclin avoit toujours avec lui une troupe de braves, dont la plupart étoient ses proches parens, & qui formoient une espece de compagnie dont il étoit le chef. L'Histoire en compte jusques à cinquante deux tous gentils-hommes, & tous déterminés à partager avec du Guesclin, les périls de la guerre & à le seconder dans ses entreprises ; leurs noms méritent d'être transmis à la postérité.

C'étoient Eon & Olivier de Mauny freres, qui étoient tous deux neveux de du Guesclin, Bertrand & Jean de Beaumont freres ; Frassin de Husson, Seigneur de Ducé, beau-frere de du Guesclin, parce qu'il avoit épousé Clémence du Guesclin sa sœur ; Henri de

Pledran, Jean de Coetquen, Yvon Charruel, Nicolas Paynel, Raoul Tesson, Pierre de Boisbouekel, Kerrimel, Guillaume & Geoffroy de Kimmerek freres; Gourgoz, Jean & Henri Davi freres; Eon le Moine, Jean & Geoffroy, Pean freres, Thebaud de la Riviere, Raoul de Coetquen, Guillaume & Olivier de la Chapelle freres, Jean de Hirel, Thomas Boutier, Geoffroy Garel, Jean Hongar, Hamon Leraut, Bruzeville, Maillechat, Chefnaïe, Cardeüilly, Lorgeril, Jean Boueciere, Jean d'Orange, Jean & Thibaud de Langan freres, Bertrand de Saint Pern, Robert de Pleguen, Jean Ruffier, Guillaume de Guebriac, Olivier de Porcon, le Bouteiller du Pays de Dol; Alain du Parc, Plumaugat, Philippe Lardoux, Rouillé de Saint Brieuc, Jean Goyon, Mont Bourcher, Simon de Liftré & Angoulevent. Les anciennes hiftoires de ce temps-là ont marqué ce qui regarde du Guefclin avec tant de confufion, qu'il eft comme impoffible de fuivre l'ordre chronologique, en racontant les divers événemens de fa vie.

On ne fait par exemple en quel temps on doit placer fon mariage. L'ancien écrivain de fa vie le raconte après le fiege de Trougof que du Guefclin fit en 1364, & il ajoute que l'attachement qu'il avoit pour sa nouvelle épouse, pensa le dégoûter du métier des armes; mais que cette femme qui avoit un mérite au-dessus de son sexe, ne put souffrir qu'un homme si distingué par tant de belles actions, languît dans une honteuse oisiveté, & qu'elle fut la premiere à le presser de se séparer d'elle pour suivre la gloire. Mais il n'est pas facile d'accorder cette circonstance avec la date que cet écrivain donne à son mariage; puisque s'il se maria en 1364 après la prise de Trougof, on ne voit pas comment il auroit pu aller en Bretagne pour se marier, rester quelque temps avec sa femme, jusques à lui donner lieu de craindre qu'il ne renonçât pour elle au métier de la guerre, & se trouver ensuite en Normandie à la bataille de Cocherel, qui ne se donna pas plus d'un mois après la prise de Trougof. C'est là réflexion du Pere Lobineau dans son histoire de Bretagne, & ce qui lui a fait croire qu'il seroit plus naturel de placer le mariage de du Guesclin en 1360, pendant la treve conclue entre Charles de Blois & Jean de Montfort qui dura deux ans, ou après le traité de Brétigny qui suspendit encore les hostilités. On remarque en effet, qu'en ce temps la, du Guesclin fit un voyage à Dinan, ou demeuroit Epiphanie ou Tiphaine

Raguenel qu'il époufa. Elle étoit fille de Robin Raguenel & de Jeanne Dinan, héritière de la Belliere; & on la regardoit dans toute la Province comme une femme d'un efprit fupérieur & digne d'être l'époufe du héros de fon fiècle.

Il y a une infinité d'autres circonftances dans la vie de du Guefclin, dont il eft impoffible de fixer la datte : telle fut, par exemple, la querelle qu'il eut avec Grevacque, Capitaine de Ploermel, qui ofa le défier au combat pour quelques différens que Grevacque avoit eus avec Fraflin Huffon beau-frere de du Guefclin. Celui-ci accepta le défi, & l'on convint que le champ de bataille feroit à Dinan : mais Grevacque s'en dédit & paya les frais. On raconte qu'un jour étant logé dans l'Abbaye de Saint Meen, du Guefclin y fut attaqué par Grevacque; Geoffroy le Vayer, Raoul de Kergouet & Rouillé furent tués dans cette rencontre. Mais du Guefclin les vengea, car s'étant cantonné dans les Cloîtres, il défit les Anglois, & fit prifonnier Grevacque & fon frere, après avoir tué le fils de Grevacque.

En une autre occafion il voulut aller au fecours de Guillaume de Craon : mais celui ci au lieu de l'attendre ayant pris la fuite, du Guesclin fut fait prisonnier par Hue de Cavelé, qui ne le relâcha que sous la promesse de trente mille écus de rançon. Cette affaire se passa dans le pays du Maine, en un lieu nommé Juigné ou Juvigni.

Au siege de Disse en Poitou, du Guesclin étant monté à l'assaut, tomba de la hauteur de quinze pieds, & se cassa la jambe; Jean Hongar vint à son secours, & empêcha qu'il ne fût pris.

Un jour ayant assemblé les garnisons de Pontorson, de Dol, de Landal, de Beuvron & du Mont Saint Michel, il attaqua trois cens Anglois dans les Landes de Combour auprès de Meillac, & après un combat fort rude où leurs principaux chefs furent faits prisonniers, il les défit entierement, p. 187, 188.

On prit à la bataille de Cocherel pour cri de ralliement dans l'armée Françoise. *Notre-Dame du Guesclin* ou *Guesclin*, cependant on offrit au Comte d'Auxerre de prendre son cri, qui étoit *Notre-Dame d'Auxerre* ou simplement *Auxerre* : mais ce Seigneur dit qu'il étoit encore trop jeune pour ne pas déferer cet honneur à un aussi grand Capitaine que du Guesclin, p. 190.

Ce fut à son retour d'Espagne que le Roi l'éleva à la dignité de Connétable de France.

Il partit peu de temps après pour la Normandie, où il fut suivi par une quantité de Nobleſſe. Le Roi lui avoit donné de l'argent pour lever & entretenir quatre cens hommes d'armes ; mais comme il vouloit avoir une troupe plus nombreuſe, lorſqu'il eut employé l'argent du Roi, il vendit la vaiſſelle d'or & d'argent qu'il avoit apportée d'Eſpagne, afin de lever juſqu'à trois mille hommes d'armes. Etant à Pontorſon, au mois d'Octobre 1370, il fit une eſpece d'alliance ou de fraternité d'armes (1), avec Olivier de Cliſſon, p. 191.

Sitôt que le Connétable eut ſoumis le Poitou à l'obéiſſance du Roi, il eut ordre de ſe rendre en Bretagne, dont le Duc, toujours ennemi de la France, & attaché à la Couronne d'Angleterre, s'étoit attiré l'indignation du Roi par les liaiſons qu'il entretenoit avec ſes ennemis. Ce Duc étoit ce même Jean de Montfort, contre lequel du Gueſclin avoit fait ſi long-temps la guerre du vivant de Charles de Blois. Il avoit fait ſaiſir la terre de la Rochederien qui appartenoit au Connétable, qui fut ravi de trouver une pareille occaſion de ſignaler ſon courage contre

(1) Voyez le troiſième volume de cette Collection, Diſſertation XXI, p. 216, 217, 218 & 219.

un Prince qu'il avoit regardé si long-temps comme un usurpateur. Il entra donc en Bretagne avec une armée qu'il posta dans les fauxbourgs de Rennes. Le Roi avoit fait savoir au Duc de Bretagne, qu'il ne cesseroit de lui faire la guerre jusqu'à ce qu'il eût renvoyé toutes les troupes Angloises qui estoient à son service dans la Province. Le Duc répondit qu'il étoit disposé à faire ce que le Roi desiroit, mais qu'il ne vouloit pas qu'il parût y avoir été contraint par la force. Dans cette idée il s'étoit avancé avec sept cents lances, & sembloit déterminé à hasarder le combat : mais ses plus fidèles conseillers s'y opposèrent, & il prit le parti de traiter avec le Connétable, sous la condition de renvoyer les troupes Angloises. Du Guesclin avoit dans son armée les Ducs de Bourbon, de Bourgogne & de Berry ; & l'auteur de la vie du Duc de Bourbon nous apprend qu'avant l'accommodement, la Duchesse de Bretagne fut prise sur le chemin de Vannes par cinq cents hommes d'armes que le Connétable avoit envoyé après elle ; que cette Princesse fut amenée au camp des François, & qu'ayant apperçu le Duc de Bourbon, elle lui dit : *Ha beau cousin, suis-je prisonniere ?* Mais que le Duc la rassura, en lui disant qu'il ne prétendoit pas faire la guerre aux Dames, & qu'on lui rendroit la liberté avec tout son équipage, excepté les lettres d'alliance entre le Roi d'Angleterre & le Duc son mari, que l'on avoit trouvées dans ses papiers. Ces lettres furent une preuve sans réplique des mauvais desseins de ce Duc, & il aima mieux détourner l'orage dont il se voyoit menacé, que d'y opposer une résistance inutile.

Le Connétable alla rendre compte au Roi de l'accommodement du Duc de Bretagne, & lui fit entendre qu'il n'y avoit pas grand fond à faire sur les promesses de ce Prince. Il ne tarda pas en effet à renouveller son alliance avec l'Angleterre, qui lui envoya de nouveaux secours, ce qui obligea du Guesclin de retourner en Bretagne. Il assembla ses troupes à Angers. Il avoit dans son armée le Duc de Bourbon; le Comte d'Alençon, le Comte du Perche, le Comte de Poitiers, le Dauphin d'Auvergne, Raoul de Coucy, Robert de S. Pol, Louis de Sancerre Maréchal de France, & une grande quantité de noblesse des pays de Vermandois, d'Artois, de Picardie, & des marches d'Anjou & de Touraine, qui s'empressoient de venir apprendre sous lui le metier de la guerre. Ses conquêtes furent rapides. Rennes lui ouvrit ses portes. Fougères voulut soutenir un siège, mais il ne fut pas long. Dès la premiere sortie que firent les assiégés, on leur tua six vingt hommes, le reste prit la fuite, & fut poursuivi jusques dans la ville où les François entrèrent avec ceux qui fuyoient. Vannes & Dinan se rendirent. Redon, Guerrande & une infinité d'autres places suivirent leur exemple. Suissinio fut pris d'assaut, & la garnison passée au fil de l'épée. Quimperlé essuya seulement quelques coups de canon dont on commençoit alors à se servir. Hennebon fit plus de résistance, la garnison étoit de quatre vingts hommes d'armes sans compter les habitans, & il y avoit dans la ville de braves Officiers Anglois qui y commandoient. Le Connétable l'assiégea, & déclara que dès le soir même il pretendoit souper dans la place. Il dit ensuite à ceux qui la défendoient, *entendez entre vous, hommes de cians, il est certain que nous vous conquerrons tous, & souperons aujourd'hui en cette ville : mais s'il y a nul des votres qui jette pierre ni carreau, par quoy le plus petit de nous & de nos garçons soit blessé ; à Dieu le voue, je vous ferai à tous tollir la vie.* Cette menace effraya les habitans qui n'oserent tirer, & qui abandonnèrent aux seuls Anglois

Anglois la défense de leur ville. Ceux-ci ne firent qu'une foible refiftance. Le Connétable fit donner l'affaut, & tous les Anglois à la referve de deux Capitaines, furent mis à mort: mais on ne fit aucun mal aux habitans. Breft tint beaucoup plus long-tems, & le Connétable fut même obligé d'abandonner le fiége, & d'y laiffer feulement quelques troupes pour en faire le blocus. Il alla à Nantes, qui lui ouvrit fes portes par compofition, & quelque tems après, Breft promit de fe rendre, fi elle n'étoit pas fecourue après une treve de quarante jours.

Il faut remarquer que pendant ce tems là, le Duc de Bretagne étoit paffé en Angleterre, & avoit en quelque forte abandonné fon Duché à la merci des François, qui ne trouvoient point d'armée en campagne capable de s'oppofer à leurs progrès.

Mais les Anglois étant defcendus en Bretagne, refusèrent de tenir la capitulation de Breft pour laquelle on avoit donné des ôtages. Le Connétable jugea que, felon le droit de la guerre, les ôtages devoient être mis à mort; ils étoient au nombre de trois, deux Chevaliers & un Ecuyer. On les mena devant le château de Derval, que le Connétable affiégeoit, & on leur trancha la tête à la vue de Knolle Kapitaine Anglois, qui commandoit dans ce château : mais Knolle ufa de repréfailles, & fit auffitôt décapiter deux Chevaliers & un Ecuyer François, qu'il avoit entre les mains.

Les Anglois non contens de porter la guerre en Bretagne, étoient entrés en France au nombre de trente mille, & le Duc de Bretagne étoit dans leur armée. Il voulut en avoir le commandement ; mais le Duc de Lancaftre s'y oppofa ; & Jean de Montfort avec une petite troupe de Bretons, ofa fe féparer des Anglois, & ne laiffa pas d'agir feul avec quelque fuccès. L'année fuivante, il revint en Bretagne, & fa préfence ne contribua pas peu à ranimer le courage & la fidélité de fes fujets, que fon abfence avoit entièrement abattus : mais il ne put s'y foutenir long-tems, & fut encore obligé de repaffer en Angleterre.

Le Connétable perdit vers ce temps là une fomme d'argent très confidérable qu'il avoit engagée pour la rançon du Comte de Pembroc prifonnier en Efpagne, & dont le Duc de Lancaftre s'étoit fait caution. A peine le Comte fut-il forti des mains des Efpagnols, qu'il mourut de poifon, à ce que l'on a cru. Le Duc de Lancaftre prétendit que, par cette mort, il étoit quitte de son cautionnement. Le Connétable fit une infinité de procédures pour ravoir son argent : mais elles furent sans effet ; & enfin il fut obligé de céder au Roi de France tous ses droits sur la somme perdue, à condition que le Roi lui donneroit cinquante mille francs, ce qui ne faisoit pas la moitié de ce qu'il redemandoit.

On trouve dans le pere Daniel la suite des affaires de Bretagne & des belles actions de du Guesclin, ainsi que l'origine des soupçons que le Roi conçut de sa fidélité, sur les fausses conjectures du Sire de la Riviere, en qui le Roi eut toujours une confiance particulière ; soupçons qui étoient tellement destitués de vraisemblance, qu'il est étonnant qu'ils ayent fait la plus légère impression sur un Prince aussi sage que Charles V ; car le Connétable avoit toujours haï le Duc de Bretagne qu'il n'avoit jamais reconnu qu'à regret pour Souverain de cette Province. Il n'aimoit pas mieux les Anglois, qu'il avoit traités avec la derniere rigueur lorsqu'il conquit la Bretagne pendant l'absence du Duc. Comment donc pouvoit-on le soupçonner d'intelligence avec ceux qu'il avoit toujours regardés comme ses plus irréconciliables ennemis ? Le P. Daniel a remarqué à quel point le Connétable fut piqué d'un foupçon fi peu compatible avec cette probité à l'épreuve dont il avoit donné tant de marques dans le cours de fa vie : mais il ne s'eft pas affez étendu fur tout ce que le Roi fit en cette occafion pour diffiper le mécontentement du Connétable. Il lui envoya les Ducs d'Anjou & de Bourbon, qui fe trouvèrent à Pontorfon. *Connétable*, lui dit le Duc d'Anjou, *Monfeigneur le Roi nous envoiye à vous, moi & beau coufin de Bourbon, parce que vous avez été mal content d'aucunes paroles qu'il vous a mandées, c'eft à favoir qu'on lui a donné à entendre que vous teniez la partie du Duc de Bretagne, & vous devez être bien joyeux quand telles chofes vous mande, lefquelles le Roi ne crut onques. Voici l'épée d'honneur de votre office, reprenez la, le Roi le veut, & vous en venez avec nous.*

L'Auteur de la vie de Louis III Duc de Bourbon, dont ce recit eft tiré, ajoute que le Connétable remercia le Duc d'Anjou, & qu'il parut content de ce que le Roi n'avoit point cru qu'il lui eût manqué de fidélité : mais qu'il déclara qu'il ne reprendroit point l'épée de Connétable, & qu'il jura même par sa foi, qu'il s'en iroit en Espagne, & qu'il ne demeureroit plus dans le Royaume de France ; que le Duc d'Anjou fut fort afligé de cette résolution, & qu'il lui dit : *Ha beau cousin, ne faites point ceci, & ne la mettez point en votre tête* ; & que le Duc de Bourbon joignant ses prieres à celles du Duc d'Anjou, le Connetable lui répondit : *Monseigneur de Bourbon, j'ai été dans votre compagnie dans tous les plus grands faits du Royaume, & vous & moi avons déchassé le Duc de Bretagne de son pays, qu'il n'y avoit que un chaftel, il est mal à croire que je me fusse rallié à lui ; & quant à ce que vous me requerez de demeurer, vous êtes le sieur du Royaume qui plus m'avez fait de plaisir, & que je croirois plus volontiers, & à qui plus je suis tenu après le Roi ; mais je vous jure & promets par ma foi, de ce que je vous ai dit vous n'en trouverez point le contraire.*

Ainsi, selon cet Auteur, les Ducs d'Anjou & de Bourbon retournèrent à la Cour sans avoir pu rien gagner sur l'esprit du Connétable. Il ajoute même que le Duc de Bourbon dit au Roi, à cette occasion : *Monseigneur, vous faites aujourd'hui une des plus grandes pertes que vous ayez faites depuis long-temps ; car vous perdez le plus vaillant Chevalier &*

*le plus prudent homme que je croie ait été, & ont mal fait ceux qui ont commencé ceci.*

Le P. Lobineau dans son Histoire de Bretagne adopte le récit de cet Historien du Duc de Bourbon; & après l'avoir rapporté, il ajoute : *Quelques Auteurs ont avancé que du Guesclin, nonobstant ses sermens, retourna à Paris, & reprit l'épée de Connétable : mais on peut dire qu'ils n'ont pas connu le caractere de du Guesclin, qui n'étoit pas capable de changer quand une fois il avoit pris une résolution.*

Le P. Daniel s'est mis au nombre des Auteurs que le P. Lobineau critique en cet endroit; car on a pu voir dans l'Histoire de France que le Connétable retourna à Paris; il est certain que plusieurs Chroniques manuscrites assurent qu'il reprit l'épée de Connétable, puisqu'elles disent qu'il se la fit apporter avant que de mourir, & qu'il la baisa par respect pour le Roi qui la lui avoit donnée. On ne peut nier au moins qu'il ne cessa point d'être regardé comme Connétable de France, & que ce titre fut mis dans son épitaphe.

Du Guesclin mourut en faisant le siége de Chateau-neuf-Rendan l'an 1380. Si l'on en croit le P. Lobineau, il ne fit ce siége qu'à la priere des habitans de la ville du lúy, lorſqu'il paſſoit par leur pays pour ſe rendre en Eſpagne. Le Pere Daniel ſuppoſe au contraire avec plus de raiſon qu'il commandoit l'armée Françoiſe, & qu'il y faiſoi la charge de Connétable. Le Pere Lobineau ſuivant toujours la narration de l'Hiſtorien du Duc de Bourbon, dit qu'il avoit paſſé par le Bourbonnois, où le Duc de Bourbon fit encore de vains efforts pour le retenir dans le Royaume; qu'en le quittant il lui fit préſent d'une coupe émaillée de ſes armes, en le priant de s'en ſervir pour l'amour de lui, & qu'il lui mit au col le collier d'or de ſon Ordre de l'Eſperance.

Ce grand homme fut marié deux fois. Il avoit épouſé en premieres noces Epiphanie Raguenel; il épouſa enſuite Jeanne de Laval Dame de Tintiniac: mais il ne laiſſa point d'enfans de ces deux mariages, il eut ſeulement un bâtard nommé Michel, qui donna en différentes occaſions de grandes marques de valeur.

Olivier du Gueſclin frere du Connétable ſe porta pour ſon unique héritier, & en cette qualité il eut quelques démêlés avec Jeanne de Laval ſa veuve.

Il n'y a guéres de nom illuſtre qui ſe trouve changé & corrompu en tant de manieres différentes dans les anciennes Chroniques, que celui de du Guesclin. On l'y voit appellé *Klesquin*, *Claiquin*, *Clasquin*, *Glesquin*, *Guescquin*, *Glaiequin* & *Guaquin*: mais il est indubitable que son vrai nom étoit du Guesclin, ainsi qu'il est appellé dans son épitaphe à St. Denis & dans les actes de sa Maison, dont quelques-uns ont été faits de son tems.

Denys Godefroy cite une transaction passée le 25 de Septembre 1379, entre Messire Bertrand du Guesclin & Monsieur le Comte d'Alençon & du Perche, par laquelle du Guesclin cède au Comte la terre & Seigneurie de Thuiet, en deduction de treize cents liv. de rente qu'il étoit obligé de lui payer pour avoir acheté de lui la Seigneurie de la Guierche en Bretagne.

Denys Godefroy ajoute que du Guesclin fit le serment de Connétable entre les mains de Charles V le deuxieme jour d'Octobre de l'an 1370, & que le Roi lui conféra cette dignité en lui mettant une épée dans la main, laquelle il dégaigna en présence du Grand-Conseil, protestant qu'il l'emploieroit pour le service du Roi & de sa Couronne, ce qu'il fit avec tant de valeur & de prouesse, que les années qui emporteront tout n'en effaceront jamais la gloire ni la renommée; car tous les Historiens de son siecle temoignent & la grandeur de ses actions & les merveilles de ses armes.

Le même Auteur parle encore d'une pareille transaction passée entre Marie de Bretagne Duchesse d'Alençon, Comtesse du Perche, & Dame de Fougeres, & dame Tiphaine du Guesclin, par laquelle la Duchesse d'Alençon consent que vingt livres tournois que la dame du Guesclin étoit obligée de lui payer, soient employées à la fondation d'une chapelle de notre Dame dans l'Eglise de la Guierche.

Cette transaction peut bien servir à prouver que du Guesclin étoit le vrai nom de famille du Héros dont nous parlons. Mais s'il est vrai qu'il ait été marié deux fois, & qu'il ait epousé en secondes noces Jeanne de Laval Dame de Tintiniac, cette Epiphanie du Guesclin dont il est parlé dans la transaction, ne sauroit être la femme du Connétable, puisque la piece dont il s'agit est dattée selon M. Godefroy, de l'an 1406 : or du Guesclin étoit mort en 1380, c'est-à-dire trente-six ans avant la datte de la transaction après son second mariage avec Jeanne de Laval.

Il avoit choisi pour lieu de sa sépulture la chapelle du Rosaire qui étoit dans l'Eglise des Jacobins de Dinan; & pour se conformer à ses dernieres volontés, on se mit en devoir d'y porter son corps : mais le Roi fit arrêter son convoi au Mans & ordonna que le corps fut enterré à St. Denys, on en ôta seulement le cœur qui fut porté aux Jacobins de Dinan.

Le Roi lui fit faire à St. Denis des obseques magnifiques dont on peut voir la description dans un poëme que le Pere Materne a fait imprimer au tresor des anecdotes. Son frere Olivier y assista. Si le Connétable rendit de grands services à la Couronne, on peut dire qu'il en fut magnifiquement recompensé, non-seulement par les honneurs singuliers qu'on lui rendit après sa mort, mais ce qui est encore plus intéressant, par les graces sans nombre que le Roi lui accorda pendant sa vie.

Charles V lui fit don en différens temps des terres de Fontenay-le-Comte, de Montreuil-Bonin, du Comté de Montfort, de Saint Sauveur-le-Comte, du Vicomté de Pontorson, de la Chatellenie de Tuit, & de la forêt de Cinglas située au Vicomté de Falaise, sans parler du Comté de Longueville, ce qui le devoit rendre un des plus riches Seigneurs du Royaume. Le Duc de Berry lui donna par lettres du 8 Juillet 1377, la terre de Cachamp près de Paris, mais du Guesclin en fit présent au Duc d'Anjou qui affectionnoit cette terre. (p. 193, jusqu'à la page 198.)

*Fin des Observations sur les Mémoires du Connétable du Guesclin.*

# LISTE DES CHEVALIERS ET ECUYERS

*Qui accompagnèrent* BERTRAND DU GUESCLIN *dans ses différentes expéditions.*

### Chevaliers Bannerets.

Messire Jean de Beaumanoir.

M. le Maréchal de Blainville.

M. Robin Denneval.

M. Jean Devienne.

Messire Henry de Mauny.

Messire Olivier de Mauny.

M. de Montauban.

M. de Retz.

### Chevaliers Bacheliers.

M. Pierre Bardoul.

Messire Raoul de Beauchamp.

Messire Alain de Beaumont, l'aîné.

M. Olivier de Beaumont.

M. Jean de Beaumont.

Messire Guillaume de Birentz.

M. de Bitify.

Messire Robin de la Boissiere.

Messire Braque de Braqmont.

Messire Guillaume de Brieulx.

M. G. de Bron.

M. Geoffroy Budes.

Le Seigneur de Cambray.

Messire Jean de Ceris.

## Liste des Chev. et Ecuyers. 61

M. Raoul de Cœfquen.
Meffire Conret de Tufferay.
M. Henry le Cor.
M. Jean de Cournom.
Meffire Guy Dangauville.
Meffire André Daverton.
Meffire Thibaut de Saint Didier.
Meffire Geoffroy de Dinan.
Meffire Guillaume Dorenge.
Meffire Jean Dorenge.
M. Geoffroy Feurier.
M. Maurice du Frefne.
Meffire Olivier du Guefclin.
Meffire Robert de Guité.
M. Raoul de Lalé.
Meffire Robin de Lanvalay.
Olivier de Laonnoy.
M. G. de Launoy.
M. Thibaut de St. Lidier.
Meffire Raoul de Lifle.
M. Gnt. de Loubin.
M. Geoffroy de Magueville.
Meffire Geoffroy de Mailechat.
M. Bernard de Mareuil.

M. Jean Martel.
Meffire Euftache de Mauny.
M. Euftache de Mauny.
Meffire Laurent de Meel.
M. Guillaume de Molaironville.
M. Robert de Mombret.
Meffire Guillaume de Montbourcher.
M. Guillaume de Montbourcher.
Bertrand de Montbourcher.
Le Seigneur de Montenay.
Alain de Montbourcher.
M. Guy de Mouluc.
M. Briant de Montjan.
Meffire Laurens de Morel.
Meffire Jean du Mur.
Meffire Geoffroy le neveu.
M. G. de Villiers, Seigneur de la Noë.
M. Jamet Oeillecoute.
Meffire Jean Sire de Paffy.
M. Eon de Pinguil.
Meffire Jacques de Penhodic.
M. Alain Sire du Perier.
M. Henry de Pedren.
Meffire Sauvage de Pommereuil.
Meffire Bertrand de S. Pern.

# LISTE DES CHEVALIERS

Messire Olivier de Parçon.
Messire Pierre de Pons.
Messire Jean de Penhoedic.
Messire Jean Raguenel.
Messire Thiébaut de la Rivierre.
Messire Alain de Rohan.
M. le Vicomte de Roquebertin.
Messire Elie du Rouvre.
M. Elie de Roux.

Messire Berthelot le Roux.
M. Jean de Roye.
M. Rus de Kergouardet.
M. Henry de Tibol.
M. Tigueran Deudin.
Messire Jean de Tréal.
Messire Maurice de Trezyguidy.
M. Pierre Trousseau.
M. Hebert de Vieux.
M. Jean Devilliers.

### Escuyers.

Jean Adam.
Raoul Adam.
Pierre Adrien.
Olivier Aguillon.
Alain Aguillon.
Rolant Aleguer.
Alimmas.
G. Ambaut.
Robin de Amery.
Thomas Ancel.
Jean Anne.
Robin Andrieu.
Guillaume Appert.
Jean Appert.
M. Arblans.
Jean Aubertin.

G. des Aunois.
Jean Aubant.
Gonesse Aubert.
Gervaisot Aubert.
Martin Augier.
Thiebaut Augier.
Robin Aumont.
Michel Ausquetier.
Beranger de Baille.
Berranger de Baille.
Olivier de la Barre.
Jumet de Bangane.
Beranger de Baille.
Huon de Bara.
Guillaume de Baulz.
Baudrant de la Heuse.

# ET ECUYERS.

M. Guy le Baveux.
Raoul Bazin.
Guillaume le Baſtard.
Perrot le Baſtard.
M. Regnaut le Baveux.
Pierre Barbé, l'aîné.
Pierre Barbé, le jeune.
Pierre de Beauce.
Hamonnet de Beaurivily.
Perrot Bertrand.
Geffroy Bevetars.
Jean Bernart.
Pierre de Beaucé.
Geoffroy Belveſtre.
Eon de Bec.
Guillaume de Berangant.
Jean Bernard.
Berrin de Belleyaux.
Guillaume Bechart.
Pierre le Belonel.
Girart Bertrand.
Perrin Berenguier.
Perrot Betoha.
Rolant le Bequené.
Pierre de Beauſſi.
Robin la Becache.
Guillaume Bernart.
J. Bernard.
Philippe le Becu.
Le Baſtard de Betiſy.
Jean Bermet.
M. Eſgret de Beſu, ſeul.

Jean Burnel.
Perrin Bernier.
Jean Becquet.
Geoffroy de Been.
Robert Berengier.
Jamet Bertin.
Mahiet de Beuſencourt.
Yvon Beſſille.
Henry le Begaignon.
Guillaume de Bintin.
Regnaut de Bintin.
Geoffroy le Blanc.
Jean Blandin.
Juſtin Blanc.
M. Saquet de Blarrut.
Bertrand de Blois.
Bertin de Blois.
Regnaut de Bloce.
Guillaume Boais.
Perrin Boais.
Collin du Boays.
Robin de Boars.
Jean Bodart.
M. Guillaume Boitel.
Jean Bodart.
Olivier de Bomar.
Guillaume Botin.
Guillemet Bodin.
Maurice de Boiſrouſſeau.
Maurice du Bois-Regnaut.
Requin de Boiſgency.
Fouquet du Boisjourdain.

Mathieu de Bosguillaume.
Philippe du Bois.
Bertrand Boistard.
Collin du Bonars.
Bouillon.
Olivier Bonsel.
Raoul Bongay.
Guillaume de Boredon.
Phelippot du Bours.
Hervé le Bour.
Jean Bostot.
Estienne Botterel.
Jean Bouchard.
Jean Bougeon.
Guillaume le Bouc.
Jean le Boucher.
Guillaume de Bourdon.
Hennequin de Bourgogne.
Jean de Bourgogne.
Accroyes le Boutillier.
Richart le Boutillier.
Jean le Bouteillier, le jeune.
Jean le Bouteillier de St. Briaut.
Le Bouteillier de Doul.
Pierre de Boulegny.
Guillaume de Bourdon.
Hoppin Boudes.
Acharie le Bouteillier.
Robinet de la Bouteillerie.
Thiebaut Boyars.

Guillaume de Brais.
Robin de Bray.
Jacques de Brebaus.
Hennequin de Brebant.
Olivier de Brechaut.
Guillaumin de Bregy.
Geoffroy de Brehant.
Guillaume de Brehaut.
Jean de Breillet.
Jean de Breon.
Eon Bressel.
Robert le Bret.
Olivier le Breton.
Jean le Breton.
Jean le Breton.
Guillaume le Breton.
Guillaume de Bretuchet.
Yvonet Briaut.
Simon de Briant.
Le Bouteillier de Saint Briet.
Guillaume le Brigant.
Jean le Brigant.
Ferrenibaut de Briorne.
Brocoart.
Jean Brossin.
Guillemebet Broutin.
Rolant de Broeil.
R. de Brueil.
Guillaume Brunel.
Joachim Budes.
Isselin Budes.

Mahé

Mahé de Bufencourt.
Olivier de Bure.
Robin de Buris.
Alain de Burleon.
Renaut de Burtin.
Adamar de Buffy.
Geoffroy Cadin.
Jean Cadin.
Jean Caderis.
Alain Cadris.
Olivier Cadrez.
Jean de Cambray.
Jean Canel.
Guillaume de Candurte.
Eon de Canaber.
Alain de Cambout.
Henry Cartier.
Olivier Cavel.
Jean Cerode.
Hubin de Cerlis.
Perrot de Ceris.
Guillaume Ceffe.
Jean de Cefnoen.
Le Caſtelain des Cirvets.
Jean de Cifrevaſt.
Jean Chambalant.
Robinet Chambalans.
Jean de Champagne.
Thiebaut de Champagne.
Robert de Champagne.
Jean de la Chapelle.
Jacquet Charil.

Jean de la Chambre.
Guillaume Chaperon.
Geoffroy de la Chambre.
M. Guy de Châtillon.
Robert de Champigny.
Thomas Chanu.
Garefes de Charnay.
Guillaume du Châtelet.
Etienne Champion.
Guilloteaux Chamberrier.
Girot Charlemagne.
Olivier de la Chapelle.
Phelippot le Charpentier.
Robert de Chopegrat.
Perrot le Charpentier.
Jean de Chopegrat.
Guillemin des Cheſnes.
Thomas de Chelberon.
Perrot Chemin.
Maurice de Cheaus.
Jean le Chievre.
Raoul Chas.
Thibaut de Chaſteaubrient.
Maurice de Cuirans.
Geffroy de Chartiers.
Clavez.
Perrot Clerice.
Perrot du Clos.
Mornes de Clicano.
Olivier de Coatéorden.
Henry Coatval.
Olivier de Coaquen.

*Tome V.*      E

Rollant Coaletgier.
Jean Coclet.
Guyon de la Codroye.
Perrot de Coëtbely.
Perrot Coequen.
Guillaume de Cogale.
Olivier de Coëtoreden.
Chanteau le Coint.
Olivier de Coecqueriden.
M. Hervé le Coch.
Perrot Coenem.
Yvon Colet.
Yvon Cocquoriden.
Jean Cofnel.
Geffroy Corbel.
Geoffroy Couillet.
Jean Coquel.
Ferrier Coppegorge.
Coffas.
Cormoray.
Corfay.
Eliot de Cofré.
Olivier le Cofré.
Lucas le Cofré.
Olivier de Coific.
Guillaume Coffé.
Jean Coffay.
Michel Coubil.
Eftienne Corbigny.
Jean Coquelot.
Giret Coronde.
Erouard Coubil.

Cofre.
Henry Coulomp.
Jean de Couvran.
Robin de Couvran.
Robert de la Cournilliere.
Mathieu de la Cournilliere.
Perrot de la Cournilliere.
Jean de la Cournilliere.
Jean de la Court.
Raoul de Corval.
Guillemet de Courcy.
Robert Couftou.
Alain de Craine.
M. de Crequy.
Yvon Criquart.
Guillaume des Croez.
M. Gilles de Croy.
Eon Dagoureaux.
Berthelot Dangoulmant.
Jean Dautry.
Jean Darcdel.
Hyves Darennes.
Olivier Darcy.
Guyot Darcy.
Jean Dannon.
Jean Danneton.
Payen Daverton.
Henry David.
Jean David.
Henry David.
Maffé Davy.
Olivier Daverton.

Guyot Davy.
Guillaume Daugé.
Jean Dauville.
M. Dauseboq.
Hervé Decrux.
Rolant Demené.
Guillaume Demandon.
Guillaume Denfluet.
Guillaume Denfernet.
Richart Denfernet.
Olivier Denneton.
Robin Dentry.
Olivier Desperen.
Pierre Despineuses.
M. Jean Despineuses.
Guillaume Desprez.
Girart Desquais.
Pierre Dies.
Ferrant Divarge de Seville.
Ferrant Dyvarge de Sorie.
Le Bastard de Dinan.
Jean de Diomont.
Geffroy Dit.
Ferrant Dinaignes, le jeune.
Ferrant Dinaignes.
Colin Dodeman.
Robin de Dombretan.
Guillaume Dominé.
Antoine de S. Donatien.
Macé Doré.
Guillaume le Dosraine.

Jean Doualen.
Jean Dubois.
Guillaume Dugué.
Hervé Duparc.
Thomas Dupont.
Michel Dupuis.
Marthelot Droch.
Rolant de Eccleguier.
Jean Enne.
Geffroy des Eaux.
Colin Emery.
Estienne Esnieres.
Henry de S. Estienne.
Guillaume de Saint Estienne.
Raoul de l'Espinay.
Jean de l'Espine.
Thomas Falestre.
Jean le Fauconnier.
Guillaume Ferratiere.
Phelippot de Fayel.
Raoul de Fayel.
M. Guillaume, dit le Begue de Fayel.
Perin Ferchaut.
Lents de Fernelot.
Alvarres Ferrandi.
Alphonse Ferrande.
Jean Ferriere.
Maurice des Ferriers.
Olivier Feron.
Jean le Fessu.

Hennequin le Fevre.
Pierre le Feffu.
M. le Begue de Fieffes.
Guillaume Flombart.
Jacques le François.
Jean du Frefne.
Pierre du Frefne.
Richart la Freté.
Jean du Freft.
Michel Folet.
Guillaume de la Font.
Guillaume de la Fontaine.
Michel de la Foreft.
Michel le Foreftier.
Alain de Forma.
Graciot de la Foffe.
Michel de la Foffe.
Jean des Foffes.
Guillaume du Fournet.
Le Baftard du Fournet.
Perrot du Fournet.
Jean du Fournet.
Michaut Gajot.
Erratin Galon.
M. le Gallois Dannoy.
Dia Galoppes.
Guillaume le Gamadel.
Jean Garin.
Eon le Gavaler.
Le Tort de Gauville.
Alain Gautier.
Merien Gelibert.

Jean Gellin.
Jean Gelvin.
Gadifez de Genfy.
Louis Genfalers.
Jean Gentil.
Ancellet Geoffroy.
Maiftre Geoffroy.
Macé Giftra.
Guillaume le Gimeudel.
Robert Giron.
Macé Gralen.
Mabiet de Graleville.
Garcy de Graniermes.
Compagnon de Greifcourt.
Thibaut de Gringe.
Jean de Griveton.
Jean Groignet.
Cordelier de Gruehine.
Alain de Goillon.
Jean Gomeft.
Perrot Gonfales.
Alphonfe de Gonfales.
Ferrant Gonfales.
Robert le Gouge.
Robin Gourmel.
Guillaume de Guebriant.
Guillaume de Guemou.
Geoffroy le Guiardier.
Bertin Guillart.
Jean Guillotieaux.
Guillaume le Guendrel.
Maurice de Guinguanou.

Jean du Guchebert.
Guillaume de Gué.
Jean Guerin.
Richart de Gueuren.
Perrot de la Guorbloye.
Guillaume de la Guorbloye.
Garcies de la Guyennes.
Geffroy de Guyadont.
Geoffroy le Guymadour.
Bertrand de Hac.
Jean du Halle.
Roland Halous.
Jean Halebert.
Rolant Hamelin.
Henry Hardouin.
Jean Harpin.
Nicolas Harel.
Raoult Hazarts.
Estienne Hazart.
Roullant Hastac.
Lucas Hay.
Guillaume Hay.
Raoul Hay.
Henry Hauboie.
Rolant du Heaume.
Jean Seigneur de la Helotiere.
Enguerran Henry.
Hennequin.
Rolland Hercoart.
Geoffroy Heraut.

Guillaume de Henaut.
Guillaume de Heraut.
Jean Hermés.
Henry Herminin.
Guillaume Hermine.
M. Hervé, Seigneur de Clery.
Robin de Hevon.
Jean le Hierry.
Guillaume de Hirel.
Richart Hissier.
Guillaume de Hodeuc.
Guyot de Houdetot.
Olivier du Hojaume.
Roland Hongart.
Michel le Hounestre.
Bon de Houssé.
Robinet du Houx.
Jean du Houx.
Estienne Hubant.
Estienne Hubert.
Jean Hubert.
Guillot Huet.
Guillaume Hunneauft.
Perrot Huon.
Hurgaut.
Raoul Janvier.
Raoul Jacques.
Raoul Jaret.
Raoul Jatot.
Payen Javerton.
Guillet Jean.

E 3

Jean de Jeufton.
Guillaume Infar.
Thomaffin des Ifles.
M. Henry des Ifles.
Jacquet de l'Ifle Angleche.
Olivier de Jomar.
Simon Jonuas.
Michel Jourdan.
Guillaume Jullien.
Yvonet Julien.
Simonnet Jullin.
Hue de Keradier.
Hervé de Kerdés.
Raoul de Kerfaliou.
Raoul de Kerfaliou.
Jean de Kerveten.
G. de Kerville.
Raoul Labbé.
Geffroy Laida.
Geffroy Ladverty.
Briant de la Lande.
Thomas de la Lande.
Bertrand de la Lande.
Guillaume de la Lande.
Jacques de Languevan.
Floton de Langiane.
Gillet Langlais.
Jean Langlois.
Jamet de Languenan.
Julien Lamy.
M. Bruanor de Laval.
Jean de Larin.

Lalement de S. Laurens.
Maurice de Laonnoy.
Alain de Laonnoy.
Loyer de Launoy.
Jean de Launoy.
Maillot de Layens.
Petre Lallemant.
Guillaume Lanvallay.
Perrot de Lalbareftre.
Robin Largillier.
Coffay Larchier.
Perrot de Largentage.
Perrinel Leame.
Jean Leet.
Henry de Lemé.
Hue de Lemenan.
Hervé de Lemeneven.
Hervé de Lemolan.
Perrot de Lenguengniere.
Mathieu de Lenroc.
Rolant Lermine.
Saturnin de Lerablée.
Richart Lefchappé.
Henry de Leformel.
Maurice de Lefpine.
Jean Lefnu.
Guillommet de Leffart.
Michel Lefcot.
Guyon de Leuret.
Mathieu de Leures.
Jean de Letun.
Jean Liel.
Autelet de Lefglantier.

Robin de Lievon.
Robert de Lievre.
Jean de Liemy.
Simon de Lierre.
M. Pierre de Lihus.
Simonnet de Lihus.
Jean de Lindeloix.
Jean de Lisle.
Ancelet de Lisle.
Jean de Listre.
Alain de Listre.
Simon de Listre.
Jean de Lituny.
Roulant Lizart.
Henry de Lobin.
Henry des Loges.
Guyon le Lonc.
Guillaume le Lonc.
Guyon de Loncannay.
Jean de Logny.
Jamet de Longuenue.
Macies Langevin.
Guyon du Lorieu.
Diagou Louppes.
Janin le Lou.
Lorret.
Jean de Lorros.
Olivier de Loussel.
Guillaume Louvel.
Hamon Lucas.
Sanson Manassin.
M. Guillaume de Magneville.
Jacquemart de Maisiere.
Guillaume de Maslechat.
M. Robert Maillart.
Guillaumet Majoré.
Perrot Mainguy.
Jean Malherbe.
Guillaume Malherbe.
Richart Malherbe.
Perrot Mauguimer.
Jean Manhugeon.
Thibaut Manhugeon.
Christophe Manzugeon.
Jean Mauhurey.
Etienne Marcel.
Estienne Martel.
Aubert de Maroeil.
Guillaume de Marsnel.
Guillaume de la Marche.
Guillaume Martin.
Alain de Mauny, le jeune.
Alain de Mauny.
Guillaume Mauvoisin.
M. Guill. de Mauvinet.
Gomes de Medren.
Philippot Merhan.
Guillaume Meleart.
Gommes de Medrenes.
Rolland de Mene.
Jean Merien.
Perrot le Mercier.
Collin le Merchier.
Jean Mesantais.

Thierry de Més.
Guyon de Meudon.
Guyot de Meurneures.
Colin le Meyer.
Richart de Miſonart.
Robert le Moyne.
Jean Mocque.
Jean le Moine.
Olivier le Moine.
Jean Monot.
Jean de Montmoron.
Michel de Monclieaux.
Yvon de Mongerois.
Amancy de Moncergnaut.
Jean de Monſereau.
Olivier Mouſenaut.
Jean de Monſonguin.
Jean de Monterer.
Guillaume Mordret.
Richart Morel.
Guillaume Morillon.
Guilleme Morin.
Jean Morin.
Jean de la Motte.
Thiebaut de la Motte.
Alain de la Motte.
Amrios du Moulin.
Raoul de Moulcent.
Rollant Murdrac.
Perrot Navigny.
Geoffroy le Neuf.
Thierry des Nez.

Briçon de Nouweldon.
Jean de Neuville.
Robinet de Neval.
Jean de Neuveu.
Guillaume le Neveu.
Thomas de Neuville.
Thierry de Normel.
Jean Ocquel.
Robin Ogien.
Ferrand Olivien.
Geoffroy Oppinel.
Orſoy.
Orengier.
Jean Oſmont.
Richart Oynel.
Philonnet de Pacy.
Geffroy de Pagary.
Jean le Page.
Jean Pain.
Geffroy de Paragar.
Jean Parent.
Simon de Paries.
Guillaume Paſſegant.
Geoffroy Payen.
Mathieu Peidous.
R. Peidelou.
Raoul Pellerin.
Guillaume Poliſtre.
Guyon de St. Peon.
Jean de St. Peon.
Perrinet Percevot.
Eſtienne Perchaux.

## ET ECUYERS.

Etienne Peracvaux.
Perigné.
Guillaume, Seigneur de Perigny.
Bertrand Perles.
Jean, Seigneur de Perragin.
Perrinet Divotot.
Jean de Peronville.
Jean de Perquenan.
Perrot Perrin.
Jean le Peurier.
Guyon du Perrier.
Raoul Piedevache.
Phelipot du Pin.
Guillaume Pinel.
J. de Pinterville.
Maiftre Pierre.
Guillaume de Plaffraguen.
Jean de Plafraguan.
Perrin de Pleguen.
Nifme de Pleguen.
Guillaume de Pleguen.
Manés de Pleguen.
Alain du Pleffeis.
Brifegaut du Pleffis.
Raoul du Pleffis.
Gillet de Pleurs.
Gillet de Plones.
Eon Pluer.
Yonnet de Plufagar.
Geoffroy de Plumangar.

Macé de Plumangar.
Caron de Plumangar.
Jean de Pray.
Colin Prelay.
Perrinet de Prery.
Jean le Prigneur.
Geffroy Preftel.
Pregent Prévoft.
Jean Prud'homme.
Copin Pomble.
Guillaume de Pontaynè.
Colin de Pontbrient.
Rolin de Pontbriant.
Jean Portevin.
Pierre le Poingneur.
Raoul de St. Pol.
Geoffroy le Polnié.
Odinet de Pons.
Raoul de St. Pon.
Jourdain de Vieux Pont.
Raoul du Pont.
Jean de Porçon.
Guillaume des Portes.
Jean des Portes.
M. Ricart Pourcel.
Henry de Puftolene.
Henry Quartier.
Guillaume de Quebriac.
Thomas de Quebriac.
Robin de Quedillac.
Jean de Quedillac.
Raoul de Quelain.

Jean de Quenneton.
Hervé de Queredrer.
Guyon de Quernas.
Richard de Querguinion.
Martin de Querbignon.
Rolant de Querlam.
Guillaume de Querguevilly.
Thibaut de Quervigné.
Maurice de Quingnion.
Perrin de Quoetrimel.
Michel Ravot.
Huchon de Rais.
Jean de Raciere.
Jean Raguenel, le jeune.
Guillaume Ramullier.
Guillaume Regnaut.
Jean Regnaut.
Eon Regonabet.
Eſtienne Remery.
Chriſtophe Remery.
Jean Renait.
Perronet de Rian.
Simon Richart.
Gaudebœuf de la Ride.
Jean Rigaut.
Gaudebœuf de la Rivierre.
Jean de la Rivierre.
Hamelin de la Rivierre.
Petit Rivry.
Yvon Rolant.
Alain Rolant.
M. Oudart de la Roche.
Jean Roche Rouſſe.
Olivier Romelin.
Alain Romelin.
Collas de Romilliar.
Olivier de Romar.
Olivier de Roſmillart.
Aubert de Ronde.
Richard le Roſty.
Roland le Royer.
Eon le Rouge.
Guillaume Rougier.
Guillermin Rouſſel.
Collas Rouſſel.
Olivier Rouſſel.
Jean Rouſſel.
Jean le Roux.
Guillaume Roxant.
Alain le Roy.
Guillaume Rufiart.
Guillaume Rufract.
Alain de Ruffy.
Jean, dit le Caloge de Sairte.
Guillaume de la Salle.
M. Raoul de Sains.
Salien.
Garcy de Sanay.
Jacques Santin.
Alvare Santudes.
Perrinet de Sandreville.
Alain de Santchen.

M. Jean de Saras.
Sarbaye.
Hervé le Sauvage.
Jean Savary.
Colin Sebaut.
Jean Sedille.
Guillaume de Sencé.
Isembart de Seurment.
Guyon de Seville.
Jean de Seuvilly.
Jean de Sifren.
Peret Simon.
Simonnet.
Fideric Simple.
Guyot de Siffey.
Gillet Sombois.
Jean du Somnet.
Perrot du Somnet.
Jean de Songnac.
Raoul de Talerande.
Eon du Taillier.
Jean le Taillandier.
Guillaume de Taucy.
Jean Terode.
Robin Tessou.
Raoul Tesson.
Robert de Texue.
Perrot de Tinel.
Bertrand Tirecoq.
Alain de St. Thelen.
Andrieu Thiébaut.
André Thibaut.
Thomassin.
Guillaume Thomas.
Guillaume de Torcé.
M. de Torchy.
Pierre le Toufflet.
Jean du Tournem.
Jean de la Tour.
Jean du Tourneur.
Jean de Tornoy.
J. Torode.
Le Tort de Quanville.
Hervé de la Touche.
Yvon de Tracy.
Guillaume de Tracy.
Alain de Tregarenteuc.
Jean de Tremereuc.
Jean de Trendont.
Jean de Tregrandeul.
Alain de Tregrandeul.
Julien de Tremerant.
Perrot de Tremiel.
Raoul de Treuville.
Jean de Troitiercou.
Jean de Tuel.
M. Jean de Tuisse.
Jean la Vache.
Jean Vallée.
Guyon de la Vallée.
Geoffroy de la Vallée.
Laurens Valence.
Jean de Valoigne.
Yvon de Valon.

Jean de Walfomme.
Guillaume de Vare.
Pierre le Vaſſeur.
Guillaume de Vaulx.
Jourdain de Vaulx.
Jean de Vaulx.
Hamon de Vautvallier.
Jean le Vayer.
Jean de Vaz.
M. de Vé.
Jean le Venour.
Alain du Vergier.
Michel de Vesy.
Perrin Viel.
Guillaume Viel.
Rolant de Vieliemer.
Guillaume de Vien.
Ermond Ville.
Jacques de Ville Englefch.

M. Lefrot de Villiers.
M. Drieu de Villiers.
Thomas de la Vieuville.
Jourdain de Vieux.
Collin Vilart.
Guillaume Villart.
Perrot de Villeis.
Perrinet de Villebreme.
Rolant de Villemaire.
Saigremore de Viſque.
Geoffroy Visdelou.
Olivier de Vitel.
Olivier de Vitré.
Perrinet de Voiſins.
Laurens Volence.
Jean de Voiſre, le jeune.
Jean de la Voye.
Hervé le Voyer.
Zelebre de Zandir.

*Fin de la Liſte des Chevaliers & Ecuyers.*

# TABLE
## DES CHAPITRES

Contenus dans les anciens Mémoires du quatorzième siècle.

CHAP. I. *Où le Lecteur admirera le penchant que* Bertrand *avoit pour la guerre dans son enfance même.* Page 345. Tome III.

CHAP. II. *Où* Bertrand *remporta le prix dans un Tournoi qui se fit au milieu de Rennes, après avoir toujours eu l'avantage dans tous les combats de lance qu'il donna.* 359. T. III.

CHAP. III. *Où l'on verra l'artifice & le courage avec lequel* Bertrand *s'empara de la Citadelle de Fougeray pour Charles de Blois contre Simon de Montfort, lorsque ces deux Princes se faisoient la guerre pour soutenir l'un contre l'autre leurs droits prétendus sur le Duché de Bretagne.* 364. T. III.

CHAP. VI. *Où l'on admirera le stratagème dont se servit* Bertrand *pour faire lever le siège de Rennes assiégée par le Duc de Lancastre, & comme il se jetta dans la place pour la secourir.* 368. T. III.

CHAP. V. *De l'avantage que* Bertrand *remporta dans le combat qu'il eut avec Guillaume de Brambroc Chevalier Anglois en* préſence du Duc de Lancaſtre, & de pluſieurs artifices qu'il mit en uſage pour faire lever à ce Prince le ſiege de Rennes. p. 384.

Tome III.

CHAP. VI. *De l'avantage que Bertrand remporta dans un combat ſingulier qu'il fit contre Thomas de Cantorbie durant le ſiége que le Duc de Lancaſtre mit devant Dinan.*

398. T. III.

CHAP. VII. *Siége mis devant Becherel par le Comte de Montfort & levé dans la ſuite par compoſition. L'on y verra l'adreſſe avec laquelle Bertrand ſe tira des priſons de ce Prince, & les conquêtes qu'il fit depuis.*

417. T. III.

CHAP. VIII. *De l'attaque que Bertrand fit du château de Melun qu'il enleva d'aſſaut, & ſous les yeux de Charles Dauphin Régent de France.* 429. T. III.

CHAP. IX. *Du ſiege, aſſaut, priſe & deſtruction du fort de Rouleboiſe, & de la priſe de Mante & de Meulan, dont les murailles furent abatuës.* p. 1. T. IV.

CHAP. X. *De la célèbre victoire que Bertrand remporta ſur les Anglois devant Cocherel, où le Captal de Buc leur Général fut pris, & toute ſon armée défaite.* 30. T. IV.

CHAP. XI. *De la prise de Valogne & de Carentan par* Bertrand, *& de la victoire qu'il remporta sur les Anglois dans le même pays.* Page 42. T. IV.

CHAP. XII. *Du siége que Jean de Montfort mit devant la Citadelle d'Auray qui tenoit pour Charles de Blois & pour qui* Bertrand *mena de fort belles troupes à dessein de secourir la place.* 54. T. IV.

CHAP. XIII. *De la bataille que Charles de Blois perdit avec la vie devant Auray, contre Jean de Montfort, qui devint maître de la Bretagne par cette victoire.* 66. T. IV.

CHAP. XIV. *De l'origine de la guerre qui se fit en Espagne entre le Roi,* Pierre *dit le Cruel, & son frere naturel* Henry *Comte de Tristemarre.* 82. T. IV.

CHAP. XV. *De la mort tragique de la Reine* Blanche de Bourbon, *commandée par* Pierre le Cruel *son propre mari.* 89. T. IV.

CHAP. XVI. *De l'adresse dont* Bertrand *se servit pour faire un corps d'armée de tous les vagabons de France, & les mener en Espagne contre* Pierre le Cruel, *pour venger la mort de la Reine* Blanche, *& faire monter en sa place* Henri *sur le thrône.* 100. T. IV.

CHAP. XVII. *De la prise que* Bertrand *fit de* Maguelon, *& d'autres fortes villes d'Espagne, en faveur* d'Henri *contre* Pierre.
Page 120. T. IV.

CHAP. XVIII. *De la reddition volontaire que ceux de* Burgos *& de* Tolede *firent de leurs villes, aussitôt qu'ils apprirent que* Bertrand *& la* Compagnie Blanche *étoient en marche pour les assiéger.* 135. T. IV.

CHAP. XIX. *De la vaine tentative que fit* Pierre *auprès du Roi de Portugal pour en obtenir du secours; & du prix que* Mathieu de Gournay Chevalier Anglois *remporta dans un Tournoi, contre des Portugais.* 165. T. IV.

CHAP. XX. *De la foudre du Ciel qui tomba miraculeusement sur* Daniot *&* Turquant, *ces deux scélérats accusés du meurtre de la Reine* Blanche, *& qui s'en voulurent purger en rejettant ce crime l'un sur l'autre, pour lequel on les fit combattre en champ clos.* 180. T. IV.

CHAP. XXI. *Du secours que le Roi* Pierre *alla demander au* Prince de Galles, *qu'il trouva dans* Angoulême, *& du présent qu'il lui fit de sa* Table d'or *pour l'engager dans ses intérêts.* 187. T. IV.

CHAP. XXII.

CHAP. XXII. *Des lettres de Cartel, dont le* Prince de Galles *envoya défier* Henri, *avec menaces aux Anglois qui servoient sous lui, de confisquer leurs biens, & de les punir comme criminels de haute trahison s'ils ne le quittoient.* Page 196. Tome IV.

CHAP. XXIII. *De la victoire que le* Prince *de* Galles *remporta près de* Navarette *en faveur de* Pierre *sur* Henri *&* Bertrand *qui fut pris dans cette journée.* 209. T. IV.

CHAP. XXIV. *De la reddition volontaire de* Burgos, Tolède *&* Séville *entre les mains de* Pierre, *& de l'ingratitude qu'il commit à l'égard du* Prince de Galles. 227. T. IV.

CHAP. XXV. *De l'artifice dont se servit* Henri *pour parler au Roi d'*Arragon, *qu'il alla trouver déguisé sous l'habit d'un Pélerin de Saint Jacques.* 237. T. IV.

CHAP. XXVI. *De la délivrance du* Maréchal d'Endreghem *& du* Besque de Vilaines, *accordée par le* Prince de Galles, *& de la reddition de* Salamanque *entre les mains d'*Henri. 250. T. IV.

CHAP. XXVII. *De la rançon que paya* Bertrand *au* Prince de Galles, *& du voyage qu'il fit en Espagne, pour se rendre avec tout*

*Tome V.* E

*son monde au siége de Tolede, qui tenoit encore contre* Henri. Page 281. Tome IV.

Chap. XXVIII. *De la grande bataille que* Bertrand *gagna sur le Roi* Pierre*, qui, cherchant du secours chez les Sarrasins, tomba malheureusement entre les mains d'un Juif, auquel il fut vendu comme esclave.* 300. T. IV.

Chap. XXIX. *De la derniere bataille que gagna* Bertrand *sur le Roi* Pierre*, qui perdit dans cette journée plus de cinquante mille hommes, & qui fut ensuite assiégé dans le château de* Montiel*, où il se retira.* 319. T. IV.

Chap. XXX. *De la prise du Roi* Pierre *par le* Besque de Vilaine*, comme il sortoit furtivement du château de* Montiel *pour se sauver.* 336. T. IV.

Chap. XXXI. *De la Cérémonie qui se fit en l'hôtel de St. Pol à Paris par* Charles le Sage Roi de France*, en donnant l'épée de Connétable à* Bertrand*, qui sous cette qualité donna le rendez-vous à toutes ses troupes dans la ville de* Caën*, pour combattre les Anglois.* 364. T. IV.

Chap. XXXII. *De la prise du fort de* Baux *& de la ville de* Bressiere*, & de la sortie* que les Anglois firent de S. Maur-sur-Loire, après y avoir mis le feu : mais qui furent ensuite battus par Bertrand devant Bressiere. Page 393. Tome IV.

Chap. XXXIII. *De la défaite & de la prise du Comte de Pembroc devant* la Rochelle, *par les flottes de France & d'Espagne, dont la premiere étoit commandée par* Ivain de Galles. 418. T. IV.

Chap. XXXIV. *De plusieurs places conquises par Bertrand sur les Anglois, & de la reddition qui lui fut faite de celle de Randan, devant laquelle il mourut après qu'on lui en eut porté les clefs.* Page 1. Tome V.

Fin de la Table des Chapitres.

ERRATA *du troisième Volume.*

P. 336. Truelles, *lisez :* trueller.
341. Truelles, *lisez :* trueller.
419. De Manny, *lisez :* de Mauny.
439. D'Avangons, *lisez :* Avaugour.

ERRATA *du quatrième Volume.*

P. 242. Au lieu de *Pelerins, vous venez d'un pays où vous avez eu pauvre encontre,* lisez : *où nous avons eu pauvre encontre.*

# MÉMOIRES
## OU
# LIVRE DES FAITS
## ET BONNES MŒURS
### DU SAGE ROI
# CHARLES V.

Fait & compilé par CHRISTINE DE PISAN
Damoiselle accompli.

# NOTICE
## *DES EDITEURS*
### SUR LES MÉMOIRES
### ET LA PERSONNE
## *DE CHRISTINE DE PISAN.*

Le nom de Charles V est trop célèbre dans les annales de la Monarchie Françoise, pour qu'on n'accueille pas des Mémoires où se trouvent les particularités les plus remarquables de la vie publique & privée de ce Prince. Les malheurs qui accablèrent la France sous ce règne, tiroient leur source de la funeste journée de Poitiers où la valeur Françoise céda au désespoir des Anglois. La prison du Roi Jean remplit le Royaume de brigues, de factions, & de tous les désordres qui suivent l'anarchie : le Dauphin fidèle à son pere, à son Roi, à l'Etat, contint les mécontens, châtia les rébelles, & fit tête à l'ennemi. Monté sur le Trône sous le nom de Charles V, il auroit rendu à la France son ancien éclat, si une mort prématurée ne l'eût enlevé à ses peuples qui commençoient à peine à respirer. Des mémoires où ce Roi est peint au naturel, & où sa vie domestique est mise à découvert, engagent à pardonner tous les défauts, même ceux d'une diction surannée, en faveur de l'intérêt qu'ils excitent. L'ouvrage de Christine de Pisan étoit le seul monument en ce genre dont nous pussions enrichir notre Collection; si l'Abbé le Beuf ne l'eut pas fait imprimer dans le troisième volume de ses dissertations sur l'histoire Ecclésiastique & Civile de Paris, il ne seroit encore connu que des gens de lettres qui compulsent les manuscrits. L'Abbé de Choisy & le Pere Daniel en avoient inséré (il est vrai) quelques fragmens, le premier dans la vie particulière de Charles V, & le second dans son Histoire de France : mais ces fragmens étoient insufisants pour apprécier l'ouvrage de Christine. La naiveté gauloise de son stile & la franchise avec laquelle elle s'exprime, ne font pas le moindre mérite de ces Mémoires. Aussi a-t-on obligation à l'Abbé le Beuf qui les a tirés de l'espece d'oubli où ils étoient plongés. Après les avoir examinés, nous avons senti qu'ils devoient entrer dans la Collection des Mémoires relatifs à l'Histoire de France. Ils renferment diverses anecdotes du regne de Charles V, qu'on ne rencontre point ailleurs.

Voulant placer cet ouvrage dans notre Collection, nous avons confronté le travail de l'Abbé le Beuf avec le manuscrit de la Bibliothèque du Roi, dont ce savant s'étoit servi, & avec une copie de ce manuscrit qui est dans la Bibliotheque de MM. les Avocats.

Nous nous sommes convaincus que les suppressions faites par l'Abbé le Beuf ne tombent que sur des inutilités & sur des digressions absolument étrangères aux faits qui sont racontés. Christine de Pisan entraînée par le mauvais goût de son siecle, rappelle les exploits des héros de l'antiquité dont elle forme des paralleles avec ceux de Charles; ou bien elle disserte longuement sur des points de morale triviale & commune.

Cet examen nous a démontré que l'Abbé le Beuf n'avoit pas encore assez élagué cet ouvrage. Pour ne point multiplier en pure perte les volumes de cette Collection, & pour la resserrer au contraire dans le cercle dont elle ne doit pas s'écarter, nous avons supprimé dans la premiere partie le chapitre 17, entierement consacré à décrire la figure & la taille de Charles V : dans la seconde partie, on a retranché des détails de faits qui font dans les Mémoires de Bertrand du Guefclin, & d'autres détails relatifs aux mœurs & au caractere des Ducs d'Anjou, de Berry & de Bourbon. On a rejetté de la troifième partie des récits auffi longs qu'ennuyeux, concernant l'élection du Pape Clément VII, le voyage de l'Empereur Charles IV, en France, & le cérémonial obfervé pour fa réception. Ce dernier retranchement étoit d'autant plus néceffaire, que Chriftine de Pifan (comme le remarque l'Abbé le Beuf), avoue elle-même avoir emprunté ces récits des Chroniques de Saint Denis; auffi ont-ils la féchereffe de l'original où elle les a copiés. D'ailleurs ce font-là de ces événemens qu'on retrouve dans tous nos hiftoriens; & il femble qu'ils aient pris plaifir à n'en pas omettre la moindre particularité : enfin nous le déclarons hardiment (& on peut le vérifier), en confervant l'effentiel nous avons facrifié tout ce qui nous a paru fans intérêt & peu digne de curiofité. D'ailleurs comme notre unique but étoit de faire connoître Charles V, les Mémoires de Chriftine de Pifan, vus fous cet afpect, & tels que nous les réimprimons, font complets. Par le même motif on a extrait des notes de l'Abbé le Beuf les feules obfervations qui peuvent intéreffer

& faciliter l'intelligence de ces Mémoires.

Paſſons maintenant à la perſonne de Chriſtine de Piſan. L'Abbé le Beuf, voulant nous la faire connoître, avoit pris pour guide Boivin, de l'Académie des Inſcriptions ; il va devenir le nôtre à ſon tour. Chriſtine étoit fille de Thomas de Piſan, originaire de Boulogne, en Italie. Charles V l'appella auprès de ſa perſonne en qualité d'aſtronome. Thomas quitta Veniſe, où il étoit décoré de la dignité de Conſeiller. Chriſtine n'étoit âgée que de cinq ans, lorſqu'elle arriva au Louvre avec ſes parens. Elle fut élevée à la Cour en fille de qualité. Son pere qui lui voyoit d'heureuſes diſpoſitions & une inclination naturelle pour les ſciences, voulut qu'elle cultivât ſon eſprit par l'étude des lettres. Il lui fit apprendre le latin, & elle avoit déjà fait quelques progrès dans ce genre d'étude, lorſqu'on parla de la marier. Elle fut recherchée par un grand nombre de perſonnes de diſtinction de robe & d'épée. Un jeune homme de Picardie nommé Etienne du Caſtel, qui avoit de la naiſſance, de la probité & du ſavoir, l'emporta ſur tous ceux qui ſe préſentèrent. Il épouſa Chriſtine encore très jeune, n'étant âgée que de quatorze ans ; & bientôt après il fut pourvu de la charge de Notaire & Secrétaire du Roi qu'il exerça avec diſtinction, aimé & conſidéré du Roi Charles ſon Maître.

La félicité des nouveaux époux ne fut pas longue. Le Roi Charles mourut. Thomas de Piſan déchut de ſon crédit. On lui retrancha une grande partie de ſes gages ; le reſte fut mal payé. La vieilleſſe accompagnée d'une longue infirmité, & peut-être le chagrin, le mit bientôt au tombeau quelques années après la mort du Roi ſon bienfaiteur. Ainſi ſe termina la courſe de ce Philoſophe le plus célèbre, & apparemment le plus habile de ce ſiècle. Chriſtine ſa fille aſſure qu'il décéda à l'heure qu'il avoit prédite. Elle lui donne de grandes louanges. Si nous l'en croyons, la proſpérité des armes de Charles V & la ſageſſe de ſon gouvernement, furent en partie les fruits des bons conſeils de ſon aſtronome, qu'elle ne blâme que d'avoir été trop libéral.

On peut juger de l'eſtime que Charles le Sage faiſoit de cet Officier, par les grandes penſions qu'il lui donnoit. Thomas étoit payé tous les mois de cent francs de gages ; c'eſt-à-dire, ſuivant l'Abbé le Beuf, de près de ſept cens livres, par rapport à la monnoye d'aujourd'hui. Ses livrées & les gratifications qu'il recevoit, n'alloient à guères moins. Et par deſſus tout cela on lui faiſoit eſpérer un fond de terre de 500 livres de revenu, pour lui & ſes héritiers.

Après la mort de Thomas, Etienne du Caſtel ſon gendre ſe trouva le chef de ſa famille. Il la ſoutenoit encore par ſa bonne conduite & par le crédit que ſa charge lui donnoit, lorſqu'il fut emporté lui-même par une maladie contagieuſe à l'âge de 34 ans. Chriſtine qui n'en avoit alors que 25, demeura veuve, chargée de trois enfans & de tous les embarras du ménage.

Le veuvage de Chriſtine fut effectivement traverſé d'une infinité de ſoins & de diſgraces. Elle en paſſa les premieres années à la pourſuite des procès qu'elle fut obligée d'intenter contre des débiteurs de mauvaiſe foi, & de ſoutenir contre des chicaneurs qui lui faiſoient d'injuſtes demandes. Enfin après avoir couru long-temps de tribunal en tribunal, ſans pouvoir obtenir de juſtice, rebutée par les groſſes pertes qu'elle faiſoit tous les jours, & laſſée de mener une vie ſi contraire à ſon inclination; elle prit le parti de ſe retirer dans ſon cabinet, & ne chercha plus de conſolation que dans la lecture des livres que ſon pere & ſon mari lui avoient laiſſés.

Inſtruite ſuffiſamment de l'hiſtoire & de la

fable, & se sentant déjà capable de produire quelque chose d'elle-même, elle suivit tout-à-fait son génie, & se mit à la composition (*) l'an 1399, étant âgée de 35 ans.

Ses premiers ouvrages furent ce qu'elle appelle de petits *dictiés*, c'est-à-dire, de petites pieces de poésie, des Ballades, des Lais, des Virelais, des Rondeaux. Elle avoit commencé à en faire dès le temps même de son procès & des plus grands embarras de son veuvage. La Ballade où elle se plaint de ce que les Princes ne la daignent entendre est de ce temps-là.

Christine eut beaucoup à souffrir des mauvaises langues qui attaquèrent sa réputation; mais elle fut d'ailleurs avantageusement récompensée par le succès de ses ouvrages. Les premieres productions de sa Muse lui acquirent l'estime non-seulement des François, mais encore des étrangers. Le Comte de Salisbury favori de Richard, Roi d'Angleterre, aimoit la poésie, & faisoit lui-même des vers. Pendant le séjour qu'il fit en France, où il étoit venu à l'occasion du mariage de son Maître, & d'Isabelle, fille de Charles VI, il fit connoissance avec Christine, dont les compositions lui avoient plu; il la prit

(*) Prosopopée Nature fol. 61.

en affection, & lui voyant un fils qu'elle cherchoit à placer, il lui offrit de l'emmener en Angleterre pour le faire élever avec le sien. Christine y consentit, & son fils aîné, pour lors âgé de treize ans, passa en Angleterre avec ce Seigneur Anglois.

A quelque temps de là, Richard fut détrôné par Henri de Lancastre; le Comte de Salisbury décapité. Henri qui venoit d'usurper la Couronne, ayant lu les *dictiés* & autres livres que Christine avoit envoyés au Comte, en fut si content, qu'il chercha tous les moyens d'attirer à sa Cour cette illustre veuve.

Le Duc de Milan lui fit aussi des offres très-avantageuses : mais elle aima mieux rester en France, que retourner en Italie.

Les Princes de la Cour de France n'avoient pas moins d'estime pour Christine que ceux des Cours étrangeres. Elle s'attacha d'abord & plus particuliérement à Philippe Duc de Bourgogne. Ce Duc prit à ses gages le fils aîné de cette Dame, nouvellement revenu d'Angleterre. Ce fut ce même Duc qui lui donna la commission d'écrire la vie de Charles le Sage. Elle n'avoit encore composé que le premier livre de cet ouvrage lorsque Philippe mourut. (*)

(*) En 1405.

Ni la protection des Grands, ni la réputation que Christine s'étoit acquise dès-lors par la publication de plus de quinze volumes, ne l'avoient pas enrichie. Elle avoit à sa charge une mere âgée, un fils sans emploi, & de pauvres parentes. Avec tout cela elle avoue elle-même qu'elle conservoit un reste d'ambition fondée sur le souvenir de sa naissance; & sa plus grande appréhension étoit de découvrir le délabrement de ses affaires; mais il étoit impossible qu'on ne s'en apperçut, & c'est ce qui lui faisoit le plus de peine, lorsqu'elle étoit obligée d'emprunter de l'argent, même de ses meilleurs amis.

Christine étoit alors âgée de trente-neuf ans (*). On ne sçait si dans la suite elle fut plus heureuse. En 1411 le Roi lui fit donner deux cens livres de gratification. Il paroît qu'au milieu de ses adversités elle reçut quelque consolation de son fils & de sa fille; elle représente le premier, comme un jeune homme doué d'un esprit très-pénétrant; sa fille étoit retirée dans le couvent des Dames de Poissy, où elle vivoit d'une maniere fort édifiante.

On peut voir le portrait de Christine dans

(*) Godefroy, notes sur Charles VI.

quelques-uns de ses livres enluminés de son temps, sur-tout dans le manuscrit de la bibliothèque du Roi, cotté 7395, & le catalogue de ses ouvrages dans les Mémoires de l'Académie des Belles-Lettres. Les écrits de cette femme n'ont point paru indifférens à Dom Mabillon, qui dit dans son voyage d'Allemagne (*), qu'étant à Besançon chez M. l'Abbé Boisot, il y vit trois livres de Christine de Pisan, intitulés : *De la police Françoise :* il ajoute que cet ouvrage avoit été autrefois imprimé. Voici l'endroit où il dit que Marot fait mention d'elle. C'est dans un rondeau adressé *à Madame Jehanne Gaillard ( de Lyon ) femme de bon sçavoir.*

> D'avoir le prix en science & doctrine,
> Bien merita de Pisan la Christine
> Durant ses jours. Mais ta plume dorée
> D'elle seroit à present adorée.

Quelques-uns des ouvrages de Christine étoient autrefois lus par toutes les femmes de qualité. On conserve dans la bibliothèque du Chapitre de Nôtre-Dame de Paris son livre de la *Cité des Dames*, (**) à la fin duquel il est marqué que *ce livre fut à*

(*) T. 2. pag. 714.
(**) Cotté n. 10. petit in-folio.

*Madame Agnes de Bourgoigne*, en son vivant Duchesse *de Bourbonnois & d'Auvergne.*

A l'égard des ouvrages historiques composés par Christine, on ne peut nier que le plus considérable ne soit la vie de Charles cinquième. Christine dit dans les premiers Chapitres de ses Mémoires, qu'elle les rédigea par ordre du Duc de Bourgogne, frere de Charles V; elle fut mandée à cet effet par ce Prince à qui elle avoit présenté pour étrennes en 1403 son livre intitulé : *De la mutation de Fortune.* Outre les Chroniques du temps qu'elle consulta pour ses Mémoires sur la vie de Charles V, *elle interrogea plusieurs gens notables, encore vivants, jadis les serviteurs de ce Monarque.* C'est sur leur témoignage qu'elle travailla, & ces témoignages rendent son ouvrage précieux.

*Fin de la Notice des Éditeurs.*

# MÉMOIRES
## OU
## LIVRE DES FAITS
### ET BONNES MŒURS
### DU SAGE ROI
## CHARLES V.

*Ci commence la premiere partie du Livre des fais & bonnes mœurs du sage Roy* CHARLES V.

ET PREMIEREMENT PROLOGUE.

(*Ce premier Chapitre n'offre rien à conserver que les mots suivans.*)

SERA mon dit volume contenu en trois parties qui toutes s'assembleront en une seule chose, c'est à sçavoir en la singuliere personne du tres illustre, hault, & tres loüé Prince feu le sage Roy Charles Quint d'icelluy nom.

## CHAPITRE II.
*Quelle fut la cause & par quel commendement ce livre fut fait.*

Voirs est (\*) que c'est présent an de grace

(\*) Il est vrai.

mil iiijc & iij, après un mien novel volume appellé *de la Mutation de Fortune* audit tres-folemnel Prince Monfeigneur de Bourgongne de par moy par bonne eftreine prefenté le primier jour de Janvier que nous difons le jour de l'an, lequel fa débonnaire humilité receupt tres-aimablement & à grant joye me fut dit & rapporté par la bouche de Monbertaut (a) Tréforier dudit Seigneur que il lui plairoit que je compilaffe un traictté touchant certaine matiere, laquelle entierrement ne me déclairoit. Si que fceuffe entendre la pure voulenté dudit Prince; & pour ce moy meue de defir d'accomplir fon bon vouloir felon l'eftendue de mon foible engin, (*) me tranfportay avec mes gens où il étoit lors à Paris au chaftel du Louvre, & là de fa benigne grace lui informé de ma venue, me fift aler vers lui : menée où il étoit par ij de fes Ecuyers en toute courtoifie duiz nommez Jehan de Chalons & Toppin de Chantemerle, là le trouvay retrait affez folitaire, accompaigné de fon trez-noble fils Anthoine mon Seigneur Conte de Retel..

(a) Apparemment Pierre de Montbertault nommé dans l'état des Officiers du Duc Jean, imprimé en 1729. pag. 16. & 112.

(*) *Ingenium*, génie.

Adont lui trez-benigne, après que son humilité m'eust rendu plus mercis qu'a recevoir à ma petitece n'appartenoit; me dit & déclaira la maniere & surquoy lui plaisoit que je ouvrasse, & après maintes offres notables receues de sa benignité, congé pris avec la charge agreable, que je reputay commendement plus honorable, que moy idoine ou digne de le souffisamment accomplir.

## CHAPITRE III.

*La cause pour quoi ce présent volume sera traictié en distinction de trois parties.*

Ainsi plaist au trez-redoubté susdit, que le petit entendement de mon engin (\*) s'applique à rammener à memoire les vertus & fais du trez-sereins Prince le sage Roy Charles ameur (\*\*) de sapience & toute vertu desquelles choses pour emplir ledit commandement me suis informée tant par chroniques que par plusieurs gens notables encore vivans jadis ses serviteurs, de sa vie, conditions, meurs, ordre de vivre & de ses fais particuliers : & pour ce que moy bien informée treuve que les biens de lui se peu-

(\*) Génie.      (\*\*) Amateur.

vent assez conduire par ces trois graces ay je dit en mon prologue, que je traiterai de noblesse de courage, chevalerie, & sagesse, en distinction de trois parties, ramenant à propos maintes autres additions virtueuses, &c.

## CHAPITRES IV & V.

*( Il est question des anciens Francs ; Christine tire ce qu'elle en dit de Chroniques apocryphes fort connues. )*

## CHAPITRE VI.

*Cy dit de la Nativité du Roy Charles.*

D'icelle dite noble lignée, Dieu ameur du trez-Chrestien peuple François... volt faire naistre de parens solemnels & dignes, c'est assavoir du bel & chevalereus Jean Roy de France, & de la Royne bonne s'espouse (*) fille du bon Roy de Bahaigne (**) ycelluy sage Charles, lequel fu le LVI. Roy de France puis le Roy Pharamont dit dessus regnans glorieusement par l'espace de mille xxiij ans (a) courus jusques au couronnement

(*) Sa espouse, l'a retranché.   (**) Boheme.
(a) Son calcul n'est pas exact.

d'yceluy dit fage Roy Charles. Nez fu au bois de Vincennes le jour Sainte Agnes XXI. de Janvier en l'an de grace M. CCC. XXXVI (a). A grant joye receus comme de fes parens primiers né, adminiftration de nourriture & état lui fut baillié fi notablement comme droit & noble couftume le requiert.

Si me pafferay de fon enfance affez légierement... Si n'en diray autre chofe, excepté que la fage adminiftration du pere le fift introduire en lettres moult fouffifamment, & tant que competemment entendoit fon latin (1) & fouffifamment fçavoit les régles de Grammaire; laquelle chofe pleuft à Dieu que ainfi fuft accouftumé entre les Princes, &c.

## CHAPITRE VII.

*De la jeunece du Roy Charles.*

Et auffi pareillement n'eft à mon propos & ne quier faire grant narration fur les faits de l'adolefcence dudit Roy; & pour touchier la verité, j'entens que jeunece par propre voulenté menée plus perverfe que à tel Prince n'appartient, dominoit en lui

(a) Elle compte à la maniere de France, où l'année alors ne commençoit qu'à Pâques. L'Abbé de Choify s'eft trompé en mettant 1338.

en celluy tems : mais je fuppofe que ce pot eftre par maulvaiz aminiftrateurs.

## CHAPITRE VIII.

### Le Couronnement du Roy Charles.

Selon le triumphe par ancien & redevable (\*) ufage le jour de la Trinité en l'an de grace mil trois cens foixante & iiij, de fa nativité le xxvij$^e$, celuy fage Charles Roy Quint du nom fu coroné; lequel toft aprés nonobftant le boullon de fi jeune aage contre la commune maniere des hommes cheminans par le cours de nature, par grace de Dieu & efpecial don de divine information par les bateures infortunées ja longtems receues en fon Royaume par guerres, pertes exceffives & tribulations infinies, qui fouventefois peuvent être prouffitables & falutaires aux ufages humains, à caufe de adverticence de leur vie inique & recognoifcence de leur Createur, fu illuminé de clere cognoifcence, qui vraiment luy difcerna le cler du trouble, le bel du lait, le bien du mal, par laquelle fu infpiré à droite voye.

(\*) Dub *debitum*.

CHAPITRES IX. X. XI. XII. XIII.

( *Ce font des digreſſions morales ſur la jeuneſſe & l'âge mur.* )

## CHAPITRE XIV.

*Preuves par raiſon & exemples de la noblece du corage du ſage Roy Charles.*

Le ſage Roy anobli de nature par longue genealogie continuée en triumphe avec ce de Dieu par grace doué de noblece de courage, laquelle lui fit délaiſſier ignorance en jeune aage par vertu née d'ammoneſtement de grant diſcretion, jugiant & congnoiſcent les folz deliz eſtre prejudiciables, dampnables, & hors ordre de fame (\*) deüe à digneté & troſne Royal, deſirant de laiſſier les choſes baſſes, & tendre aux haultes beatitudes, pourpenſa comment & par quelle maniere pourroit actraire & aluchier (\*\*) meurs virtueux par continuations de vie ſalutaire, parquoy l'odeur de renomée devant Dieu & au monde lui fuſt permanable, délaiſſant en jeunes jours les abiz joliz vagues & curieus,

(\*) *fama* réputation.
(\*\*) obtenir d'*allicere*.

les quels jeuneſſe lui avoit aincoiz (*) ammoneſtez, priſt abit Royal & Pontifical (**) ſage & imperial, comme affiert (***) à tel dignité; & avec ce par l'exemple de l'eſcripture qui dit: *ſe ton œil te ſcandaliſe, ſi l'oſte de toy*, pour oſter toute folle memoire chaça d'environ ſoy tous les folz procureurs ameneſtrateurs des folles jeuneces paſſées ou yceulx flateurs le ſouloyent inſtruire & conduire au gré de ſa jeune plaiſance (****).

## CHAPITRE XV.

### Comment le Roy Charles eſtablit l'Eſtat en ſon vivant en belle Ordonnance.

Et comme il ſoit de bonne couſtume ancienne & comme redevable, les Roys eſtre conſeillez par les Prelats, le ſage Roy ſur l'eſtat des revenus de ſon Royaume bien ſainctement & ſagement diſtribuez, tira à ſon Conſeil tous les ſages Prélats & de plus ſain jugement. Il fit eſlir en ſa Cour de Parlement les plus notables Juriſtes en quantité

(*) Autrefois.
(**) C'eſt-à-dire de gravité & de majeſté.
(***) Appartient.
(****) Ses jeunes inclinations.

souffisant, & iceulx institua & establi du collége de son noble Conseil. Autres si notables preudomes fist maistres des Requestes de son Hostel; & à tous aultres offices & conseil appartient pourveut de gens propres & convenables.

Pour l'aornement de sa conscience, maistres en Theologie & Divinité (*) de tous ordres d'Eglise lui plot (**) souvens oyr, en ses collations (***) leurs sermons escouter.

Item, pour la conservation de la santé de son corps furent quis (****) Médecins les plus expers, Maistres renommez & graduez ès sciences medicinales.

Il fit en tous pays querre & cherchier & appeller à soy Clercs solemnels, (*****) Philosophes fondez en science, mathematiques & speculatives ? de la quelle experience me apprens la verité. Car comme renommée lors témoigna par toute Chrestienté la souffisance de mon pere naturel (2) ès sciences spéculatives, comme supellatif Astrologien, jusques en Italie en la Cité de Boulongne la grasse par ses messages l'envoya querre, par lequel commandement & volonté fut puis ma mere avec ses enfants & moy sa fille

(*) Ecriture sainte. (**) Plut (***) conferences. (****) *quæsiti* recherchez. (*****) Illustres.

tranflatez en ce Royaume, fi comme eft encore fcu par maints vivans.

## CHAPITRE XVI.

*Comment en toutes chofes étoit bien reglé.*

L'heure de fon defcouchier (\*) à matin eftoit regléement comme de fix à fept heures. Aprés le figne de Croix & comme tres devot, rendant fes premieres paroles à Dieu en aucunes oraifons, avec fefdits ferviteurs par bonne familiarité fe truffloit (\*\*) de paroles joyeufes & honneftes, par fi que fa douceur & clemence donnoit hardiement (\*\*\*) & audace, mefmes aux mendres (\*\*\*\*) de hardiement devifer à lui de leurs truphes (\*\*\*\*\*) & esbatemens quelques fimples qu'ils fuffent, fe jouoit de leurs dis, & raifon leur tenoit.

Aprés lui pigné, veftu & ordonné felon les jours on lui apportoit fon breviaire, & le Chapelain lui aidoit à dire fes Heures canoniaux felon l'ordinaire du tems. Environ huit heures il alloit à la Meffe qui eftoit celebrée à chant melodieux & folempnel. Retrait en fon Oratoire en cette efpace eftoit

(\*) Lever. (\*\*) Se divertiffoit. (\*\*\*) Hardieffe. (\*\*\*\*) Moindres. (\*\*\*\*\*\*) Jeux.

continuellement basses Messes devant lui chantées.

A l'issue de sa Chapelle toute maniere de gens, riches ou pauvres, Dames ou Damoiselles, femmes veuves ou autres pouvoient lui bailler leurs Requestes, & il tres-debonnairement s'arrestoit à voir leurs supplications, desquelles passoit charitablement les raisonnables & doubteuses, & les plus doubteuses commettoit à aucuns maistres de ses Requestes : après ce aux jours deputés à cela alloit au Conseil, après lequel avec lui aucuns Barons de son sang ou Prelat au chief du dos (*).

Se aucuns cas particuliers plus long espace ne l'empeschast, environ dix heures asseoit à table. Son mengier n'estoit mie (**) long, & moult ne se chargeoit de diverses viandes; car il disoit que les qualitez de viandes diverses troublent l'estomach & empêchent la memoire. Vin clair & sain sans grant fumée buvoit bien trempé & non foison ne de divers. Et à l'exemple de David instruments bas pour resjouir les esprits si doucement jouez comme l'art de musique peut mesurer son, oyoit volontiers à la fin de

(*) Il manque ici quelque chose au manuscrit.
(**) Pas.

ses mengiers. Lui levé de table a la collation (\*) vers lui pouvoit aller toute maniere d'estrangiers ou autres venus pour besoignes à lui. On y voyoit des Princes & des Ambassadeurs & des Chevaliers etrangies, des Chevaliers de son Royaume; & quelquefois à peine pouvoit-on se tourner dans les sales grandes & magnifiques.

La lui estoit apportées nouvelles de toutes manieres, de pays de ses armées & differentes autres affaires. Il ordonnoit ce qu'il estoit à faire selon les cas, ou commettoit à en determiner au Conseil, passoit grace, signoit lettres de sa main, donnoit dons raisonnables, octroyoit Offices vacquants ou licites Requestes. A ces occupations se donnoit prez de deux heures, aprés lesquelles il estoit retrait, & alloit reposer qui diroit comme une heure. (a) Aprés son dormir estoit une espace à s'entretenir avec ses plus privez en esbatement de choses agreables, visitant joyaux ou autres richeces. Et celle recrea-

(\*) La conversation.

(a) Cet usage de dormir après le dîner étoit apparemment pour sa santé qui étoit foible; c'étoit au reste un usage de l'ancien tems. Il est marqué dans Sidoine liv. 1. ep. 2. liv. 2. ep. 9. dans Gregoire de Tours liv. 10. cap. 2.

tion prenoit, afin que foin de trop grande occupation ne peuft empêcher le fens de fa fanté, comme cil qui le plus du temps eſtoit occupé de negoces laborieux felon fa déliée complexion.

Puis alloit à Vefpres, aprés lefquelles ſi c'eſtoit en eſté il entroit quelquefois dans fes jardins, efquels, ſi en fon hoſtel de St. Paul eſtoit, aucune fois venoit la Reine ou on lui apportoit fes enfans. Là parloit aux femmes, & demandoit de l'eſtre (*) de fes enfans.

Aucune fois lui prefentoit-on là des marchandifes ou des raretés de pays étrangers, des artilleries, des harnois de guerre, des velous, des draps d'or, des joyaux qu'il faifoit vifiter aux connoiffeurs dont il y avoit là de fa famille.

En hiver il s'occupoit fouvent à ouïr lire des divers belles hiſtoires de la Sainte Efcripture ou des faits des Romains ou moralité de Philofophes ou d'autres fciences jufqu'à l'heure du fouper auquel s'affeoit d'affez bonne heure, & eſtoit legerement pris. Aprés lequel il s'esbattoit avec fes Barons & Chevaliers, puis fe retrayoit & s'alloit repofer.

(*) L'état.

## CHAPITRE XVII.

*De la phifonomie & corpulence du Roy Charles.*

( *Ce Chapitre ne contient rien de curieux* ).

## CHAPITRE XVIII.

*Comment le Roy Charles fe contenoit en fes Chafteaux, & l'ordre de fon chevauchier.*

Affez fouvent au temps d'efté il alloit s'esbattre dans les villes & chafteaulx hors de Paris, lefquels moult richement avoit fait refaire & reparer de folemnels edifices, fi comme à Meleun, à Montargis, à Creel, à S. Germain en Laye, au bois de Vincennes, à Beauté & maint autres lieux (3). La chaçoit aucunefois & s'esbattoit pour la fanté de fon corps defireux d'avoir air doux & attrempé (*). Mais en toutes fes allées, venues & demeures, il ne laiffoit fes quotidiennes befognes à expedier, ainfi comme à Paris.

L'accouftumée maniere de chevauchier étoit de notable ordre, à tres-grand compagnie de Barons & Gentilshommes bien montés & en riches habits, lui affis fur pa-

(*) Frais.

lefroy (\*) de grant eflite, tout tems veftu en habit Royal, chevauchant entre fes gens fi loing de lui par telle & fi honorable ordonnance, que par l'aorné maintien de fon bel ordre bien peuft fçavoir & cognoiftre tout homme eftrangier ou autre, lequel de tous étoit le Roy. Ses Gentilshommes devant lui ordenez & Gend'armes ou lances eftofez comme pour combattre, commandez par Capitaines qui eftoient Chevaliers, les fleurs de Lys en efcharpes portées devant lui, & par l'Efcuyer d'efcuierie le mantel d'hermine; l'épée & le chapel Royal felon les nobles anciennes couftumes Royales.

Devant & après le plus prochain du Roy chevauchoient les Princes & Barons de fon fang : mais nul ja ne l'approchaft s'il ne l'appellaft : après lui plufieurs gros deftriers (\*\*) moult beauls en deftre eftoient menez, aornez de moult riche harnois de parements , & quand il entroit ès bonnes Villes où à grant joye du peuple eftoit receus, ou chevauchoit parmi Paris. Lefquelles cerimonies Royales n'accompliffoit mie tant au gouft de fa plaifance , comme pour garder , maintenir & donner exemple à fes fucceffeurs avenir, que par folemnel ordre fe foit tenir & mener le

(\*) Cheval.   (\*\*) Grands chevaux dreffés.

très-digne degré de la haulte couronne de France à laquelle toute magnificence souveraine est deüe & pertinente.

## CHAPITRE XIX.
par extrait.

*De l'Ordonnance que le Roy Charles tenoit en la distribution des revenus de son Royaume.*

Le Clergé tenoit en paix, le peuple en crainte & obéissance en temps de paix & de guerre, les étranges nations benevolents. Il avoit toujours avec lui quelques-uns de ses freres & de ses parents à qui il donnoit de grosses pensions.

## CHAPITRE XX.

*La regle que le Roy Charles tenoit en l'estat de la Royne.*

Le Roy avoit aussi très-bien ordonné la Cour de Jehanne de Bourbon son épouse. Aux solemnitez des Festes années (\*) ou à la venue des notables Princes que le Roy vouloit honorer, la Royne estoit vestuë d'habits Royaux larges & flottans, en sam-

(\*) Annuelles.

bues Pontificales qu'ils appelent chappes ou manteaux de draps d'or ou de foye couverts de pierreries : par diverfes heures du jour habits rechangiez plufieurs fois felon les couftumes Royals & Pontificaux; fi que merveilles eft à veoir icelle noble Royne à telles dites folemnitez accompagnée de deux ou trois Roynes pour lors encore vivants fes devancieres ou parentes à qui portoit grand reverence, fa noble mere, & Ducheffes femmes des nobles freres du Roy, Conteffes, Baronneffes, Dames & Damoifelles, toutes de parage honnefte duites donne & bien moriginées, car autrement ne fuffent au lieu fouffertes. Elle mangeoit en falle avec les Princeffes & Dames fi par groffeffe ou autrement n'en eftoit empêchée. Aux fales & chambres eftoient riches brodures à groffes perles d'or & de foye à ouvrages divers... vaiffellement eftoit d'or & d'argent.

Et comme ce foit de belle politie à Prince pour la joye de fes Barons rejouiffant de la prefence de leur Prince, la Royne étoit fervie à table par Gentilshommes de par le Roy à ce commis; & durant le repas par ancienne couftume des Roys bien ordonnée, pour obvier à vagues & vaines paroles & penfées, avoit un Preudhome en eftat au bout de la table qui fans ceffer difoit geftes de mœurs d'aucun bon trefpaffé. Le Roy eftoit fouvent en la compagnie de la Royne, lui faifoit fouvent des prefens de joyauls ou de chofes rares venans des Pays eftrangers. Il eftoit fouvent avec elle à joyeux vifage & mots gratieux plaifans & esbattans, & elle de fa partie femblablement faifoit.

## CHAPITRES XXI. & XXII.

*( Ne contiennent rien de confiderable.)*

## CHAPITRE XXIII.
par extrait.

*De la vertu de juftice du Roy Charles.*

Il aimoit fi fort la juftice, que fi hardi ne fut ne tant grand Prince en fon Royaume qui extorfions ofaft faire à homme tant fuft petit. Un Chevalier de fa Cour ayant donné une buffe (\*) à un Sergent faifant fon office, on euft grand peine à obtenir du Roy que ce Chevalier ne encouruft la loix ès rigueurs de juftice, qui eft en tel cas couppé le poing, & jamais depuis ne fut en grace devant lui.

(\*) Un fouflet.

Item à un Juif semblablement fist droit d'un tort & extorsion qu'un Chrestien lui avoit faite, & fut de lui avoir donné un fauls gage pour bon. Et volt le Roy que la simplece du Juif fust vainqueresse de la malice du Chrestien.

Estant au chasteau de Laye (*), une Veuve vint se plaindre d'un des Officiers de sa Cour, lequel par commandement avoit logé dans sa maison, & avoit violé sa fille. Le Roy le fist arrester, & le cas confessé, le fit pendre sans nul repi à un arbre de la forest.

Pour justice tenir lui en personne, maintefois selon les nobles & anciennes coustumes tint en son Palais à Paris seant en throne Imperial entre les Princes & sages le lit de Justice, en cas qui sont reservés à determiner à lui à telles solemnités deputés d'ancienneté. (4)

Gardant à la ligne la Loi de Dieu comme le Decret deffend sous peine d'escommuniement les champs de batailles, (5) de quoy on use communement ès Cour des Princes en l'ordre d'armes en cas non cognus & non prouvés, comme ce soit une maniere de tenter Dieu, oneques ne voult en son tems consentir telles batailles.

(*) St. Germain en Laye où dans la forest.

## CHAPITRE XXIV.

*De la benignité & clemence du Roy Charles.*

(Icy *Christine* en commençant confond Scipion avec Pompée vainqueur de Mithridate & de Tigrane, cite des histoires anciennes, soit Grecque, Romaine ou Françoise, mais peu exactement.)

Charles une fois au temps de pestilence de France encore n'estoit couronné, entra à Paris en grant compagnie après une grant commotion en la Ville qui contre lui ot été; & ainsi comme il passoit par une rue, un garnement traitre oultrecuidié par trop grant présomption va dire si hault qu'il le potoir; *Par Dieu, Sire, se j'en fus crus, vous n'y fussiez ja entré, mais au fort on n'y fera peu pour vous.* Et comme le Comte de Tancarville qui droit devant le Roy chevauchoit eut oï la parole, vouluft aller tuer le vilain; le bon Prince le retint, & repondit en souriant comme ce il n'en tenift compte, *On ne vous en croira pas, Beau Sire.* Nonobstant lui fuft legiere la vengeance, la haulteffe de son noble courage ne daigna tenir compte de chose que un tel garçon dis.

## CHAPITRE XXV.
par extrait.

*Sur ses emprunts.*

Quand le Roy avoit besoin d'argent, il mandoit les plus riches de ses Citoyens & Sujets, & à donc tres-debonnairement les requeroit de prest raisonnable, par si que il les assignoit de payement sur ses receptes & revenues clers & bienvenants jusqu'à la fin de paye; dont il lui avint une fois, que comme un tres-riche homme s'excusant moult d'icelui prest, disant par assez de repliques que il avoit un grand tas de petits enfans qui lui convenoit nourrir; & quand le Roy en ot assez escouté, respondit en souriant; *Biau Sire, s'ils sont petits, tant dépendent-ils moins, vous serez payé ains* (\*) *qu'ils soient grands.*

## CHAPITRE XXVI.

*Sur l'humilité qui convient à un Prince.*

( *Sur la fin Christine renvoye au livre qu'elle a intitulé* : Du Chemin de longue estude. )

(\*) Avant.

## CHAPITRE XXVII.

( *Ce Chapitre est assez étendu contre les orgueilleux ; Hugues de Fleury y est cité sur un fait de Julien l'Apostat.* )

## CHAPITRE XXVIII.

*Ordre de sa maison & ses largesses.*

Doux & debonnaire estoit entre ses gens, par laquelle doulceur sens & gouvernement l'avoient en si grant reverence, que ils le craignoient non mie par rigueur, mais par pure amour. Toutes choses tant par ordre estoient menées, qu'il n'y eut si hardis qui osassent passer heure, point, ne ordonnance de ce qui a faire lui appartenoit. Car lui tres-sage establissoit Chevetainnes (\*) de ses offices gens sages & prudents, qui tendoient à mener les choses au gré de leur superieur plein d'ordre, & par ce n'y estoit regle faillie. A iceux faisoit du bien, donnoit largement, tenoit honnorablement & à tous ceux de sa Cour chascun en son degré ; si qu'ils estoient richement vestus & estofez de toutes choses selon leurs facultez. Vouloit sçavoir & enquerroit des conditions de ses serviteurs, & esprouvoit leur loyauté (6).

(\*) Capitaines.

## CHAPITRE XXIX.

par extrait.

*De la vertu de chasteté du Roi Charles.*

Chasteté estoit de lui gardée en fait, en dit & en pensée : vouloit que ainsi soit en ses prochains & serviteurs, tant en contenence comme en habit, paroles & faits & toutes choses. Il gardoit son mariage loyaulement & selon Dieu : son parlé & habit honnête & chaste. Celui de la Reine, de ses enfans & serviteurs de sa Cour, semblablement simple, car ne souffrist que homme de sa Cour tant fust noble ou poissant portast trop cours abis, ne trop oultrageuses poulaines (7), ne femmes cousues en leurs robes trop estraintes, ne trop grans collez. Commandoit à ses Gentils hommes que bien se gardassent que en fait de femmes si sagement se gouvernassent que personne n'eût cause de s'en tenir mal content, & se au Roy par quelque avanture venist à cognoiscence ou que complainte lui fust faite d'aulcun de ses gens qu'il eust deshonnoré femme, tant fust son bien aimé, il perdoit sa grace, le chaçoit & plus ne le vouloit veoir. Mais pour la grant compassion qui en lui estoit, considerant la fragilité humaine; oncques en ſa vie ne volt donner licence à homme pour meſfait de corps, qu'il emmuraſt ſa femme à penitence perpetuelle, tout en fuſt-il maintes fois ſupplié, & à difficulté donnoit congé que le mari la teniſt cloſe en une chambre ſe trop eſtoit deſordenée, afin qu'elle ne feiſt honte à ſon mari & parens.

Et ainſi ceſtuy ſage Roy deffendoit que livres deshonneſtes ne fuſſent leus ne portez à la Cour de la Royne, ne de ſes enfans, & ſoubz peine de perdre ſa grace, ne fuſt ſi hardi qui oſaſt à ſon filz le Dauphin ramentevoir matiere luxurieſe. Dont une fois fut rapporté au Roy, que un Chevalier de ſa Cour jeune & jolis pour le temps, avoit le Daulphin inſtruit à amours & vaguette; le Roy pour celle cauſe le chaça & deffendy ſa preſence & celle de ſa femme & enfans.

A cet exemple ne vouloit point le ſage Roy, que gloutons de bouche & de parolle leſquelz en pluſeurs Cours ſont moult eſſauciez, entraſſent ès mengiers de ſes Cours, ne plaiſir aulcun n'y prenoit.

## CHAPITRE XXX.

*De sobrieté louée en la personne du Roi Charles.*

Sobrieté laquelle est vertu divine celluy Roy approuva, en ce qu'il entre les habundens delices d'icelle si comme il paroist à ses mengiers continuellement ou tres-atrempéement usoit de vins & de viandes plus sains que delicatifs, & aussi en ses vestures Royauls & honnorables, non trop curieuses n'en coust desordonné ne superflu.

## CHAPITRE XXXI.

*De la vertu de verité en la personne du Roy Charles.*

Mensonge aucunement ne fut oye de issir de sa bouche ne faulse promesse : ce qu'il affermoit estoit verité ; en ce qu'il promettoit, en l'attente n'avoit faulte aulcune en nul cas.

Dont comme il voulsist que ses commandemens fussent obeys comme raison le debvoit, & que verité fust tenuë, avint une fois qu'il ot donné à un Gentilhomme qui bien l'avoit desservi en ses guerres la somme de

Vc. frans par un mandement à ses Generaulx, de laquelle chose avoit commandé de bouche expressement à un de ses Generaulx appellé Bernard de Montleheri qu'il n'y eust faulte d'expedicion ; & nonobstant ce pourmena par plusieurs jours ledit Gentilhomme : lequel par ennuy s'en alla plaindre au Roy à qui de ce desplut grandement : & selon ce qu'il n'estoit mie furieux, bien le monstra, car incontinent & de fait par un de ses Sergens d'armes, & ledit Gentilhomme l'envoya exécuter & prendre la vaisselle d'icelui General, lequel moult espouventé de l'indignation du Roy, le délivra incontinent.

—Encore qu'il fut veritable, appert en approuvement de la noblece de son courage, par ce qu'il fist à un Anglès son grand ennemy, appellé le Captal de Beu, qui moult estoit notables homs & grant Capitaine d'ost ; lequel au temps du couronnement du Roy Charles, comme sera cy-après dit, avoit cuidié empescher ledit couronnement. Mais Dieux mercis il failly, & sa gent desconfite il fu pris. Dont après ce qu'il ot esté une piece en prison, le Roy de sa débonnaireté le délivra, parce qu'il promist estre bon François, & le fist le Roy son Chambellan & assez de bien & d'honneur lui fist. Mais quant les guerres recommencierent, celluy prist congié du Roy renonçant à son service, & comme le lui donnast le Roy bien & voulentiers & luy eust du tout ottroyé & promis de len laissier eller quittement, fut dit au Roy que à son trop grand prejudice seroit le laissier aller, car il estoit homs de grant poissance entreprise & hardement, si sçavoit l'estat & secret de son gouvernement & de sa Court, & qu'encore lui pourroit nuire trop grandement, & que en le retenir n'y avoit point de reprehension, puisque son prisonnier estoit non delivré par rençon, qui partir s'en vouloit pour lui nuire & grever. Le Roy nonobstant qu'il sceust bien que ce conseil estoit veritable, juste & loyal, & que celui le greveroit, puisqu'il ot promis & octroyé le congé, nullement ne le volt retenir & aller le laissa, lequel depuis moult nuist à ce Royaume, mais comme Dieu le payast, puis mourut es prisons du Roy, comme dit sera.

## CHAPITRE XXXII.

*De la vertu de charité en la personne du Roy Charles.*

Tres grant ausmosnier estoit le Roy Charles, si comme il paru en plusieurs fondacions d'Eglises & Colliege que il fonda où il assist grans rentes amorties comme cy après sera dit.

Donnoit aux poures Abbayes & Priorez, en Eglises soustenir, reffaire & gouverner les pitances des freres & Couvent des sœurs; soustenoit les Hospitauls par larges ausmosnes : aux freres Mendians, aux poures escoliers aydoit & confortoit en leurs congrégations & assemblées, où il convenoit mises pour leur degré avoir : ou quant lui venoit à connoissance que aucun Gentil-homme ou femme envielliz ou cheuz en maladie ou povreté, ou fust en grand necessité povres Religieus, ou d'autre estat ou pour aydier à marier povres filles dont il fust informez que bien fust employé, povres femmes Vefves, orphenins, en tous cas piteus donnoit tres largement du sien, & de bonne voulenté, & chascun jour continuellement de sa propre main humblement & devotement donnoit certain argent à une quantité de povres, & à chascun baisoit la main.

## CHAPITRE XXXIII.

*De la devocion du Roy Charles & autres exemples.*

Tres devot & vray Catholique eſtoit & tres vray Chriſtien le Roy Charles.

Sa premiere œuvre des qu'il eſtoit levez eſtoit de ſervir Dieu comme devant j'ay dit, & non obſtant ſa deliée complexion jeunoit tout temps un jour de la ſepmaine & les jeunes commendez, ſe grant accident ne lui tolloit. Devocion en aucuns Saints, après Dieu & ſa mere, avoit ſingulierement, dont fiſt aucunes fondacions, ou acrut les Monſtiers ou Chapelles de rente & d'ediffice.

L'Egliſe S. Denis en France, auquel glorieux Saint avoit grand devocion, viſitoit ſouvent, & aux feſtes de celle Egliſe à grant devocion, alloit à la proceſſion avec les Barons & les Roynes qui lors vivoient; grans dons & beaulx y offroit; un moult riche reliquaire d'or à pierres precieuſes, entre les autres dons y donna.

La Chapelle du Palais à Paris ſouvent viſitoit & aux feſtes années le ſervice à grant ſolemnité celebroit, devotement aloit au noble oracle où font les dignes reliques, & à grant devocion baifoit.

Et de fa propre main le jour du grant Vendredy au peuple monftroit la vraye croix.

Ceftuy Roy celebroit les feftes des Saints, en fervices melodieux de chant dont il avoit fouveraine Chapelle, laquelle il tenoit richement & honeftement de toutes chofes & à Chantres, Muficiens fouverains & honorables perfonnes.

## CHAPITRE XXXIV.

*Encore de la devocion du Roy Charles, & autres exemples.*

Et que le fage Roy Charles fut homme de tres grant devocion appert par la ferme entencion que il avoit deliberée en foy, (ce fçavoye affez de fes privez preudes hommes) que fe tant povoit vivre que fon filz le Daulphin fuft en aage de porter couronne, il lui delairoit (\*) le Royaume, & le feroit couronner, & lui feroit Preftre, & le demourant de fa vie uferoit au fervice de Dieu.

(\*) Laifferoit.

CHAP. XXXV.

## CHAPITRE XXXV.

*Comment en donner don doit avoir mesure, & comment folle largece si est vice.*

Pourtant nostre sage Roy en qui toute discretion estoit, bien avisoit ou asseoit ses grans dons, & nullement n'amast aulcun singulierement se aulcun grant vertu ou pluseurs ny avoit apperceu, si comme il fist en son bon Chevalier Messire Jehan de la Riviere, que il ama especiaulment pour sa tres grant loyauté & preudomie; car ou temps des pestilences en France à celluy furent faictes grans offres de deniers & seigneuries par pluseurs traitres maulvaiz, mais qu'il voulsist faire ou donner opportunité & lieu de accomplir maulvaisetie & trayson, lequel loyal & bon chevalier plustost eust esleu la mort en sa personne, que consentir fellonie, & ces choses & autres vertus, en lui sçues & apperceues du sage Roy, à bon droit l'amoit singulierement, laquelle amour apres la mort dicelluy bien monstra à son frere Messire Buriau de la Riviere, lequel autre si estoit sage, prudent, beau parlier, homme de belle faconde & miste (\*) en toutes choses.

(\*) Variée.

*Conclusion de la premiere partie, au bout de laquelle se lit :*

*Explicit la premiere partie du livre des faits & bonnes meurs du sage Roy Charles parachevé le XXVIII. jour d'Avril l'An de grace M.CCCC & IIII.*

*Ci commence la seconde partie de ce present Volume, laquelle parle de Chevalerie en s'appliquant à la personne du Roy Charles.*

ET PREMIEREMENT PROLOGUE.

COMME obscurcie de plains, plours & lermes à cause de nouvelle mort, me convient faire douloureuse introyte & commencement à la seconde partie de ceste ouvre presente adoulée (\*) à bonne cause de survenue perte non mie singuliere à moy ou comme à aulcuns, mais generale & expresse en maintes terres, & plus en cestuy Royaume comme despoulié & défait de l'un de ses souverains piliers. Et cestuy dommage & meschief procuré par fortune ameniſtrareſſe de tous inconveniens & meschief, qui ou mois de Mars en la fin de l'an quatre cens

(\*) Affligée.

& trois lorsque les constellations Saturnelles & froides rendoient l'air en toutes contrées infect par moisteur froide, continuée en longue pluye plus impétueuse que par la nature la saison ne doit, parquoy furent causées ès corps humains rumatiques, enfermetez avec fievres fimeres (*) & entreposées, causales de la mort, fit lors transporter ès contrées nubleuses, ou à air bruineux & couvert pour la moisteur des palus esveus & teire ramoitie d'icellui pays qui siet vers les marches de Flandres, celluy de la quelle mort nous doulons, qui fut nommé en son titre Phelippe fils de Roy de France, Duc de Bourgongne, Conte de Flandres, d'Artois & de Bourgongne, qui frere germain fu au sage Roy Charles de qui cest present livre est traictié. Lequel à grant prejudice du bien propre de la Couronne de France & griefve perte de la publique utilité commune est trespassez nouvellement à Hale en Henault le xxvij jour d'Avril en la presente mil quatre cens & quatre... Et comme soit juste cause à un chascun plaindre son deuil, moy comme femme veuve orphenine d'amis, ay cause de douloir & plaindre celluy par lequel digne commandement j'empris ceste

(*) Ephemeres, c'est-à-dire, fievres d'un jour.

presente œuvre.....qui confort, ayde & souftenail de vie a efté à moy & au petit college vidual de ma famille.

(CHAPITRES II. III. & IV.

*Ils traitent de l'origine des Royaumes & de la chevalerie.*)

## CHAPITRE V.

*Preuves comment le Roy Charles peut eftre dit chevaleureux.*

Non obftant que fa perfonne apparut le plus de temps eftre à requoy en fes riches Palais, fut droict chevaleureux, par la maniere qui à vray Prince eft appartenant, & entierement en luy furent les quatre graces fufdites qui à fournir droicte Chevalerie conviennent.

Es vrayes Chroniques de fon temps il eft efcript que quant Charles ainfné filz du Roy Jehan de France fe fu parti de Paris pour aler à Rains eftre facré à Roy de France, a dont s'affemblerent jufques à iij. mille hommes d'armes fes ennemis fors & puiffans, defquels je tais les noms des Capitaines & de leur nacions, m'en raportant aux dictes chroniques qui la le vouldra scavoir, & se partirent tenant leur chemin vers Vernon ou cuidoyent passer Saine pour aler empechier & rompre le couronnement dudit Charles; mais comme Françoiz fussent de ce avisez, s'assemblerent hastivement, le Conte d'Ausseure, Loys son frere derrenier mort, Connestable de France, le bon Breton Bertram du Clequin & mains autres vaillans & bons Chevaliers, à souffisant compaignie de gens d'armes au devant leur furent, si qu'ilz assemblerent à bataille delez le mont qu'on dit Cocherel en laquelle ot moult fiere meslée de la quantité de gent & moult d'occiz comme coustume est de telz jeux de toutes les deux pars, mais en la fin Dieux en donna aux Francoiz la victoire, & furent les ennemis auques * tous mors & peris.

Et nostre Roy joyeusement s'en vint du sacre à Paris où à grant solemnité comme raison estoit, fu receus, & le bon Roy comme non ingrat en tenant la voye des chevalereux Princes, & donnant exemple aux Chevaliers d'estre bon en remuneracion des bienfaiz que ot fait en ceste dicte bataille autrefois Bertram du Clequin, lui donna la Conté de Longueville.

(*) Presque.

Et fouffife en ce pas quant à l'une de nos preuves de bonne fortune convenable à bon Chevalier.

## CHAPITRE VI.

*Comment le Roy Charles avifa par bon fens d'en faire aller les Grans-Compaignes de France.*

Ce Prince regarda fon peuple batu & défolé de longue & greveufe guerre, & encore chafcun jour mangié, & devouré par grantes & exceffives compaignies efparfes en divers lieux en fon royaume (8), meu de grant pitié moult voulfift avifer comment fanz fang humain efpendre, lequel felon la faincte loy on doit efpargnier, ce bafton & floyel (*) peuft eftre ofté de fon royaume.

Si vint lors comme il plot à Dieu nouvelles que le Roy d'Efpaigne nommé Pietre, lequel avoit efpoufée la ferour (**) de la Royne Jehanne de Bourbon femme du Roy Charles avoit fait mourir fa femme, & comme mauvaiz & pervers Creftien maintenoit une Sarrazine, par lefquelles males façons, un frere baftart, nommé Henry, que celuy Roy Pietre avoit, à

(*) Fleau.    (**) Sœur.

l'ayde de partie du pays, qui pour ses desmerites le hayent (*) lui faisoit guerre.

A dont le pourveu Roy Charles à juste cause ordonna que son Marechal nommé Hernoul d'Endrehen, Bertram du Clequin & autres chevetains (**) conduisissent & menassent toute celle gent de compaigne en Espaigne faire guerre au Roy Pietre. Ainssy fut fait, parquoy en la fin non obstant que après ce que par l'ayde de celle gens Francoise, qui orent tant fait que le frere bastart fut couronné à Roy d'Espaigne & chacié Pietre, lequel Pietre ala requerir ayde au Roy d'Angleterre, auquel ayde ala en personne l'aisné filz dudit Roy Edouart dit le Prince de Gales avec grant foison d'Anglois, par lequel ayde fu remis Pietre en son royaume & Francoiz desconfis, & Bertram de Clequin & plusieurs Francois pris, & après ces choses environ l'espace de iij ans Bertram de Clequin par rençon delivré, rala Henry en Espaigne avec lui Bertram & foison de Francoiz & aydié dudit pays d'Espaigne fut remis comme Roy au royaume & conquis tout le pays, le Roy Pietre pris par son frere, le chief trenchié : & ainssy demoura Henry Roy paisiblement. Ke ce serve pour partie de preuve le Roy Charles estre comme

(*) Haissent.  (**) Capitaines.

Prince chevalereux, vray, sage deffendeur & gardeur de son peuple.

## CHAPITRE VII.

*Comment par le sens & bel gouvernement du Roy Charles aucuns Barons se vindrent rendre à luy.*

Un Baron de Gascogne, sire d'Alebreth, qui sa terre tenoit du Roy d'Angleterre assise en la Duchié de Guienne Anglesche, pour le temps le Roy par le conseil de ses sages, sanz lequel ne faisoit aulcune chose, le receut tres-honnorablement, & le voyant honnouré, & puissant Seigneur lui donna par mariage la sœur de la Royne de France sa femme, duquel mariage est né Charles d'Alebreth, à présent Connestable de France & Loys son frere.

Item pareillement se vindrent rendre le Conte d'Armegnac, le Conte de l'Isle & mains autres Barons de Gascogne, lesquels le Roy receupt à très grant honneur, & si à amour les tint, que tous diz puis furent ses vrays subgiez, amis, serviteurs.

## CHAPITRE VIII.

*Comment le Roy Charles envoya defier le Roy d'Angleterre.*

Confidérant comment c'eſt honteux vitupere à Prince, laiſſier ſes drois, fiez, juriſdictions, titres & ſignouries & choſes à lui appartenans es mains de ſes adverſaires, ou par faute de deffenſe les ſouffrir tollir & ſouſtraire, ot regard ſur le traité de la paix, lequel avoit été fait en maniére de contrainte pour le temps de trop griefve fortune, & pour obvier à plus grant inconvenient lorſque ſon pere le Roy Jehan eſtoit priſonnier en Angleterre, laquelle dicte paix ne luy eſtoit mie bien honorable, ains moult au deſcroiſcement & prejudice de ſon Royaume, Seigneurie & poiſſance.

Et comme en celle ditte paix euſt contenu que le Roy d'Angleterre tendroit & auroit toute la Duchié de Guienne où ſont appendans XII Contez, tendroit la Rochelle & la Cité de Poitiers, la Conté de Pontieu, celle de Guines, & yceſtes terres, leſquelles ſont des fiez anciens de la Couronne de France, tendroit le Roy d'Angleterre purement & quietement ſanz en faire hommage & redevance quelconques comme terre conquife à l'efpée, yceftes chofes avifées du Roy Charles informez juftement que convenances ou promeffes faictes ou prejudice de l'utilité publique & mefmement par contrainte ne doivent eftre tenues, affembla fon confeil, où bien fu fus ces chofes regardé & difcuté, & enfin conclus que le Roy de France avoit bonne & jufte caufe de recommencier la guerre.

Et pour ce le Roy Charles par le confeil des nobles Clercs & Bourgoiz renvoya deffier le Roy Edouart d'Angleterre, mefmement que les Anglois avoyent toutes certaines convenances que tenir devoyent.

## CHAPITRE IX.

*Comment le Roy Charles fe pourvey fur le fait de la guerre, & les belles conqueftes qu'il fit en peu de temps.*

Le Roy Charles qui ot fait deffier le Roy d'Angleterre, tantoft comme fages chevalereux Prince fe garny de bonnes gens d'armes, atray à foy vaillans Capitaines dont finer pot eftranges & privez, donna de beaulx dons, les receut joyeufement & moult honnoura, fift pourvéance de riches armeures, beauls deftriers amener d'Alemaigne, de pulle courciers, haubergons & azuraus camailz forgiez à Millan à grant foison apportez par deça par l'affinité Messire Barnabo, lors Seigneurs dudit lieu : à Paris faire toutes pieces de harnois, & de tout ce donna largement aux compaignons d'armes, aux riches gentilz hommes les choses belles & jolies, aux povres les prouffitables & fortes, & pourvey d'artillerie, & bons arbalestriers fist assez venir de Genes & d'autre part, & ainssi de tous estoremens (\*) de guerre se pourvey, & bien & bel fist de tout ce & de bonne gent garnir les chasteaulx & forteresses vers les frontieres de son royaume si convenablement & de tous vivres à long-temps que riens n'y failloit. Et comme tout dire & narrer seroit longue chose, qui mieulx y fist, qui fu Capitaine qui y ala, & par qui ce vint, à tout dire en brief, tant sagement & prudenment y pourvey nostre sage Roy, que tost après la deffiaille susdicte par grace de Dieu, sens, diligence, bonté, fortune, & force, prinsdrent les gens qu'il y ot commis la ville & le chastel du Crotoy (a), avec ce se rendy au Roy la ville d'Abeville & de

(\*) Equipages.
(a) Les Chroniques de S. Denis ne font point mention du Crotoy, mais de trois autres lieux. C'est à l'an 1369. cap. 18.

Rue, & après fu pris le chaftel de Noyelle : ainffy en affez peu de temps conquefta toute la Conté de Pontieu.

Pareillement en plufieurs pars du royaume de France envoya le Roy gens d'armes en bel & bon eftorement conduis par vaillans Capitaines, mais lui comme vray paftour humain & doulx piteux de la perte de fes gens, ordonna que les forterèces où tel réfiftance trouveroyent que trop convenfift perdre de bonnes gens, ains que par affault on les euft, fuffent raimtes (*) par traictiez & pacts, c'eft affavoir faulve les vies de ceulx dedens ou à aucune quantité de deniers, mais qu'ilz laiffaffent la place, car trop mieulx ainffy le vouloit, que ce qu'il convenift aincoiz moult de fang y efpandre.

Et ainffy par telz tractiez furent aulcunes fortreffes rendues en la Duchié de Guienne & plufieurs autres prifes par force d'affault, & par bataille où ot mainte forte efcarmouche, maint tour d'arme, mainte fuite & mainte fuite que je trefpaffe, aincois que (**) prifes fuffent.

(*) Rachetées. (**) Avant que.

## CHAPITRE X.

*Comme le Roy Charles conquesta par ses guerres non obstant qu'il n'y allast en personne : & la cause pourquoy n'y alloit.*

Mais pour ce que aucunes gens pourroyent contredire à mes preuves de la chevalerie de cestui Roy Charles, disant que recreandise ou coüardie (\*) lui tolloit (\*\*) que luy en propre personne n'aloit comme bon chevalereux aux armes & faiz de batailles & assaulx, ainssy que firent son ayol le Roy Phelipe & son pere le Roy Jehan & ses autres predecesseurs : parquoy donques ne pouvoit avoir en luy si grant tiltre de chevalerie comme je luy vueil imposer & ajoindre. A ceulx convient que je respond verit manifeste & pure, au sçu de toutes gens.

Que par recreandise n'alast en personne aux armes de ses guerres n'est mie. Car ou temps qu'il estoit Duc de Normandie ains (\*\*\*) son couronnement, avec son pere le Roy Jehan maintes foiz y ala, & aussy lui seul chevetaine de grans routes de gens d'armes fu en plusieurs besognes bonnes & honnorables, à la confusion de ses ennemis.

(\*) Timidité. (\*\*) L'empêchoit. (\*\*\*) Avant.

Mais depuis le temps de son couronnement luy estant en fleur de juenece ot une très grieve & longue maladie à quel cause luy vint se ne scay, mais tout en fu affoiblis & debilitez que toute sa vie demoura très pale & très maigre, & sa complexion moult dangereuse de fievres & de froidure d'estomac, & avec ce luy remaint * de la dicte maladie la main destre si enflée, que pesante chose lui eust été non possible à manier, & convint le demourant de sa vie user en dengier de Medicins.

Mais que pourtant le loz de sa grant vertu qui sans cesser ouvroit en toute peine pour la publique utilité doye estre reprimé, n'est mie raison.

Car dit Vegece que plus doit estre louée chevalerie menée à cause de sens, que celle qui est conduite par effect d'armes; si comme les Romains plus acquissent Seigneuries & terres par leur sens, que par force. Semblablement le fist nostre Roy, lequel plus conquesta, enrichy, fist aliances, plus grans armées, mieulx gens d'armes payez, & toute gent, plus fist bastir édifices, donna grans dons, tint plus manificent estat, ot plus grant despense, moins fist de grief au peuple,

(*) Demeura, *remansit*.

& plus fagement fe gouverna en toute pollicie, & plus largement fu fornie toute defpenfe, que n'avoit fait Roy de France felon le rapport des efcriptures, je l'ofe dire, depuis le temps Charlemainne, qui pour la hautece de fa proüece fu appellez Charles le grant; ainffi pour la vertu & fagece de ceftui lui doit bien perpetuellement demourer le nom de Charles le fage.

## CHAPITRE XI.

*Des freres du Roy, & premierement du Duc d'Anjou* (9).

Pour ce qu'il appartient à l'eftandue du continue procès de ce livre, difant par ordre les particuliers fais au propos de chevalerie, diray des branches ains que du fruit, c'eft affavoir des freres dudit Roy.

En commencant au plus aagé après le Roy Charles, lequel fu appellé Loys Duc d'Anjou & de Touraine, qui après fu couronné du Royaume de Naples.

Les emprifes & faiz par luy accomplies furent plufeurs, & trop me feroit long tout narrer.

Mais en brief en France ou temps des guerres regnant fon frere le Roy Charles entre les autres fortreſſes qui en la Duchié de Guienne & autre part par luy furent priſes, fu en l'an M. CCC. lxx iiij priſe la ville & le chaſtel de la Rochelle qui ſe rendi à luy pour le Roy de France, avec luy le bon Coneſtable Bertram, mains fors chaſteaulx priſt en Guienne & auſſy Pierregort, auſſy en Champaigne pluſeurs, & priſt le chaſtel de Bergerat moult fort place ; puis ala devant la groſſe ville de Saincte Foy (a), qui ſiet ſus la riviere de Dordogne qui à luy ſe rendy, puis ala à Chaſtillon groſſe ville & chaſtel, l'aſſiga & moult dommaga par engins, puis ſe rendy.

Item le Seigneur de Duras & le Seigneur de Roſain s'eſtoient retournez Angloiz : ſi vint le Duc devant Duras, le ſiege i miſt, & par engins moult la dommaga & au bout de iij ſepmaines ſe rendy, & auſſy mains d'autres chaſteaulx & fortreſſes de grand nom, mais pour le faire brief conqueſta celle ſaiſon en Guienne juſques au numbre de vj xx & xiiij que villes que chaſteaulx & autres groſſes & notables fortreſſes.

(a) La priſe de la Rochelle eſt marquée à l'an 1374 dans les Chroniques de S. Denis ; celles de Bergerac & Sainte Foy à 1377.

CHAP. XII.

## CHAPITRE XII.

### *Du Duc de Berry.*

Le ij<sup>e</sup> frere du Roy Charles eſtoit Jehan Duc de Berry, qui encore eſt en vie, lequel en ſa juenece hanta les armes & fut à maint fait d'armes en Guienne & autre part contre les Angloiz, fu moult bel jouſteur, dont ou temps qu'il eſtoit en Angleterre avec ſon pere le Roy Jehan y forjouſta les jouſtes par pluſeurs foiz & auſſi en France.

Jolis eſtoit, amoureux & gracieux, & de moult joyeuſe condicion en France. Au vivant du Roy Charles furent par luy aſſigiées maintes fortreſſes & priſes, & pluſeurs à luy ſe rendirent & meſmement la Cité de Poitiers.

## CHAPITRE XIII.

### *Du Duc de Bourgongne.*

( *Par extrait.* )

Le tiers frere du Roy Charles fu Phelippe Duc de Bourgongne, duquel ay parlé en piteux regraiz de ſa nouvelle mort au premier de cette ij<sup>e</sup> partie.

Celluy, dés qu'il eſtoit jeunes & encore

assez enfent d'aage, lorsque la douloreuse bataille fu vers Poitiers, là où son pere le Roy Jean fu pris, comme coustume soit à si jeune qu'il estoit, d'estre paoureux & de legier fuir, luy non obstant que il veist la fuiste des autres, onques ne relainqui son pere, ne souy; parquoy acquist lors le nom que puis né luy chay, que on le disoit *Phelipe le Hardy*.

En sa juenece ou temps du Roy Charles, estoit communement à grant armée és frontieres des ennemis, & par luy & sa compaignie, comme dit est (*), fu prise la ville d'Ardre & pluseurs autres fortresses lors qu'il estoit alé devant Calaiz, & aussi furent autre part pluseurs chasteaulx.

De cestuy Duc le Roy traicta le mariage de Marguerite, fille & heritiere du Conté de Flandres, laquelle il espousa (10) en son pays present grant Baronnie, à grant feste & à grant solemnité, puis vint la Duchesse à Paris en moult riche appareil, où du Roy, de la Royne & de tous fu receue à grant honneur & chiere. Par celluy mariage fu appertenant & escheoit au Duc le Conté de Flandres, laquelle est la plus noble, riche & grant qui

_____
(*) *Ut dicitur*, comme on dit; c'est là le sens, car elle n'en a pas encore parlé.

foit en Creftienté; la Duchié de Breban, celle de Lamborc, la Conté d'Artois, celle de Nevers, & celle de Retel, autres que ne fçay nommer & plufeurs fignories & terres grandes & belles à merveilles. Si eftoit bien digne le Duc de fi riche mariage, car la noblece de fon fang valoit encore plus & auffi la grant difcrecion de luy pour le bien gouverner, lefquelles dictes terres & fa Duchié & Conté de Bourgongne fi bien & fagement en fon temps a gouverné, que depuis le temps que Flamens par maulvaiz enort (*) luy furent rebelles, à laquelle chofe fi grandement remedia, que puis ni ot nul de fes fubgiez qui ofaft defobeyr.

Et par fon fens & ayde de fes bons amis rendy Flamangs fi fubgiez, que eulx & tout le royaume de France, lors par eftrange conftellacion (a) enclins à rebellion, furent par celle defconfiture rendus fi confus, que tous fe tindrent cois & appaifiez en paix & bonne amour, & à puis teint toutes fes terres gouverné par belle fage & traictable policie.

Et à dire de luy & de fes condicions &

(*) Mauvaife exhortation.
(a) Cette expreffion eft pardonnable à la fille d'un Aftrologue, & dans un fiécle où les fentimens étoient partagés fur l'Aftrologie judiciaire.

bonnes mœurs fanz faille tout le bien qu'on peut dire de Prince & toutes les vertùs qui à bon appartient furent en luy.

Par luy fu confeilliez & fait l'affemblement du Roy ades (\*) vivant & de la Royne Yfabel, fille du Duc de Baviere; lequel lignage d'ancienneté eft de grand noblece.

Par fon confeil fu fait le mariage de la fille de ceftuy Roy & du Roy Richart d'Angleterre, qui a grant honneur la receupt en fon Royaume, mais encore n'eftoit la Royne que de l'aage de fept ans : duquel dit mariage fuft enfuivy fi grant bien comme paix perpetuelle & accroifcement d'amis à ce Royaume, fe fortune n'euft confenty par faire la trahifon que fift Henry de Lancaftre, qui celluy Roy Richart par fauls & defloyal tour prift & fift mourir, pour laquelle trahifon & orrible maulvaiftie vangier, la Royne d'Angleterre tournée par deçà, eft née à prefent nouvelle guerre entre François & Anglois.

Ainffy fanz ceffer, ce bon Duc ne finoit d'avifier & penfer au bien & proffit du Royaume, & à la paix fanté de la perfonne du Roy qui ades (\*\*) vit, de laquelle fanté à fon pouvoir pourchacier à quis (\*\*\*) & en-

(\*) Préfentement. (\*\*) Actuellement. (\*\*\*) *Quefivit*.

ferchié tous les remedes qu'il a peu & fceu, fon confeil fage, fain & proffitable en tous cas à ce Royaume a averti & avifié de toutes chofes au mieulx qui eftoyent à faire, & le contraire du bien du Royaume & de la chofe publique à fon povoir efcheue, foufteneur à tous diz efté du peuple & du bien commun.

Et eft chofe vraye, que le bon Duc avoit ferme efperance & voulonté de fes propres deniers aler l'année de fon trefpaffement en propre perfonne à grant oft & les communes de fes bonnes villes de Gant & d'autres de Flandres, affigier la fortreffe de Calaiz, & tel peine y mectre que rendu fuft prife au Roy de France.

A fa derreniere fin apparu le grant bien de luy & de fa confcience. Car recognoifcant fon Createur jufques au dernier trait, fagement fift fes ordonnances, teftament, & laiz, moult nobles parolles piteufes & fages dift, & enorta (*) à fes nobles enfans, qu'ilz amaffent & ferviffent Dieu dont tout bien vient; auffy la perfonne du Roy à qui fufloyaulx, comme toute fa vie avoit efté, le bien de la Couronne & du Royaume euffent à cueur, fuffent en paix & amour en-

(*) Remontra.

tr'eulx, serviffent & honnouraffent leur fage mere, fe gardaffent de grever leur fubgiez, lefquelz teniffent à amour, leur recommenda fes ferviteurs defquelz avoit grant pitié.

Et moult d'autres beauls amouneftements leur dift, & toft aprés à grant devocion & contricion rendy l'ame à Dieu, laquelle mort, comme dit eft, remply de dueil tous noz Signeurs de France & mefmement toute gent, de qui fu, eft, & fera moult regraictiez, fon corps au quel ot fait en toute ville où il paffoit nobles obfeques, depuis la ville de Halle en Hainault, là où il trefpaffa, jufques à Digon en Bourgongne, où il fu portez à grant folemnité & là où il repofe en riche tombe en l'Efglife des Chartreux que il mefme a fondez, duquel Dieu par fa digne grace & pitié vueille avoir l'ame.

## CHAPITRE XIV.

### Du Duc de Bourbon.

Il eft bien raifon que ou nunbre & procès de la vie & bonnes meurs des nobles freres du Roy Charles, comme le quatrieme frere doye eftre reputé, foit ramenteu & mis à memoire les biensfais & condicions dignes de louange du tres-noble & en toutes chofes bon Loys Duc de Bourbon, filz jadis du bon Duc Pierre, qui par sa vaillance & grant loyauté, mouru en la bataille de Poitiers, en la compaignie du Roy Jehan.

Cestuy Loys, frere jadis de la Royne Jehanne, femme du Roy Charles, & oncle du Roy qui à present regne, venus & descendus par droicte ligne & estoc du glorieux Roy de France Saint Loys.

En sa junece fu Prince bel, gracieux, amiable, jolis, joyeux, festoyant, & de honorable amour, amoureux & sans pechié selon que relacion tesmoigne, joyeux & gentil en ses manieres, benigne en parolles, large en dons, menant en ses faiz, d'accueil si gracieux, que tiroit à luy amer Princes, Princesses, Chevaliers, Nobles, & toutes gens qui le frequentoyent & veoyent. En Angleterre fu prisonnier avec le Roy Jehan; au quel pays si gracieusement se contint, que mesmes au Roy Edoart, à ses enfans & à tous tant plaisoit, qu'il lui estoit abandonné d'aler esbatre & jouer par tout où il luy plaisoit.

Et à brief parler tant y fist par son sens, courtoisie, peine & pourchas, que grant part de sa rençon qui montoit moult grant finance luy fust quictée, pour cause qu'il vint en Avignon devers le Pape à la requeſte du Roy d'Angleterre pour l'Evechié de Cloceſtre empetrer à un de ſes Officiers, laquelle luy fu octroyée. En Angleterre moult bien jouſta, car bel jouſteur eſtoit, & avec tous ſes autres biens eſtoit vaillant & chevalereux, comme il appert par ſes fais. Car au vivant du Roy Charles & meſmes depuis, moult a voyagé & eſté en maintes bonnes & honorables places, ou pays de Guienne par luy & ſes gens maintes fortreſſes furent priſes.

En Bretaigne avec luy le bon Conneſtable fu en maintes chevauchiées contre les Angloiz, où ot pris pluſeurs fors.

Item ou temps qu'il eſtoit en Auvergne Lieutenant du Roy Charles, en l'an mil iij. lxxv. priſt oudit pays d'Auvergne la fortrece de Embeurs (*), & s'enfoyrent les Angloiz, qui moult avoyent grevé le pays, puis priſt par fort aſſault la fortrece qu'on nomme la Rochebruant, qui moult eſt forte place, puis à la fortrece de Tracot, & tout fiſt par engins & force, qu'ilz ſe rendirent.

( *Le reſte ne dit rien.* )

(*) Qu Amburs.

## CHAPITRE XV.

*Des fils du Roy Charles, & premierement du Roy qui à present regne.*

Le tres-excellent Prince le Roy Charles fu nez, & receups à grant joye de ses parens, comme le premier né à Paris en l'ostel de Saint Pol, le Dimanche tiers jour de Decembre, en l'an mil iij. lxviij. en la tierce heure aprés midnuit, le premier jour de l'Advent (11).

Grande fu la consolacion du pere, de laquelle comme tres-chrestien rendy graces à Dieu, par toutes Esglises de Paris, à Nostre Dame & ailleurs : à grant sonnerie, en chants glorieux & melodieux fist dire laudes & graces à Nostre Seigneur.

Solemnisa la feste du baptisement, lequel fu en l'Esglise de Saint Pol à tres-haulte honneur & grant compaignie de Barons & haultes Princepces & en tres-grant quantité, en riches abis, joyauls & paremens, Dames, Damoiselles, bourgoises, à solemnité de torches, & tant de gens que és rues on ne se pouvoit tourner, & moult estoit haulte & noble chose à voir. Le peuple d'autre part aloit menant feste, sanz faire aulcun ouvrage, resjoys de la Nativité de leur Prince, criant *Noë* (a), & que bien peuſt-il eſtre venus.

Comme devant ay dit, le Roy ſon pere par grant cure & diligence fiſt nourrir ceſt enfent tant en nourriture de ſa perſonne, comme quant vint à aage de cognoiſtre de nourritures de meurs propices à Prince, & introduccion de lectres, & ainſſy le continua juſques en l'aage de la xij<sup>e</sup> année, en laquelle à grant prejudice de l'enfent & de tout le Royaume luy failly par naturel treſpaſſement, ſi fu en ſuccedant le pere couronné à Reins à grant feſte & ſolemnité preſent grant Baronnie.

En ycelle meſme année aprés vint à Paris, où à grant joye & feſte de tous fu receuz, comme droit & raiſon le debvoit : ainſſy fait les ſeremens qui y appartiennent, & les hommages & feaultez receuz de ſes Barons & ſubgiez, priſt à regner ce jeune Roy en ſi belle apparence de meurs, chevalereux,

(a) C'étoit l'uſage en ces ſiecles, de crier *Noël*, aux naiſſances & arrivées des Princes, par imitation de ce qui ſe faiſoit chaque année pendant le tems de l'Avent. Le Laboureur dit la même choſe & plus au long en ſon Introduction à l'Hiſtoire de Charles V. ſur les Mémoriaux de la Chambre des Comptes, & aprés les Chroniques de S. Denis.

de noblece, de courage, largece & honneur faire aux bons, que ceux qui veoyent son enfence si incliné à armes, chevalerie & desir de voyagier, & entreprendre faiz, jugierent que celluy Roy Charles estoit nez, lequel est és prophecies promis, qui doit faire les grans merveilles. Et encore après plus le certesia la merveilleuse & noble victoire qu'il ot sur les Flamangs en l'aage de xiiij ans. Car, comme assez est sceu, comme les Communes de Flandres par maulvaiz conseil se furent rebellez contre leur Seigneur, le Duc de Bourgongne, qui Conte en estoit à cause de Margarite, fille & heritiere du Conte de Flandres comme dit est qu'il avoit espousée, & les fiez de sa terre ne lui vouloyent rendre, ains estoyent rebelles contre leur debvoirs, parquoy le sage Duc & Conte considerant que à tel outrage de commune & subgiez souffrir en tel orgueil pourroit estre exemple d'ainsi faire en tout ce Royaume, & mesme ce seroit au prejudice du Roy, qui est souverain Seigneur, pour ce par son Conseil y ala le Roy & toute sa Baronnie à assemblée bannie moult noble & moult redoutable, dont les Flamangs lors remplis de grant oultrecuidence & presumpcion s'assemblerent à bataille contre leur souverain Seigneur le Roy de France, & contre leur Conte, & furent en champ à bannieres levées le jeudy jour xxvij de Novembre, en l'an mil iij. c. iiij & ij. & là en la haulte plaine de Rofebech, par grace de Dieu ameur de tout droit furent, le Roy enfent prefent en la bataille & affemblée, defconfis xl mil Flamans, & leur Capitaine Artevelle mort, & la plus grant partie d'eulx.

Celle grant victoire certifia l'efperance des gens, la bonne fortune & propice eur au jueune Roy, & fanz faille (*) ny euft mie failly au noble courage & grant volenté qu'il a, fe maladie ne l'euft de ce enpechié, auquel inconvenient à luy & à fon Royaume Dieux tout poiffant par la digne mifericorde, vueille remedier par luy donner enterine fanté. Car de fa condicion eft Prince tout bon, & fi noblement condicionné, qu'il n'y a nul deffault; il eft fouverainement bel de corps & de viaire (**), grant de corps plus que les communs hommes, bien formé & de beauls membres, aime les Chevaliers, les nobles & les bons, & voulentiers ot (***) parler d'armes, qui plus lui plaifent que nulle riens (****), à fa grant benignité, doulceur &

(*) Sans manquer. (**) Vifage. (***) Oyt (****) Chofe.

clemence autre ne ce accompare, humain à toutes gens fanz nul orgueil, de fi grant amour à fes parens, amis & affins, & mefmement à fes Officiers, qu'il n'eft chofe qu'il leur voulfift ufer, plus large & liberal quonques ne fu Alixandre; car tout foit fa poiffance moult grant, la grant franchife & liberalité l'excede & paffe en toutes chofes; fon peuple aime & fes fubgiez, & moult envis les charges, & à brief dire, tant eft plain de grant benignité doulceur & amour, que Dieu le demonftre mefmes en l'emprainte de fa face, en telle maniere que de providence divine à une telle finguliere grace que toute perfonne qui le voit, foit eftrangier, Prince ou autre, eft amoureux & resjoy de fa perfonne, dont maintes foiz ay eu admiracion, veant le grant peuple, femmes, enfens & toutes gens fuir par les rues pour le veoir paffer quant il eft refpaffez de fa maladie, rejoys de l'avoir veu, & mefmement gens de nacion non trop familiaire à cefte, paffans par Paris leur voye, qui en le regardant à peu, pleuroyent de compaffion de fon enfermeté & malage (*), dont tel amour peut venir, qui ne peut eftre autre chofe fors don predeftiné & effeu de Dieu.

(*) Mauvaife fanté.

Autre merveille fe confidere & fait à noter ou cours de fa vie, de ceftuy Prince, & de ce je me rapporte à tous les plus anciens qui aujourduy vivent, fe verité, fanz parler à volenté, veulent dire, & aux regiftres des chofes paffées; que depuis l'aage de cent ans & plus, duquel temps ne puis parler fors par le rapport des efcriptures & Croniques ne fu le Royaume de France plus riche, ( Dieux foit louez, ) plus le domaine & les fiez acreus, la poiffance & noblece en chevalerie, & toutes chofes greigneur (\*), ne plus augmentée plus en paix moins moleftez, gens de tous eftats, plus riches, mieulx meublez, foyent Princes, nobles, clercs, bourgoiz, ouvriers, & gens de commun, qu'il eft de bonne heure foit dit, aujourduy, & a efté tousjours en amendant au temps du Roy ades vivant, non obftant ce que à noftre nature imperfecte en ce monde non affouvie, ne fouffife mie, & que maintes murmurations ayent efté & foyent fus le Gouvernement des Princes, & leur confeil fur le fait du Royaume; mais pleuft au benoift filz de Dieu, que jamais n'alaft pis, je tien que ce feroit le plus glorieux Royaume qui temporifat foubz les nues, non obftant que

(\*) Plus grande, *grandior*.

au gré de tous, ( qui feroit impoffible ) ne foit mie gouvernée la chofe publique, mais confideré tout enfemble, qui bien au cler y veult regarder, je tiens que ma parolle fera veritable trouvée, combien que le fage Roy Charles avoit fait le preparatif de cefte grant felicité, mais comme en riens depuis ne foit amendri l'eftat de la couronne de France, ne la richeçe de la communité, eft à prefumer, & je le tiens, que Dieu, du trefor de fa liberalité, veule recompenfer à ceftuy Roy, pour le fouftrait de fanté (*) & le flayel & glaive fur luy defcendu non mie par fes pechiez, mais de ceuls du peuple, punis en fa perfonne, ainffy comme les vengences de Dieu foyent merveilleufes, ainffy comme jadis la punicion du pechié de David, Dieu purgia par la percuffion du peuple, peut-eftre pour noz pechiez, Dieu confent la playe fus noftre chief.

Une autre grace que Dieu donna jadis à nos peres anciens par grant efpeciaulté, à ce Roy. Car il a moult belle lignié d'enfens, encore moult jeunes d'aage. Le premier filz, dit Duc de Guienne (a), tant bel Prince,

(*) Elle parle de la maladie de Charles VI. qui commença en 1392.

(a) Loüis, né en 1396. mort en 1415.

& de si belle apparence en toutes choses bonnes, comme Prince peut estre : autre deux filz semblablement beauls & gracieux (a), par lesquelz, se Dieu plaist, sera en leur temps ce Royaume gardez & soutenuz contre tous ennemis.

Quatre belles filles : l'aisnée pieça couronnée du Royaume d'Angleterre, comme dit est (b); l'autre espouse au Duc de Bretaigne (c); laquelle noble compaignie Dieu par sa saincte misericorde vueille saulver & maintenir en bonne convalescence. Amen.

## CHAPITRE XVI.

### Du Duc d'Orleans.

L'autre filz du sage Roy Charles, fu Loys Duc d'Orliens à présent vivant, florissant par grace de Dieu en bien. Cestuy Loys accroiscent la joye du pere nasqui trois ans après le susdit Charles dont nous avons parlé. D'une

(a) Jean, né en 1398. mort en 1416. & Charles, né en 1402. depuis Roy sous le nom de Charles VII.

(b) Isabelle, née en 1389. mariée à Richard Roy d'Angleterre.

(c) Jeanne, née en 1391. Les deux autres dont elle taît les qualités, sont Michelle, qui épousa Philippe le Bon, Duc de Bourgogne, & Catherine qui fut depuis mariée à Henry V. Roy d'Angleterre.

fille

fille entre deus ne fais moult grant mencion (a), ne de trois autres moult belles Dames (b), pour ce que affez jeunes trefpafferent. Grant joye & folemnité fu faicte de fa naiffence, le Roy resjoy d'avoir deux beauls enfens maffes, fift celebrer en champs & fons melodieus par toutes Efglifes, louanges à Noftre Seigneur; grant fefte fu entre les Barons & le peuple, faifant grans feus par toutes les rues de Paris en figne de folemnifée joye.

Le fage Roy fon pere luy fift ameniftrer nourreture propice en toutes chofes; l'adminiftracion & garde commift à une bonne & fage Dame, appellée Madame de Rouffel, qui par grant foing le nourry, & la bonne Dame tres qu'il fceuft aprendre à parler, les premieres parolles que elle luy apprift, fu fon *Ave Maria* : & par elle fu fi duit, que c'eftoit doulcette chofe luy voir dire enfentiablement à genoulz, fes petites mains jointes, devant l'image de Noftre Dame : & de bonne heure aprift à Dieu fervir. Comme il appert par la frequentacion qu'il

(a) La fille née entre deux s'appelloit Marie, elle mourut en 1377.

(b) Chriftine a voulu dire *deux*, qui font Ifabelle, née en 1373 morte en 1377 & Catherine, née en 1377, morte en 1388.

*Tome V.* L

fait chafcun jour par long efpace en l'Efglife des Celeftins, ou à Couvent de fains preudeshommes fervant Dieu.

Ce Prince eft de tres-noble courage & grant voulenté fur la confufion de nos ennemis, comme il y a paru & pert (*), parce que hardiement & de grant defir s'eft mis en tout debvoir par fes lettres & meffages envoyées en Angleterre, comment la mort du bon Roy Richart, à qui fa niepce par mariage eftoit donnée, fuft vengiée & luy-mefme offert fon propre corps en preuve contre Henry de Lancaftre, à prefent Roy, & par maintes autres offres valeureufes d'armes, comme il appert par les lettres de ce efcriptes, lefquelles dictes armes offertes en plufieurs manieres, n'a ofé ledit Henry n'accepter, n'accomplir.

Ceftuy Prince aime les gentilz-hommes & les preux qui par vaillantiffe veyagent & s'efforcent d'accroître l'onneur & le nom de France en maintes terres, les aide du fien, les honneure & fouftient. Ceftuy eft aujourduy le retrait & refuge de la chevalerie de France, dont tient noble court & moult belle de gentilz-hommes, jeunes, beauls, jolis & bien affefmez, tous appreftez d'euls embefoignier pour bien faire.

(*) Paroit.

Il a sens naturel tel que nul de son aage ne le passe, maintieng hault & benigne parolle rassise & agmoderée, n'a en luy felonnie ne cruaulté, doulce responfe & amiable rent à toute personne qui à luy a à besoignier; & entre les autres graces qu'il a, certes de belle parleure aornée naturelement de rethorique, nul ne le passe. Car comme il aviengne souvente foiz devant luy faictes maintes colacions de grant congregacion de sages Docteurs en sciences & clercs solemnelz, auffi au conseil & alieurs où maint cas sont proposez & mis en termes de diverses choses, merveilles est de sa memoire & belle loquelle : car ny aura si estrange proposicion, que au respondre il ne repete de point en point par ordre & à chascun si bien & si vivement responde ou replique, s'il affiert, qu'il semble que de longue main ait estudié la matiere, & par si bel maintien & signorie contenance parle actrait, non de haulte ne de fiere parolle, mais rassisement en tout en paix, que ce est grante beaulté, & ce ay-je veu de mes yeulx comme j'eusse affaire aucune requeste d'ayde de sa parolle, à laquelle de sa grace ne faillit mie. Plus d'une heure fus en sa presence, où je prenoye grant plaisir de veoir sa contenance,

& si agmoderéement expedier besongnes, chascune par ordre, & moy-mesmes quant vint à point par luy fus appellée, & feit ce que requeroye.

Avec les autres bonnes condicions n'est mie moult vindicatif de desplaisirs receus, tout le peust-il bien faire, & certes c'est moult noble condicion à Prince : pitié a de ceuls qu'il voit confus, si comme une fois entre les autres demontrances de sa benignité avint comme il regardast luictier (*) ses gens en my sa court, un jeune homme eschauffé d'ire trop follement, donna une buffe (**) à un autre. Celluy fu moult felonnessement pris, & menaciez pour l'injure faicte devant le Prince, que le poing aroit coppé; le bon Duc comme il veist le cas d'homme moult confus, dist à ses gens tout bas : *Dictes, dictes, qu'on luy face paour, & que on le laisse aller.*

## CHAPITRE XVII.

*D'aulcuns du sang Royal, & de tous en général, & des Nobles de France.*

*( Ce Chapitre n'est qu'une inutilité )*.

(*) Lutter.      (**) Un soufflet.

## CHAPITRE XVIII.

*Respons Christine à aucun redargus qu'en lui pourroit faire.*

*Christine prevoit qu'on peut lui objecter que les louanges qu'elle a donné aux Rois & aux Princes, sont des flatteries pour acquerir leur grace ou bénéfice, car elle exalte leurs vertus & tait leurs vices; elle se justifie.*

## CHAPITRE XIX.

*Comment le Roy Charles fist Messire Bertrand du Cléquin, Connestable.*

Notre très-bon sage Roy Charles, avisant en un temps où contenant de ses guerres, que le fait de la Chevalerie en son Royaume, commençoit aucunement à descheoir ne par tel vigueur n'estoit maintenu comme souloit, ains venu ainssi comme en une negligence affetardie, parquoy ses ennemis plus que ne souloyent, se prisdrent à enhardir en France, & moult fouler & demarchier le Royaume, & de fait passerent par deçà les Anglois par grant armée, de laquelle fu Capitaine un Anglois appellé Robert Canolle, quy ou temps d'adont moult dommaga ce Royaume, jufques devant Paris vint ou temps de l'endormie Chevalerie de France, comme dit-eft, dont l'avifié Roy Charles, qui riens ne faifoit par foubdaineté n'a volenté, fors felon le regart de difcretion & raifon, ne volt foufrir que le peuple de Paris iffift hors contre euls à bataille, tout en euft ledit peuple grant defir, & moult en murmuraft. Dais le Roy non alors bien pourveu de principal chief de fa Chevalerie ; confiderant genz de peuple contre efprouvez hommes d'armes, eftre comme tropiaulx de brebis devant les loups, ou oifelles au regart des oftours, ama mieulx y pourveoir par autre voye.

A donc eftoit Conneftable de France un Chevalier appellé Moreau de Fiennes ; Le Roy avifant celluy endormi & froit ou fait de la Chevalerie, le depofa de la Conneftablie, & confeil ot defirre autre nouvel, lequel fage & propice fur tous autres eftoit, en l'exercice d'armes ; car fi comme il eft efcript ou fufdit Livre du Regime des Princes (\*), la où il parle de Chevalerie, par moult grant efgart & deliberacion de fens, doit eftre avifé quelz gens on eftablift Che-

(\*) *De Regim. Principum*, par Gilles de Rome Auguftin.

vetains & conduiseurs des autres. Car ainsi comme nul n'est digne d'estre appellé maistre, s'il n'a science, nul ne doit-estre esleu à tel charge s'il n'est expert, prompt, & apte à toute office de Chevalerie, & à tout œuvre de guerre & de bataille; & toutes ces choses bien avisées par le Roy & son sage Conseil, fu lors esleu à Connestable de France, le bon Breton Chevalereux & preux Messire Bertram du Clequin : & fu fait le Mercredy second jour du mois d'Octobre, l'an mil iij. lxx. duquel dit Connestable trop de biens ne pourroyent estre dits, qui onques pour paour de mort ne guenchi, hardy comme leon, & tout tel qu'à preux & vaillant Chevalier appartient estre.

## CHAPITRE XX.

*Comment les Chevalereux firent grant Feste de ce que Messire Bertran estoit fait Connestable.*

Si-tost que Bertran fut fait Connestable, grant joye fut menée entre les vaillans Chevaleureux, & les armes reprises de maint, qui comme par ennuy de negligent conduiseur les avoient delaissiées. Adonc les Gentilzhommes de la Nation de Bretaigne comme très resjoys, prinsdrent à venir de toutes pars lui offrir service & corps, desireux de bien faire, & leur sembla avoir trouvé qui d'oiseuse les gardera.

*Ici Christine ajoute cette réflexion :* Si le Prince ou Chevetaine de l'ost (\*) a mestier (\*\*) de gens de Commune, il doit eslire gens de mestier plus de bras travaillans, comme Charpantiers qui ont accoustumé à ferir de bras, & tenir coignées, Mareschaux, & aussi Bouchers qui ont accoustumé de sang espendre.

## CHAPITRE XXI. & XXII.

*Ce sont des digressions sur la Chevalerie.*

## CHAPITRE XXIII.

*Louange de Bertran de Clequin.*

Bertran de Clequin à l'âge de quinze ans, prist maulgrè ses Parens à l'exercice des armes. ( *Le reste ne dit rien.* )

## CHAPITRE XXIV.

*Comment Messire Bertran alla après les Anglois qu'il desconfit.*

Tost après que Bertran de Clequin, comme dit-est, fut fait Connestable de France, gai-

(\*) L'armée.       (\*\*) Besoin.

res ne féjourna, ains à belles Compagnies de gens d'armes fe parti de Paris, & ala après Robert Canole & Thomas Grançon & fa Compagnie, tout que il attaigni une route d'Anglois, de la Compagnie d'icelui Robert Canole d'environ viij. cent lances: à celle affembla le Conneftable, & tant fift luy & fa gent, qu'en la fin furent Anglois defconfiz, lefquels eftoyent gens deflite, & moult vaillement fe deffendirent. Si fu pris Thomas de Grançon, & jufques à iiij$^{xx}$ autres groz Prifonniers, & le furplus mors & fuitez. Celle gracieufe victoire ot Meffire Bertran en premiere eftrainne de fa Conneftablie, à l'ayde de fon chevalereux fens & des bonnes gens de fa Compaignie, à qui fouvent difoit tout ainffi qu'il eft efcript que enfeignoit le fage Caton fes Chevaliers, dont entre les autres beaulz notables leur dift un moult beau mot celui Caton. *Se par voftre labeur vous faictes aucune bonne œuvre, le labeur paffe & le benefice vous demeure tant comme vous vivrez : & fe par maulvaife volenté vous faites aulcun delit, le delit paffe & l'iniquité demeure.* Auffi parle bon enortement de leur vaillant conduifeur Bertran, eftoyent maiftres efprouvez de tout ce qu'il convient au meftier d'armes.

## CHAPITRE XXV.

*D'aucunes Fortreſſes que Meſſire Bertran aſſiegea & print.*

Aprés que le Conneſtable Bertran ot deſconfit le deſſus dis Anglois, aſſigia la Fortreſſe du Bas, & par aſſault à l'aide de ſes bonnes gens la priſt, & y ot que morts, que pris environ iiij. cent hommes Anglois. A' dont pour paour dudit Conneſtable ceuls qui eſtoient ou chaſtel de Ruilly (\*) s'en fuirent, mais petit y gaignerent; car il les ſuivi juſques à Berſures (\*\*), laquelle il priſt par force, les Anglois qui fuïs s'en eſtoyent ſe conbatirent à luy, & furent deſconfis morts & pris, & ainſſi pareillement pluſieurs autres Fortreſſes. Mais à quoi feroye plus long contre qui ne ſeroit au propos de ma matiere & fors prolixité dire leſquelz chaſteaulx comment & quelz beſongnes ot celle année, aux Angloiz ledit Conneſtable, leſquelles choſes ſont couſtumes & maniere de polir geſtes & Romans, qui n'eſt ſelon l'ordre de mon entente, qui ſingulierement eſt loër ce que fait à loër, en prouvant la verité par les fais particuliers touchiez en brief. Revenant au pro-

(\*) Ruilly en Anjou.   (\*\*) En Poitou.

pos de mon objet, & qui plus vouldra trouver à l'estenduë sur cesté matiere, le Livre des fais Meſſire Bertran les fera ſages (a).

Celle dicte année ot pluſeurs batailles aux Angloiz, qu'il deſconfit tant qu'à l'aide de Dieu, bonne diligence & force de lui & de ſa route, furent aucques tous mors & pris par pluſeurs lieux du Royaume de France, comme en Guienne ou pays d'Anjou, de Normandie & de Bretaigne, ceuls qui avoyent eſté devant Paris, avec Robert Canolle l'eſté devant.

Et auſſi en pluſeurs autres parties du Royaume eſploitierent bien & vaillamment contre Anglois celle année, pluſeurs autres Chevetains du Royaume de France, les freres du Roy Charles comme dit eſt, le bel & bon Chevalier vaillant & ſage Meſſire Jehan de Vienne, Admiral de France, auſſi le Chevalereux Meſſire Loys de Sancerre, lors Mareſchal, & auſſi le Mareſchal de Blainville & pluſeurs autres.

Si y ot par ces dicts vaillans Chevaliers, & leur gens pluſeurs beſongnes entre Françoiz

(a) C'étoit une Poëſie en vers François, faite par un nommé Truiller, Auteur contemporain, qui conduit ſon ouvrage juſqu'en 1387. C'eſt de ces rimes qu'on a formé en proſe au ſiécle dernier la vie de ce Conneſtable.

& Angloiz, où il ot pertes & gaignes souventefois dambe les deux parties : mais par volenté de Dieu communement en conclucion aux Françoiz demouroit la victoire.

Mesmes en Limosin y ot mains fais, tant que la ville de Limoges par ledit Frere du Roy fu prise (a), & aux dictes besoignes traire à fin, moult ayderent avec les Gentilz hommes les Communes du pays, lesquelles, comme dit Vegece en son Livre de Chevalerie, souvent sont prouffitables en bataille, quant ycelle gent de Commune est conduite & gouvernée soubz ordre de bons Chevetains.

## CHAPITRE XXVI.

*Comment le Roy d'Angleterre envoya son fils le Duc de Lencastre en France à tout grand ost, qui gaires n'y fist.*

Le Roy Edouart d'Angleterre voyant que la gent qu'il ot envoyée avec Robert Canolle en France, avoyent peu esploictié, & petit ou nulz en estoyent retournez, & mesmement moult apperitiez, ceux qu'il avoit commis garnisons des terres & forteresses qu'il tenoit en Guienne, & par le Royaume de France, & que moult avoit ja perdu Sei-

(a) *Chron. S. Dion.* c. 36. *ad an.* 1371.

gnouries & chasteauls par la force des François, ot Conseil d'y envoyer plus grant effort, & adont cuidant à celle foiz confondre le Royaume de France y envoya son filz le Duc de Lancastre, à tout xxx. mil bons hommes d'armes, & passa celle armée en France, l'an mil iij c lxix ycelle gent en pluseurs lieux du Royaume de France s'espendirent en Guienne & autre part, & par-tout où ils passerent, n'est mie doubte que moult dommagierent le pays, & plus l'eussent mal mené, se ne fust la resistance qu'ilz trouverent, parquoy moult faillirent à leur entente ; car maulgrè eulx, & estans en France, fu conquis par nos gens ce qu'il s'ensuit & plus, que pour briefté je laisse ; c'est assavoir en l'an mil iij. c. lxxij. prist Loys Duc d'Angou, en Gascogne le Chastel d'Aguillon, (a) la Rioule & pluseurs autres forteresses. En cel an fu Messire Bertran & les Francoiz ou Pays de Poitou, ou fu mainte forteresse prise & conquestée par assault, & mesmement Saincte Sevare ; & autres qu'on tenoit estre non prenable, &

(a) Christine n'a point tiré cela des Chroniques de S. Denis. On reconnoît ici & ailleurs qu'elle avoit lu Froissart. Elle vient de déclarer dans le Chapitre précédent, qu'elle avoit la vie de Bertrand du Guéclin.

en cel an mefmes fe rendy la cité de Poitiers à Jehan frere du Roy (*), Duc de Berry comme dit eſt. Le Chaſtel de Monſtereul Bonin, à trois lieues de Poitiers (**), conquiſt le Conneſtable par aſſault.

Item en cel an deſſus dit, arriva en France Yves de Gales, noble Eſcuyer, lequel eſtoit comme on diſoit droit heritier de la Princée de Gales; & pour la renommée ſuſdicte du bon Roy Charles, avoit relainqui (***) les Anglois, & s'eſtoit venu rendre au Roy de France, avec lui un ſien parent & compaignon moult vaillant Eſcuyer qui jadis avoit eſté de la bataille des xxx. du coſté des Angloiz, appellé Jehan de Vuin, dit le Pourſuivant d'Amours, avecques autres Galois moult beauls hommes, non-obſtant fuſſent Compaignons du Prince de Gales, filz du Roy d'Angleterre, & euſſent ſon colier. Confiderant euls eſtre par les Engloiz desheritez de leur propre terre & Seigneurie, parquoy naturellement les heent, relinquirent tout, & avecques autres François arriverent vers la Rochelle en l'Iſle de Maronne, (a) & monterent à terre ſur le

(*) Chron. S. Den. c. 38.
(**) Vers le couchant d'hiver. (***) Laiſſé.
(a) On reconnoît ici plus clairement, & dans le

Pays qui estoit au Roi d'Angleterre, pour prendre vivres, mais n'y furent mie granment: quar le Captal les vint une nuit assaillir & fu pris de noz gens, Thibault du Pont par les Anglois, qui l'alerent assaillir en un hostel où estoit logié, mais encoinz moult se deffendirent luy & sa gent; car moult ot en lui vaillant homme. Après alerent les Anglois & le Captal de Bue & sa gent en une Ville nommée Selles en Mareille, & assailly fort la maison & la porte où Yves de Gales estoit logiez avec sa gent, & estoit avec le Captal, le Senechal d'Angoulesme & de Santonge, nommé Thomas de Persi, le Capitaine de Lisigen, Gautier Huet & grant foison gent qui à celle porte livroyent grant assault à ceuls dedens, qui moult estoyent bonnes gens, mais pou en y avoit selon la quantité des assaillans, fort se deffendoyent & en tendis que cel assault estoit; Morellet de Monmor & les Françoiz yssirent par un autre lez ( * ) de la Ville, & en menant grant cris assaillirent & leur furent au doz. Adont cuiderent Angloiz, que grant foison de gent y eust, & partir se cuiderent;

reste de ce Chapître, que Christine copie un Manuscrit semblable à celui de Ste. Genevieve de Paris.

( * ) Côté.

si furent desconfiz, & fut la pris le Captal par un simple souldoyer nommé Pierre d'Ouillier (a) : aussi fu pris le Senechal de Xantonge, & mains autres gros prisonniers, les autres s'enfuirent au Chastel de Soubisse, mais lendemain vint le Connestable Bertran, & les Françoiz qui alerent à Soubisse, & fu prise par force; le Captal fu mené à Paris au Roy, qui le fist emprisonner, (b) & comme autrefoiz luy eust le Roy Charles quicté sa rençon, & le feist de son hostel s'estoit retourné Angloiz ne le volt puis le Roy par rançon delivrer, ains mouru en la prison du Roy en la tour de Corbueil.

## CHAPITRE XXVII.

*Comment le Duc de Lencastre s'en retourna en son pays à pou d'esplois.*

Aussi par pluseurs diverses parties du Royaume furent combatus & desconfis les Anglois & les fortresses qu'ils tenoyent pri-

---

(a) Dans les Editions de Froissard il est nommé Pierre Danielles ou d'Avillette. Dans un MS. de Ste. Genevieve, Pierre d'Auvillier, comme dans les Regiftres du Parlement.

(b) Dans la tour du Temple à Paris, selon Froissard I. Vol. chap. 328.

ses,

fes, & à le faire brief sans plus longue narracion des faits qui furent en ce tems d'une part & d'autre, moult petit esploit ot fait & faisoit le Duc de Lancastre en France, selon son entencion; pourquoy quant vid que autrement ne pouvoit besongnier, s'en retourna à moult petit de sa gent en Angleterre ; Car toute l'ot laissée morte & prise en divers lieux de France, où cinq ans entiers ot demouré, si fu moult blasmez de son pere & à petite feste receus, pour ce que si mal & esploictié : mais follie estoit l'en blasmer, car à luy n'avoit mie tenu, mais à ce que plus trouvoyent François admis aux armes par le long exercice, que estre ne souloyent.

## CHAPITRE XXVIII.

*Des Chasteaux & Villes qui furent pris en plusieurs pars du Royaume par les François.*

Ainsi comme oyr povez fu la male fortune des François, qui jadis moult les ot grevez, tornée par le bon sens du Prince, & la peine des Menistres, en convalescence, & boneur, comme par exemple est declairié le petit exploit que firent à si grant armée

Anglois en France, & mefmement ladicte année, que le Duc de Lancaftre parti qui fu l'an mil iij c lxxiiij fe rendy la Ville & le Chaftel de la Rochelle, ainffi comme dit eft.

Item l'année enfuivant fe rendy la Ville & le Chaftel de Cognac au Conneftable.

Item ledit an la Ville & le Chaftel de Saint Saulveur le Viconte en Contentin, qui par l'efpace de xx. ans avoit efté Anglois, fe rendy au bon Admiral de France, qui affigié l'avoit, & ne mie doubte que par efpecial à iij fi efpeciales Villes & Chafteaulx prendre en fi pou de tems avecques aultres fortreffes qui auffi le furent, convaint avec fa force grant fens & foubtilletés d'armes en maintes manieres qui cy ne font mie devifées.

## CHAPITRE XXIX.

*Comment le Roy Charles non obftant fa bonne fortune en fes guerres & fa grant puiffance, fe condefcendit à traictier de paix aux Anglois.*

Noftre bon fage Roy Charles ne fe furhauffoit en arrogance pour quelconques profperitez : & pour tant quelque adverfité qui le euſt, la commune ſemblance de ſa chiere ne fut ja muée.

En l'an 1375 ouquel an & devant de belles victoires ot euës ſur ſes ennemis, & ja ſoit ce que par tous les lieux où il avoit guerre par terre & par mer, fuſt plus fort que les Anglois par l'aide de Dieu & ſa bonne diligence, & toutes choſes à ſon avantage, & euſt moult grant navire ſur mer tout bien garni de gens d'armes & d'arbaleſtriers, toutefois par le moyen de notables Prelaz de ſaincte Egliſe pour l'amour de Dieu, de bien de paix, & compaſſion du peuple, ſe conſenti a traictié de paix, laquelle fu pourparlée entre les deux Roys, & conſentoit noſtre Roy plain de doulceur, de laiſſier paiſiblement au Roy d'Angleterre, les terres & Seigneuries que avoit en France, reſervé toutefois à luy ſon hommage, ſouveraineté & reſſors des terres que le Roy d'Angleterre avoit ou Royaume de France, tant en celles que noſtre Roy pour le bien de paix lui voulut encore baillier par ledit traictié, lequel Dieu ne volt que adont fuſt accompli ne paix faicte. Et en ce meſme an la vueille de S. Jehan mouru Edouart Roy d'Angleterre, qui longuement avoit veſcu, & regné cinquante deux ans.

## CHAPITRE XXX.

*Comment la force & poiſſance que le Roy Charles avoit en pluſieurs grants armées fut ſur ſes ennemis.*

De la force & poiſſance des Gens d'armes que le Roy Charles lors avoit, par information de gens vivans, & par eſcriptures, (a) puis ſavoir ce qui s'en ſuit : c'eſt aſſavoir que ou mois de Juillet l'an mil iijc lxxviij le Duc d'Anjou & le bon Conneſtable alerent en Guienne à grant Compagnie de Gens d'armes & d'arbaleſtriers.

Item ſus mer ot xxv. galées & grant foiſon barges & autres veſſiaulx, lequel navire eſtoit fourni de grant foiſon de gens d'armes & d'arbaleſtriers.

Item en la frontiere de Picardie contre les Anglois qui eſtoyent à Calais, à Ardre, à Guines & en autres fortreſſes Angleſches, tenoit grant quantitez de gens d'armes & d'arbaleſtriers.

Item avoit fait le Roy meſtre le ſiege devant deux Chaſteaulx, qui encore ſe tenoyent pour Meſſire Jehan de Monfort, c'eſt aſſavoir Breſt

(a) Ceci confirme que Chriſtine avoit compilé differentes Chroniques.

& Aulroy : & par tous les lieux deſſus dicts les gens du Roy tenoyent les champs.

Item le Duc de Berry & celluy de Bourbon eſtoyent au ſiege devant une fortreſſe en Auvergne nommé Carlat, laquelle les gens de Compaigne tenoyent, qui eſtoyent pour les Anglois.

Ainſi le Roy de France avoit telle poiſſance en v parties, ou ſes ennemis eſtoyent les plus foibles, & dient ceuls qui le ſcevent & auſſi les eſcrips, que de nulle memoire d'omme n'avoit eſté veu que Roy de France euſt mis ſus ſi grant fait.

## CHAPITRE XXXI.

*Des principaux Barons que le Roy Charles tenoit communement à tout grant gent ſur les champs en pluſeurs parts.*

Les Barons principauls que le Roy continuellement tenoit ſur les champs, à grant pouvoir de gens d'armes, eſtoyent ceuls dont les noms s'enſuivent.

Es parties de Pieregort fu un temps Monſeigneur le Duc d'Anjou, le Conneſtable en Champaigne, le Duc de Bourbon frere de la Reyne de France, le Mareſchal de Sancerre, le Seigneur de Coucy, le Seigneur de

Monfort, le Seigneur de Montauban, le Seigneur de Roye, Meſſire Gui de Rochefort, Meſſire Olivier de Mauni, le Sieur Daſſe, le Begue de Vilaines, Yves de Gales, le Seigneur de Chaſteaulgiron, le Sieur de Bueil, & autres Bannerets vaillans preux, à grant foiſon, qui en Guienne en pluſeurs pars eſtoyent eſpandus, en Picardie, Normandie, Bretaigne, Anjou, & ailleurs, à moult grant oſt de gens d'armes, & foiſon d'arbaleſtriers, dont quant ils arrivoyent en une marche, devant leur venue ſe partoyent les Anglois des Fortreſſes, & boutoyent le feu dedens. Le Chaſtel de Condat ſe rendi, qui eſtoit aſſigié. Après fu priſe la Ville de Bergerac; devant y ot Bataille & furent Anglois deſconfis, & y fu pris le Senechal de Bordeauls & pluſeurs autres Anglois; la Ville de Sauverat, & pluſeurs autres Villes & Chaſteauls.

## CHAPITRE XXXII.

*Comment pour le grant renom de la ſageſſe & bonne fortune du Roy Charles encore pluſieurs Barons ſe vindrent rendre à luy.*

Par-tout alloient les nouvelles de l'acroiſſement de ſa grant proſperité : parquoi pour la grant bonté de luy l'amerent pluſieurs estrangiers, qui desirerent estre ses subgiez, & de fait à lui se rendirent; se vinrent plusieurs hauts Barons mettre en sa juridicion & hommage.

Ou temps que le Duc d'Anjou estoit au siege devant Bergerac, Messire Perducat d'Alebreth vint en l'obedience du Roy avec toutes les Fortresses qu'il tenoit.

Item le Seigneur de Bedoz, Messire Ansel de Caumont, le Seigneur du Chastel d'Andrite, les enfans de Saint Aoys, euls, leurs Villes, leur Chasteaulx & leur Fortresses, dont il y avoit très-grant nombre, avec ce plusieurs autres Chevaliers & Gentilz-hommes lesquelz le sage Roy receupt à grant honneur & les retint familiers de sa noble Court.

## CHAPITRE XXXIII.

*Des gens d'armes que le Roy Charles envoya en Bretagne, & le bon exploist que ils y firent.*

Encore de la bonne fortune du Roy Charles en celluy temps n'ot pas moins de victoires en la Duchié de Bretaingne; car si comme assez de gens encore vivans les scevent, & les Croniques le tesmoignent, comment le Duc Jehan de Bretaingne, non obstant l'ommage que avoit fait au Roy de France, souftenoit la partie au Roy d'Angleterre, & de fait tint les Anglois en plufieurs Villes & Fortreffes de fon pays de Bretaigne, contre la volenté de fes Barons (*), qui vouloyent eftre bons Françoiz, lefquelz Angloiz moult dommagoyent mefmes ceuls du pays, & les Françoiz : parquoy le Roy y envoya à grant armée le Duc de Bourbon, le Comte d'Alençon & celluy du Perche, le Conneftable & plufieurs autres : & quant le Duc de Bretaigne vid que il ne pourroit contrefter, il garni fes meilleurs Chafteauls, c'eft affavoir, Aulvray, Breft, Darval, & plufieurs autres, entra en mer & paffa en Angleterre, fi y ot par noz gens maintes Villes & Chafteaulx pris de ceuls que tenoyent les Angloiz pour le Duc, mais y ot fait ainçois maint fait d'armes, & mainte bataille, ès quelles noz gens perdirent & gaignierent.

## CHAPITRE XXXIV.

*Comment le Roy Charles ot auques (**) toute recouvrée la Duchié de Guyenne.*

Ainffi ala tousjours à l'aide de Dieu, croif-

---

(*) Chroniques de S. Denis à l'an 1372. cha. 39. & 41.   (**) Prefques.

çant la poiſſance du Roy Charles, tant que auques toute ou la plus grant partie de la Duchié de Guienne, avecques les terres, bonnes Villes & Citez que le Roy d'Angleterre tenoit en France, compriſes ou traidié de l'efforciée paix, ſi comme eſt déclarié, furent rendues & conquiſes au Roy de France, leſquelles avoyent eſté gaigniées aucunes par aſſault, autres par batailles, & force autres raimtés (*) par argent, à cauſe d'eſchiver (**) pardicion de gent, & en maintes diverſes manieres, tant que quictes furent demourées ſoubz l'obéiſſance du Roy.

## CHAPITRE XXXV.

*Comment auques toute la Duchié de Bretagne demeura au Roy Charles.*

Ou temps deſſus dit, ceulx d'Aulroy en Bretaigne, ou Meſſire Livier de Cliſſon tenoit le ſiege, ſe rendirent au Roy, & auſſi firent les autres Fortreſſes contraires, & par ainſi toute la Duchiée de Bretaigne demoura au Roy, excepté Breſt où il avoit baſtides qu'ils ne pouvoyent ſaillir.

(*) Rachetées.      (**) Eviter.

## CHAPITRE XXXVI.

*Les Chasteaux & Villes que le Duc de Bourgoigne prist en une saison de peu de temps.*

Au temps dessusdit (*) envoya le Roy Charles le Duc de Bourgongne son frere, & le Seigneur de Cliſſon à grant Compaignie à la Fortrece de Calais, & avec ceuls qui devant y estoyent, ala ledit Duc & ſa Compagnie le troisiesme jour de Septembre devant la Ville d'Ardre, qui le septiesme dudit mois fu renduë au Roy, & ledit jour fu pris d'aſſault le Chastel de Bauliguen (a) & la Fortreſſe de Planque renduë, & depuis fu pris le Chastel de Bondiroit. Puis se parti le Duc de Bourgongne pour la ſaiſon d'iver qui approchoit, mais il laiſſa grans garnisons de gens d'armes, vivres & toutes choses convenables es Chasteaulx & Fortreſſes qu'ot conquestez.

(*) Christine fait ici un long détail des engins de guerre, qu'elle tire de Vegece.

(a) Dans Froiſſard lib. 1. chap. 328 il y a Vauclignen, & il ne parle ni de Planque, ni de Bondiroit.

## CHAPITRE XXXVII.

*Comment le Roy Charles eſtoit ſage, & és Conqueſtes faire & en gardant les choſes conquis.*

Il fut très circonſpect au fait de ſes guerres, tant en ſouſtenir par finance, & ſçavoir honorer les Capitaines & Gens-d'armes, comme en ordonnance qui bien fuſſent gardées les choſes conquiſes, auxquelles choſes ſi ſagement pourvey, que je ne truève en Croniques n'eſcrips ne perſonne qui le me die, que choſe conquiſe, fuſt cité, terre, fortreſſes, ou autre beſoingne, oncques puis en ſon temps fuſt perduë par rebellacion, ne autrement ; qui eſt choſe merveilleuſe & hors le commun cours des choſes conquiſes à l'eſpée, qui ſouvent ſe ſeulent (*) rebeller & entregecter en diverſes mains ; mais ſi bonnes garniſons ſi loyales & ſi propres furent miſes en terres & fortreces, que Dieu merci, furent tenuës & demourerent en leur eſtat.

## CHAPITRE XXXVIII.

*Le navire que le Roy avoit ſur mer.*

Le Navire que le Roy Charles tenoit ſur

(*) *Solent* ont coûtume.

mer (\*), comme dit est, par maintes fois, dommagia moult les Angloiz, & gaigna sur eulx nefz & berges (\*\*), & autres vaisseaulx qui leur portoyent vivres & marchandises, gaignerent prisons (\*\*\*), & maintes richeces, en ardirent partie, & aussi aucunes foiz perdoyent les nostres, mais plus gaignoyent; aucunes foiz couroyent jusques en Angleterre, boutoyent feu ès Villes, prenoyent prisons ainsi que coustume est de faire en tel cas, une grosse Ville nommé Laire prisdrent & ardirent & toute pillierent ou avoit grans richeces, & ainsi souvent par mer & par terre s'entrebatoyent Françoiz & Angloiz, où avenoit de diverses aventures.

## CHAPITRE XXXIX.

*Que le sage Roy Charles a esté vray Chevaleureux.*

Les Anglois veant la prudence & valeur du souverain Prince, garde de son pays (a),

(\*) Christine détaille ici les engins de mer.
(\*\*) Barques       (\*\*\*) Prises.
(a) Charles alla visiter les Châteaux de Picardie en 1378. » En cet an ( dit Jean de Guite Abbé de S.
» Vincent de Laon ) vint le Roy Charles visiter les
» Châteaux de Coucy, de S. Goubin & S. Lambert;

n'oserent plus mettre le pied en France, se tindrent en leur pays, là guerroyerent entr'eulx s'ilz voldrent, car par deçà depuis le temps du sage Roy Charles moult y orent perdu & riens gaigné, tout y eussent-ils devant si grant prerogative, qu'il sembloit que devant eulx nul n'osast l'oeil lever comme il appert par les Croniques, & la relacion des anciens de ce temps, mais Dieux mercis, or fu faillie en telle maniere, que jusques à la journée duy n'ont pas depuis Angloiz moult nuit, & plus à l'en gaignié sur eulx.

## TROISIÈME PARTIE.

Le premier Chapitre contient un Prologue, ou Christine s'addresse à Dieu, ensuite au Roy Charles V.

Le second Chapitre explique ce que c'est que sagesse, & en quoy elle consiste.

## CHAPITRE III.

Comment le Roy Charles fut vray Philosophe, & que est Philosophe.

QUE nostre Roy Charles fust vray Philosophe, cet assavoir ameur de sapience, &

» & puis alla à Nemmant ( *app.* Novion ) le Comte,
» & s'en r'ala par la Fere, Chaulny.

mesmes imbuez en ycelle, appert parce que il fu vray inquifiteur de haultes chofes premeraines (\*), c'eft affavoir de haulte Theologie qui eft le terme de fapience, qui n'eft autre chofe que cognoiftre Dieu & fes haultes vertus celeftes pour naturelle fcience. En ce le demonftra noftre bon Roy; car il voult en ycelle par fages Maiftres eftre inftruit & appris & pour ce que peut eftre n'avoit le Latin pour la force des termes foubtilz, fi en ufage comme la langue Françoife, fift de Theologie tranflater plufieurs livres de S. Auguftin & autres Docteurs par fages Theologiens, fi comme fera cy après defclairié ou Chapitre de fes tranflacions. Et de Theologie fouvent vouloit oyr, entendoit les poins de la fcience, en favoit parler, fentoit par raifon & eftude ce que Theologie demonftre, laquelle chofe eft vraye fapience.

## CHAPITRE IV.

*Comment le Roy Charles eftoit Aftrologien, & que eft Aftrologie.*

Charles eftoit en fcience, doctrine & mefmement les arts liberaulx appris, & entendant fouffifamment, fi que de toutes bien &

(\*) Principales.

bel sceust respondre & parler, & encore des haultes choses de Philosophie, comme d'Astrologie très expert & sage en ycelle, c'est chose vraye, si que les poins entendoit clerement, & aimoit celle science comme chose ellevée & singuliere.

*Plus bas elle definit l'Astrologie.* La cognoissance de l'ordre des Spheres Celesties, à laquelle cognoissance impossible est venir, se non après Astrologie. Et toutefois à Astrologie nul ne peut parvenir, s'ainçois (*) n'est Philozophe, Géometre, & Arismetien.

## CHAPITRE V.

*Comment le Roy Charles avoit grant entendement.*

Or regardons la soubtillece de l'entendement de nostre Prince, comment grandement s'estendy à comprendre & concepvoir toutes choses tant speculatives comme ouvrables, lorsque les belles sciences estudioit, desquelles les termes savoit plainement rapporter ès Assemblées & Congregacions des sages Maistres & Philozophes, parler de toutes choses si bien & si parfondement, que nul ne bien passoit,

(*) Si auparavant.

& c'est chose manifeste sceüe & prouvée par gens dignes de foy qui ce témoignent.

## CHAPITRE VI.

### De prudence & art en la personne du Roy Charles.

En celles temps (\*) comme le Roy Charles se veist aucques au-dessus de ses besongnes, & non si occupé de grans guerres, aucques lors accoisiés (\*\*), comme estre sauloit, & comme sa grant prudence luy ameniftrast regart sur les choses à venir, considerant la fragilité de vie humaine de petite durée, & aussi que son corps & sa complecion non mie par ancien aage, mais par deliée nature, n'estoit disposé à longuement vivre, volt de saine memoire & attention deliberée pour le bien de la Couronne de France, & de la commune utilité establir certaines lois, dont entre les autres, ordena, institua, fist jurer & promettre à tenir fermé & estable à tousjours-mais à ses freres, aux Pers de France, & à tous les Barons, que ou cas que il iroit de vie à trespassement aincoiz (\*\*\*) que son filz Charles, selon les anciennes

(\*) Loy sur la Majorité des Roys.
(\*\*) Arrivées.   (\*\*\*) Avant.

coustumes

couſtumes de France, fuſt en aage de recepvoir la dignité Royale, que neanmoins par nouvelle inſtituçion feroit couronnée très en l'aage de xiiij ans, s'il avenoit que avant luy fuſt defaillis, & que dès lors en avant ceſte loy vouloit & ordonnoit fuſt ferme & eſtable, ſi que joyr en peuſſent tous les enfans premiers nez des Roys, ſe le cas ſe y eſchoit.

## CHAPITRE VII.

### De la prudence du Roy Charles ſus la pourvéance du bien commun.

Encore que le Roy Charles,(*) très ameur & deſireux du bien & du prouffit commun fuſt vray prudent, & des choſes au mieulx faiſables euſt clere cognoiſcence, appert par la grant providence & advi qu'il avoit apperceu ſus le bien & utilité de la Cité de Paris, & meſmement ſus grant part de ſon Royaume, en ce que comme il conſideraſt à Paris pour la grant quantité de gens & divers peuples, Princes & autres, qui pour cauſe que là eſt le Siege principal de ſa noble Court arrivent de toutes pars, les vivres au regart de la poiſſance du menu peuple,

(*) Projet du Canal de la Loire à la Seine.

& auſſi contre le prouffit de tous ni pevent eſtre à ſi grant marché comme en mains autres lieux de ſon Royaume, comme vers les parties de Bourbonnois & Nivernois & ailleurs tant que la riviere de Loire s'eſtent, lequel pays eſt moult fertil & abondant de tous vivres, comme aſſez eſt ſceu, & que à grant marchié y ſont, parce que on ne les peut par deçà porter, fors par charroy mener qui eſt trop couſteux, que il feroit foſſoyer la terre de tel large & perfondeur, & en telle adrece, que ladicte riviere de Loire peuſt prendre ſon cours juſque en la riviere de Seine, & porter navire qui veniſt juſques à Paris, & ainſſi l'avoit ordonné le très pourveu ſage Roy, & fu marché fait aux ouvriers, qui debvoit couſter environ cent mille frans, laquelle miſe n'eſtoit mie moult outrageuſe au regart du grant bien & utilité qui s'en fuſt enſuivy à tout ce Royaume; laquelle choſe pleuſt à Dieu que ainſſi euſt eſté fait pour le bien d'un chaſcun, & en ce & maintes autres Ordonnances bonnes n'euſt mie eu faulte, ſe mort qui trop en greva ce Royaume ne l'euſt ſi-toſt oſté de vie.

## CHAPITRE VIII.

*Comment le Roy Charles tenoit ses subgiez en amour.*

De la prudence du Roy Charles comme il fust parfaict ameur de ses subgiez, avisoit en toutes manieres de les tenir en amour & dileccion vers luy, pour ce volt vers eulx tenir tel maniere, que de tous estas se teniffent pour contens des Ordonnances qui estoient necessaires & convenables à faire en la gouvernance des fais du Royaume; & pour ce nonobstant que de sa Signorie & auctorité peust faire, & ordonner de tout à son bon plaisir, quant venoit à conseillier sus l'estat du Royaume, il appelloit à son Conseil les bourgois de ses bonnes villes, & mesmement des moyennes gens, & de ceuls du commun, affin qu'il leur monstrast la fiance qu'il avoit en eulx, quant par leur conseil vouloir ordonner.

## CHAPITRE IX.

*Comment le Roy Charles desservoit par ses merites que il fust craint & amé.*

A brief parlé, si sagement se gouvernoit vers toutes gens le Roy Charles, fussent estranges ou privez, ses subgiez & autres de tous estas, que il acqueroit l'amour universelle de toute personne; & raison le debvoit, car à nul ne messaisoit, & à tous à son pouvoir pourchaçoit bien; si estoit obeyz, honorez, craint & amez, si comme à bon Prince appartient estre.

(*Le Chapitre X traite des bonnes qualités des Princes*).

## CHAPITRE XI.

*Comment le Roy Charles estoit droit Artiste & appris ès sciences, & des beaulx maçonnages que il fist faire.*

Pour un petit differer selon l'ordre qu'Aristote met des vertus comprises en sagece, dirons d'art en prouvant nostre sage Roy Charles estre très-grant Artiste, soit ès sept sciences liberales ou ès causes ouvrales. Es sciences expert estoit, car en Grammaire qui apprent la maniere des mots estoit sousisamment fondez, & toutes en sçavoit les regles. L'art de Rhetorique qui enseigne la forme de sçavoir mettre paroles en ordre de beau langage sçavoit par nature & aussi par science. Logique qui enseigne arguer, &

entre le vray & le faux difcerner, nul de luy plus foubtil n'y fuft trouvé. Arifmetique qui eft fcience d'affembler numbre, & mouteplier, fans laquelle fcience d'Aftronomie ne fe pourroit paffer, fçavoit le Roy notablement. De Geometrie qui eft l'art & fçience des mefures & des ecquerres, compas & lignes fans qui nulle devis eft faite s'entendoit fouffifamment, & bien le monftroit en devifant fes edifices. De Mufique, qui eft la fcience des fons accordez par notes minimes, entendoit tous les poins fi entierement, que aucun defcort ne luy peuft eftre mucié. En la fcience d'Aftrologie, qui eft art de cognoiftre les mouvemens des celeftielles efperes (\*) & planetes, eftoit fouffifamment fondé. De art entant que s'entend l'œuvre formelle, nul ne l'en paffoit, tout n'euft-il l'experience ou exercice de la main. En effet que noftre Roy Charles fuft fage artifte fe demontra vray Architeteur, devifeur certain, & prudent ordeneur, lorfque les belles fondations fift faire en maintes places notables, edifices beaulx & nobles, tant d'Eglifes comme de Chafteaulx & autres baftimens à Paris & ailleurs, & fi comme affez près de fon Hoftel de Saint Paul,

(\*) Spheres.

l'Eglife tant belle & notable des Celeftins, fi comme on la peut veoir couverte d'ardoife & fi belle, que riens ni convient (\*), & le Couvent des Freres fainctes perfonnes vivans en grant afpreté de vie ruilée (\*\*), fervans Dieu, y ordonna en certain numbre dont y a moult grant Couvent qui moul devot fervice rendent à noftre Seigneur, lefquels il renta moult richement par amortiffement perpetuel, & à la porte de celle Eglife à la fculpure de fon ymage & de la Royne s'Epoufe moult proprement fais.

Item fonda l'Eglife de Saint Anthoine dedens Paris, & rentes affift aux Freres demourans ou lieu.

Item l'Eglife de S. Paul emprès fon Hoftel moult fift amender & acroiftre.

Item à tous les Couvens de Paris de Mendiens donna argent pour reparacion de leur lieux : à Noftre Dame de Paris, à l'Hoftel Dieu & ailleurs.

Item au bois de Vincenes fonda Chanoines, leur affena leur vies par belles rentes amorties.

Item les Bons-hommes d'emprès Beauté : & maintes autres Efglifes & Chapelles fonda, amenda & crut (\*\*\*) les edifices & les rentes.

(\*) Eft égal, (\*\*) reglée, (\*\*\*) Augmenta.

Les autres edifices qu'il basti moult amenda, & acrut son Hostel de S. Paul.

Le Chastel du Louvre à Paris sist edifier de neuf, moult notable, & de bel edifice, comme il appert.

La Bastille de Saint Anthoine, combien que puis on y ait ouvré, & sus pluseurs des Portes de Paris, sist edifice fort & bel; au Palais sist bastir à sa plaisance.

Item les murs neufs, & belles grosses & haultes tours qui entour Paris sont; en baillant la Charge à Huges Obriot, lors Prevost de Paris, sist edifier.

Item ordonna à faire le Pont neuf, & en son temps fu commencé (*), & pluseurs autres edifices.

Item dehors Paris le chastel du bois de Vincennes, qui moult est notable & bel: & avoit entention d'y faire ville fermée, & là avoit establie en beaus manoirs la demeure de pluseurs Seigneurs Chevaliers & autres ses mieulx amez; & à chacun y asseneroit rente à vie, selon leur personnes. Celluy lieu voult le Roy qu'il fust franc de toutes servitudes; n'aucune charge par le temps avenir ne redevance demander.

Edifia Beaulté qui moult est notable ma-

(*) C'est celui de S. Michel.

noir. Plaisance (a), la noble maison, repara l'hostel de Saint Oyn, & mains autres cy environ Paris.

Moult fit redifier notablement de nouvel le chastel de S. Germain en Laye. Créel, Montargis où fist faire moult noble Sale, le chastel de Meleun & mains autres notables edifices.

## CHAPITRE XII.

*Comment le Roy Charles amoit livres, & des belles translations que il fist faire.*

Dirons nous encore de la sagece du Roy Charles la grant amour qu'il avoit à l'estude & à science, & qu'il soit ainsy, bien le demonstra par la belle assemblée de notables livres & belle librairie qu'il avoit de tous les plus notables volumes, qui par souverains Aucteurs ayent esté compillez, soit de la Sainte Escripture, de Theologie, de Philosophie & de toutes sciences, moult bien escrips & richement adornez, & tout temps les meilleurs escripveins que on peust trouver occupez pour luy en tel ouvrage, & se son estude bel à devis estoit bien ordonné, comme il voulsist toutes ses choses belles, nettes,

(a) A Nogent sur Marne.

polies & ordonnées ne convient demander ; car mieulx eſtre ne peuſt.

Mais non obſtant que bien entendiſt le Latin, & que ja ne fuſt beſoing que on luy expoſaſt, de ſi grant providence fu pour la grant amour qu'il avoit à ſes ſucceſſeurs, que au temps à venir les volt pourveoir d'enſeignemens & ſciences introduiſibles à toutes vertus, dont pour celle cauſe fiſt par ſolemnelz maiſtres ſouffiſans en toutes les ſciences & ars tranſlater de latin en françoiz tous les plus notables livres.

Si comme la Bible en iij manieres, c'eſt aſſavoir le texte & les gloſes enſemble, & puis d'une autre maniere allegoriſée.

Item, le grant livre de S. Auguſtin de la cité de Dieu (a).

Item, le livre du Ciel & du monde (b).

Item, le livre de S. Auguſtin : *De ſoliloquio.*

Item, des livres de Ariſtote, Ethiques & Politiques, & mettre nouveaulx exemples (c).

Item, Vegece de Chevalerie.

(a) Par Raoul de Prêle.
(b) Par Nicolas Oreſme, Theologien.
(c) Par le même.

Item, les XIX livres des Proprietez des choses (a).

Item, Valérius Maximus (b).

Item, Policratique (c).

Item, Titulivius & tres-grant foison (d) d'autres, comme sanz cesser y eust maistres qui grans aages en recepvoyent de ce embesoigniez.

## CHAPITRE XIII.

*Comment Charles amoit l'Université de Clercs.*

A ce propos, que le Roy Charles amast sciences & l'estude, bien le monstroit à sa tres-amé fille l'Université des Clercs de Paris

(a) Par Jean Corbichon, Augustin.

(b) Par Simon de Hesdin, Chevalier.

(c) Par Denis Soulechat, Cordelier.

(d) On ne sçait si Christine ne se trompe pas, lorsqu'elle croit que Charles V. fit le premier traduire Vegece *de re militari*, puis que Jean de Meun l'avoit traduit long-temps auparavant. Elle se trompe visiblement quand elle dit que ce fut ce Prince qui fit traduire Tite Live. Pierre de Bressuire appellé en Latin *Berchorius*, dit dans son *Reductorium* au mot *Roma*, que ce fut le Roi Jean qui lui ordonna de traduire cet Historien.

à laquelle gardoit entierement les Privileges & franchifes, & plus encore leur en donnoit; & ne fouffrift que leur fuffent enfrains. La congregacion des Clercs & de l'eftude avoit en grant reverance, le Recteur & les maiftres & les Clercs folemnelz dont il y a maint, mandoit fouvent pour oyr la doctrine de leur fcience, ufoit de leur confeilz, de ce qui appartenoit à l'efpiritualté; moult les honnouroit & portoit en toutes chofes, tenoit benivolans & en paix.

(*Chriftine rapporte enfuite fort au long l'établiffement de cette Univerfité, & la fait remonter au temps de Charlemagne, adoptant tout ce qu'on croyoit alors là-deffus, & qui fe lit dans une infinité d'Auteurs. Puis elle loüe le même Charlemagne, tirant ce qu'elle dit des Chroniques de Sigebert.*)

## CHAPITRE XIV.

*Aucuns mots fubftantieuls que le Roy Charles dift.*

Et comme il avenift une foiz qu'il luy fuft rapporté que aucunes gens avoyent murmuré de ce qu'il honnouroit tout les Clercs, il refpondi : *Les Clercs où a fapience l'on ne* peut trop honorer, & tant que sapience sera honorée en ce Royaume, il continuera à prosperité; mais quant deboutée y sera, il decherra.

## CHAPITRE XV.

*Comment le Roy Charles respondy agmoderement à ceulx qui le hastoyent.*

Comme le Roy Charles seist une foiz à table en sa chambre assez à privé, nouvelles luy vindrent hastives, comment les Anglois où avoit grant route avoyent assigié une fortrece en Guienne où le Roy n'avoit pas grant garnison de gent, par quoi se brief secours ni envoyoit ceuls de dedans ne pourroyent avoir durée, ains convendroit qu'ils se rendissent; & comme le Roy oist ceste chose, n'en sist pas grant semblant, ains sembloit qu'il n'en seist grant conte, car en chiere n'en maintien ne seu meut, & tout rassisement comme se il parlast d'autre chose, se tourne, regarde & voit un de ses Secretaires, courtoisement le sist appeller, lui commanda tout bas que hastivement escripsist à Loys de Sencerre son Marechal, qui n'estoit mie moult loings, qu'il venist tost devers luy. Ce commendement n'oyrent mie ceuls qui estoyent environ luy, & s'esmerveilloyent de ce que la chose estoit assez pesant, & sembloit qu'il n'en sist force. Adont aucuns jeunes Escuyers, Gentilzhommes qui à table le servoyent, se vont enhardir, & dire : *Sire, donnez-nous de l'argent pour nous bien abillier pluseurs que nous sommes, telz & telz ceans de vostre Hostel, pour aler en ceste besongne, & nous serons nouveaulx Chevaliers, & irons lever le siege.* Adont le Roy commença à sousrire, & dist-il : *Ni convient mie nouveaulx Chevaliers, il y aront besoing tous vieulx.*

Aprés ce les aucuns de ses gens qui virent qu'il n'en disoit autre chose vont dire : *Sire, que ordonnez vous de ceste chose laquelle est hastive ?* le Roy respondy : *En hastiveté ne gist pas la bonne Ordonnance, quant nous verrons ceuls à qui parler en appartient, nous en ordonnerons.*

## CHAPITRE XVI.

*Comment le Roy Charles appreuva diligence.*

Comme il veneist a connoiscence à un Clerc (*), que un Notaire du Roy tiroit à

(*) Histoire de deux Contendants pour une Charge de Notaire du Roy.

la mort ſi prés que ne pouvoit vivre une heure, tantoſt à un Chevalier de la Court bien amé du Roy, qui eſtoit ſon ami ala, & tant fiſt qu'il luy empetra ladicte office. Un autre Clerc qui tanſdiz avoit l'ueil que le Notaire fuſt oultrement treſpaſſé, par un autre moyen fiſt requerir au Roy ledit office: & comme le Roy affermaſt que ja eſtoit donnée, le deuxieme diſt que ce ne débvoit valoir, car à l'heure que le don fu fait, encore eſtoit l'autre en vie; & briefment tant fiſt, que ſa lettre fu commandée. Quant vint au ſcel, le Chancelier qui en vid deux d'une meſme date, les refuſa à ſceller. Le premier qui moult eſtoit malicieus en ce tendis, oy que le Chancelier dit à un ſien meſſage qu'il alaſt ſavoir en quel point le Roy eſtoit, car il vouloit aler devers luy, ceſtuy gaictant tant qu'il vit le Roy, & le Chancelier celluy jour enſemble à conſeil, & de tant luy priſt bien qu'il eſtoit ja nuit; tant s'aventura pour le grant deſir qu'il avoit, qu'il ſe miſt en lieu où il pot oyr tout quanque le Roy & le Chancelier diſoyent, qui parloyent d'aſſez ſecretes choſes, & oy que le Chancelier lequel eſtoit le Cardinal de Beauvais lui prioit que il voulſiſt eſcripre au Pape pour une Archediaconé pour un de ſes nepveus, de laquelle chose le Roy dist : *Voulentiers.*

Quant vint l'aprés-disner, ce Clerc fist bien l'embesongné : au Chancelier ala dire que le Roy lui avoit enjoint aler en Languedoc hastivement porter lettres de par luy au Duc d'Anjou, pour la cause de ce dequoy il luy avoit parlé, & adont dist le secret qu'il avoit oy qui estoit d'envoyer audit lieu; encore luy dist que le Roy luy avoit enchargé d'aler en Avignon devers le Pape pour le benefice dequoy il luy avoit prié, si luy mandoit le Roy, que à ces enseignes il luy seelast sa lettre, & qu'il fust mis en saisine dudit office. Le Chancelier qui oy les certaines enseignes ce luy sembla, & encore que celluy estoit chargié comme il cuida de porter les lettres de son fait au Pape ; encore luy en fust plus favorable : hastivement furent ses lettres seelées, fist recepvoir le serment & luy presta le demy marc d'or qu'il convenoit payer à l'entrée de l'office, & moult luy recommanda sa besoigne en Avignon, & dist encore de ses secrez pour dire de bouche au Pape, & celuy qui estoit malicieux encore luy tira de bouche pour plus le tenir subgiect, tel chose qu'il luy fist jurer, que il n'en diroit riens à personne n'au Roy n'a autre, fors à la personne du Pape.

Or fu ce Clerc bien armé. Si fe parti & abfenta ne fçay quans jours tant tant que l'efmeute fu paffée.

Le deuxiefme Clerc qui pourfuivoit fort le dit office, fift tant qu'il prouva que à l'heure que l'autre avoit eu le don du Roy le Notaire n'eftoit mie trefpaffez, & tant efploitta que le Roy efcript au Chancelier qu'il luy faelaft fa lettre : le Chancelier efmerveillié de cefte chofe, ala devers le Roy & luy dift les enfeignes qu'il avoit envoyées pour l'autre.

A brief parler, le premier fu adjournez, pour ce qu'il n'eftoit trouvez, foubz peine de ban devant le Roy, convint qu'il comparuft & deift la verité de la chofe.

Le Chancelier non obftant fuft bien courrouciez, & que l'en penfoit que luy fuft contraire, & que l'autre fuft punis, & deuft perdre l'office, esbay & honteux d'ainfi avoir efté deceu, regardoit celluy, & celluy luy, comme s'il voulfift dire, *fe vous me nuifez, je diray* : & le Roy qui affez favoit, fe commença trop fort à rire de celle malice, & là où chafcun couroit fus à l'autre, le Roy confidera la grant affecion & defir que celuy avoit d'eftre pourveu de fa vie, en riant va dire : *Avant, avant, je voy bien que cautelle*

telle vainc sens; l'office luy demoura : ainsy celuy gaigna sa cause.

## CHAPITRE XVII.

*Ce que le Roy Charles dit au propos de ceulx que on fait mourir à tort.*

Au temps que Messire Sevestre Budes qui long-temps avoit menés les guerres du Pape ot le chief trenchié, fu dit devant le Roy, que ses parens & affins se tenoyent trop mal contens du Baillif de Macon qui l'avoit fait mourir, & que tous estoyent enragiez & impaciens, dont sanz cause avoit esté décapitez, comme ils disoyent; le Roy va respondre : *Se il est mort à tort, moins leur doit peser, que se à droit fust; car c'est mieulx pour son ame & à moindre deshonneur pour eulx.*

## CHAPITRE XVIII.

*Ce que le Roy Charles respondit à aucuns Barons de Bretagne.*

Autrefois devant le Roy Charles en la présence d'aucuns Barons de Bretaigne escheut à parler entre pluseurs choses de la Duchiée de Bretaigne, tant que aucuns vont dire, que ce n'estoit point d'ancien droit, que on appellaſt de la Court du Duc à la Court du Roy en Parlement. Le Roy reſpondi lors : *Lequel vous vault mieulx, ou que vous ſouffriez le tort de voſtre pays, ou que vous ſouffriez le ſecours de droit du noſtre ?*

## CHAPITRE XIX.

*Comment le Roy Charles approuva plus le ſage homme pouvre, que le riche nice.*

Comme le Treſorier (\*) de Niſmes fuſt treſ-paſſé, un preudomme ſe tira devers un Chambellan du Roy ſien amy, luy pria de luy empetrer l'office, le Roy qui de celuy ot bonne relacion l'octroya : toſt aprés le Duc d'Anjou, à la requeſte d'un ſien Treſorier nommé Pierre Scutice, demanda pour un nepveu ou parent d'iceluy Pierre ledit office au Roy, lequel diſt qu'il l'avoit octroyé. Comme le Duc d'Anjou moult en preſſaſt le Roy à l'inſtigacion de ſon Treſorier, diſt au Roy que celuy à qui il l'avoit donnée n'eſtoit mie ſouffiſant de tel office exerciter; car c'eſtoit homme de neant & de petite autorité. Le Roy voult qu'informacion fuſt faicte des deux, & diſt que le plus ſouffiſant l'aroit. L'informacion rapporta que le nepveu Pierre Scutice eſtoit

(\*) Hiſtoire de deux Concurrents pour un Office.

un jueur de dez, jeunes homes de petit sens; riche estoit, mais de petit gouvernement: de l'autre, que sages estoit, prudent preudhoms, mais non pas riche. Monseigneur le Duc d'Anjou qui le Roy solicitoit de ceste, derechief pria le Roy comme devant: *Vrayement*, dist le Roy, *Beaufrere, nous sommes informez que celuy dont vous parlez est un fol de maulvailz gouvernement. Certes*, dist le Duc d'Anjou, *Monseigneur, celuy à qui vous l'avez donnée est de petite valuë, & n'est souffisant d'estre en tel office. Pourquoi ?* dist le Roy; *Pour ce*, dist Monseigneur, *car c'est un povres home, nez de petites gens de labour qui encore hanent* (*) *les terres en nostre pays. Ha*, dist le Roy, *n'y a-il autre chose ? Beaufrere certes, plus fait à prisier le povre sage preudome, que le riche fol desordené.* Monseigneur d'Anjou plus n'en voult le Roy prisier (**), & ainsy demoura l'office au premier.

## CHAPITRE XX.

*Ce que le Roy Charles dist de celuy qui s'estoit occis par soy trop fier en son art.*

Un homme estoit à Paris du temps du sage Roy Charles qui apprise avoit une telle in-

(*) Defrichent.   (**) Entretenir.

duſtrie (\*), que merveilleuſement ſailloit, tumboit & faiſoit pluſeurs appertiſes (\*\*) ſus cordes tendües hault en l'air, qui ſembleroit à dire qui veu ne l'avoit choſe impoſſible, car il tendoit cordes bien menues, venans depuis les tours de Noſtre Dame de Paris juſques au Palais & plus loings, & par deſſus ces cordes en l'air ſailloit & faiſoit jeux d'appertiſe, ſi qu'il ſembloit qu'il volaſt, & auſſi *le voleur* eſtoit appellez. Celuy je vy; ſi firent maint autres; & diſoit on que en iceluy meſtier n'avoit onques eſté veu ſon pareil. Et comme telz gens ou ſemblables ſe ingerent à diverſes choſe faire, ſanz aux perilz qui d'ame & corps s'en pevent enſuivre viſer, celluy par pluſeurs foiz devant le Roy ainſi vola.

Et comme un temps après le Roy oyſt dire que cil en volant avoit failli à prendre la corde qu'il devoit au pié happer, de ſi hault eſtoit tombez, que tout s'eſtoit eſmarmelez. Le Roy diſt : *Certes, c'eſt comme impoſſible qu'à homs qui de ſon ſens force legiereté ou autre choſe de ſoy trop preſume, qu'au derrain ne luy en meſchiée.*

(\*) Hiſtoire d'un danſeur de corde.
(\*\*) Subtiliſités.

## CHAPITRE XXI.

*Comment le Roy Charles approva la patience qu'il vid avoir un de ses gens.*

Le Roy Charles avoit un sien varlet de chambre lequel pour cause que celuy savoit pluseurs vertus, moult aimoit celuy par especial : sur toutes autres souverainement bien lisoit, & bien ponctoit, & entendeus homs estoit, comme il y pert (*), car encore est vif Chevalier, Maistre d'hostel sage & honnorez, comme il fust, par ledit Roy moult enrichis.

Comme une foiz à celluy ( Gile Malet avoit nom) (a) avenist tel inconvenient, que un sien petit filz courant à tout un petit coutel pointu cheust dessus & se tuast, laquelle chose n'est mie doubte fu grant douleur & perplexité au pere; neantmoins celuy propre jour fu devant le Roy, lisant longue piece par au tel sem-

(*) Paroît.

(a) Ce fut ce Mallet valet de chambre du Roy, qui en qualité de Garde de la Librairie de Charles V. en fit l'Inventaire l'an 1373. Ce Manuscrit est aujourd'hui à la Bibliotheque du Roy. Il en est amplement parlé dans les Memoires de l'Academie des Belles Lettres T. I. p. 310. & T. II. p. 747.

blant & chiere, ne plus ne moins que à couftume avoit ; dont le fage Roy qui la vertu de toutes chofes eftoit confiderant, comme il fceuft le cas, moult l'en prifa, & tels paroles dift de luy en fon abfence : *Se ceft homme n'avoit ferme vertu, & plus grant que nature ne l'influë communement és hommes, la pieté paternelle ne luy fouffriroit couvrir fon cas foubz telle conftance.*

## CHAPITRE XXII.

*La fage refponfe que efcript au Roy Charles un Clerc Mathematicien.*

Le fage Roy Charles qui fe delictoit fingulierement en tous hommes de fcience (*), entendi que vers Avignon avoit un fpeculatif Clerc qui tenoit vie de Philozophe, & moult foubtilement ouvroit en l'art d'Arquemie (**), en laquelle avoit ja fi comme l'en difoit attaint de moult beaulx & notables poins, & avoit efté ce dit Clerc difciple de Maiftre Arnault de Villeneuve, qui moult fu en fcience folemnel homme; & tenoyent aulcuns qu'il actaingni à la pierre des Philozophes. Le Roy qui toutes foubtilles chofes

_____

(*) Indifference d'un Philofophe pour la vie de la Cour. (**) Alchymie ou Chymie.

defiroit à veoir, luy efcripft qu'il voulfift venir par deça, & bien grandement luy feroit fa peine meritée. Le Clerc en fes lectres dictées en tres-beau latin, mercia le Roy humblement de l'honneur que à luy n'en digne faifoit, mais que vrayement comme il fuft homme folitaire, fpeculatif & d'eftranges manieres, n'eftoit apte à Court, ne en bouche ne fceuft avoir les blandices flateufes qu'il convenoit à Seigneur : fi eftoit trop plus aife à repoz, & à povre vie, mengant chouls & rabes en fpeculant Philozophie, comme il ne fuft convoiteus d'autre richece, qu'il ne feroit de quelconques delices ou richeces par fi qu'il deuft perdre le repoz & aife de fpeculation.

## CHAPITRE XXIII.

*Comment le Roy Charles envoya querre une bonne Dame de tres-efleuë vie.*

Comme dit eft (*), le fage Roy Charles qui en vertus fe delictoit toutes gens virtueus de quelque eftat qu'ilz fuffent amoit & honnouroit, oy dire que à la Rochelle avoit une

(*) Hiftoire de Guillemette de la Rochelle.

saincte Dame de tres-esleuë vie & singuliere en devocion & discipline de vivre, & mesmement tel degré avoit ja acquis devers Dieu que ce que de grant affeccion requeroit, on s'appercevoit que il luy estoit octroyé & que moult avoit de belles revelacions de Nostre Seigneur.

Le Roy par message souffisant manda par grant priere à ceste bonne Dame, laquelle estoit nommée Dame Guillemette de la Rochelle, qu'elle voulsist venir à Paris, & que moult volentiers la verroit. Celle y vint; le Roy la receupt à grant chiere, à elle parla longuement, & moult prisa ses devotes & humbles paroles, son simple maintien & tous ses faiz; & affectueusement la requist que elle priast Dieu pour luy, à laquelle chose tout se deist-elle non digne d'estre exaulcée s'offry de bonne voulenté. La garde & admenistracion de ceste bonne Dame fu commise à celuy Gille Malet, dont devant ay parlé, avec sa femme, en son hostel. Le Roy luy fist faire de beauls oratoires de bois en plusieurs Esglises, où d'estre longuement avoit devocion, comme à St. Marry sa paroisse, aux Augustins, & ailleurs; car moult estoit femme solitaire, & de grant contemplacion; & tant que j'ay certainement oy recorder à gens dignes de foy, que en fa contemplacion on l'a aucunes foiz veuë foulevée de terre en l'air plus de deux piez, le Roy l'avoit en grant reverance, & foy en fes prieres qu'il tenoit qu'elles luy avoyent valu en certains cas (a).

Item Meffire Burel de la Riviere ne pouvoit avoir enfans de fa femme, qui à droit terme veniffent de ce; luy & fa Dame fe recommenderent aux prieres de cefte Dame : de laquel chofe pour leur enfans qui puis vefquirent avoyent foy que c'eftoit par l'impetracion de la bonne femme.

## CHAPITRE XXIV.

*De quoy vint ce que on dit :* Gardez-vous des charrettes.

Comme le Comte de Tancarville (*) fe fuft longuement tenus de venir vers le Roy non obftant mandé l'euft par plufeurs foiz, s'envoya excufer, difant que pour le trop long fejour fait à Paris pour caufe du maul-

(a) M. l'Abbé Chaftelain qui fait mention en fon Martyrologe univerfel de toutes les Beates qu'il a pu connoître, fur tout lorfqu'elles ont demeuré à Paris, ne parle nullement de celle-cy.

(*) Hiftoire du Comte de Tancarville.

vaiz air avoit efté malade, & pour ce une piece s'esbatoit à chacier en la foreft de Biere (\*) & fe tenoit à Meleun, mais bien brief vendroit. Le Roy qui oy l'excufation du maulvaiz air, bien luy fembla que par tout où il eftoit & demouroit, que fes fubgiez ne debvoyent mie reflongner pour maulvaiz air ne autre caufe aler vers luy, refpondi au meffage : *Dya, il y a meilleur caufe : il ne voit mie bien clér ; & il a à Paris trop de cháretes, fi s'en fait de bon garder.* Celle refponfe bien entendi le Conte, & toft vint devers le Roy.

A propoz de quoy vint le commun mot : *Gardez-vous des charretes.*

## CHAPITRE XXV.

*Comme le Roy Charles taxa à cinq cens frans fon Officier Changeur.*

Un Chevalier de ce Royaume (\*\*) volt aler oultremer au quel pays ot entencion de demourer un temps, ordonna de fes befongnes fift fon teftament, & à un fien amy changeur de Paris, nommé Simon Danmartin

(\*) C'eft celle de Fontainebleau.

(\*\*) Hiftoire d'un fils qui contrefit des Lettres de fon pere.

laiſſa mille frans en garde & commande juſques à ſon retour, & bien gardaſt qu'à autre qu'à luy ne les rendiſt, mais ſe il avenoit que audit voyage mouruſt, & que il euſt vraye certificacion, il luy ordonna que il en debvoit faire ceſt aſſavoir faire dire pluſeurs annuez & autres aumoſnes, & devocions pour ſon ame, & toutes ceſtes condicions furent tel & bien eſcriptes en une bonne obligacion, en quoy ledit changeur s'obligia & lya tres-fort.

Quant ledit Chevalier fu en Rodes, là ou une piece ſe tint, comme il euſt mené avec luy un ſien filz jeune, aſſez plain de ſa volenté & de maulvaiz gouvernement, comme aſſez en eſt, pour ne ſçay quel meſfait ſe courouça le pere au filz, parquoy celuy jeune s'aviſa de grant mauveſtie; & malice telle fu, car il eſcripſt unes faulſes lettres comme ſe ſon pere l'envoyaſt audit Changeur, és quelles eſtoit contenu que comme fortune luy euſt eſté contraire en une bataille, pourquoy eſtoit pris des Sarrazins, en peril de perdre la vie ſe brief il n'avoit ſecours, & que pour ce haſtivement il envoyoit ſon filz querir ledit argent qu'il luy avoit laiſſé en depoſt, duquel il luy envoyoit bonne & ſeure quictance par ledit ſon filz, ſi gardaſt bien foubz peine que il le reputaft fon ennemy mortel que audit argent baillier & livrer à fon dit filz n'euft faulte : bel & bien ordonna celuy filz ces faulfes lettres, & auffi la quictance plaine & bonne dudit argent; tant efpia fon point, que une nuit vid fon pere bien endormi. Adont prift le fael foubz fon chevet & faela les dictes lettres, & la quittance que fon pere ne s'en apperceuft, toft aprés fift celuy filz moult fort le malade, & tant qu'il dift à fon pere qu'il ne pourroit paffer oultre, & qu'il mourroie s'il ne retournoit en France; le pere fu d'accord de fon retour. Quant vint au partir, le filz demanda au pere fe il luy vouloit aucune chofe chargier en France, dont entre les autres chofes luy chargia que au Changeur deffus dit, lequel comme à fon amy avoit chargié diverfes chofes de fes befongnes, deift certaines chofes qu'il luy mandoit. Le filz qui fu malicieux, dift : « Il ne me croira » mie, faictes de votre main une lettre de » creance de ce que je luy diray ». Et ainffy le pere qui ni penfa à nulle decepvance le fift. Le filz à Paris vint, & par ces lettres certifications & enfeignes, qui moult fe menftroit doloreux que fon pere fuft pris des Sarrazins, fift tant, quoyque le Changeur y meift difficulté, que au derrain ot tout ledit argent, c'eft affavoir mil frans, lefquels il gafta, & en feift ce que il volt.

Le pere, au chief (\*) de deux ans revint à Paris, demanda fon argent audit Changeur, lequel monftra ces lettres & quittance. Et comme plait deuft mouvoir de cefte chofe, au defrain (\*\*) s'en mirent à ce que le Roy Charles en diroit, car le Chevalier qui eftoit fon Chambellan s'en eftoit à lui plaint. Le Roy oy le cas, & confiderant la fimplece de toutes les deux pars, dift, que voirement payeroit Simon Danmartin les mille frans au Chevalier, comme fort eftoit obligiez de non les rendre fors à luy, mais il fuivroit fon garant, c'eft affavoir le filz, fi falloit qu'il fuft regardé quel part & porcion des biens du pere pouvoit appartenir au filz que encore riens n'avoit, & fur celle porcion le Changeur fuft reftituez. Le Chevalier dift que la terre qu'il tenoit eftoit de fon conqueft, fi n'eftoit tenus oultre fon gré d'en faire aucune part à fon filz qui contre lui avoit forfait, s'il ne luy plaifoit; & mefme après fa mort le defheritoit. A la parfin fus conclus par le Roy & dit aux deux parties : dift au Chevalier, *Vous qui fi mal avez chaftié voftre filz en*

(\*) Au bout.      (\*\*) En dernier lieu.

*jeunece que apresent tel offense vous ose faire, vostre ignorance vous condampnera qui mieulx ne vous gaitastes de vostre filz mal moriginé; si ne vous en sera riens restitué. Et toy*, dist-il, *pour ta folie, Simon Danmartin, qui alas encontre l'obligation que tu avoyes faicte, & creus simplement les faulses lettres, tu payeras V cent frans, lesquelz seront convertis ès laiz, c'est assavoir donner aux povres comme ce Chevalier l'avoit ordonné pour son ame.* Ainsi les condampna le Roy, & ainssi fut tenus; & le filz qui avoit fait la decepvance fu privé de tout office de Roy, banni de la Court, & longuement tint prison, & le pere indignez contre luy, le priva de son heritage.

## CHAPITRE XXVI.

### Ce que le Roy Charles dist de dissimulation.

Comme souventes foiz avenist que le Roy Charles s'esbattoit & desrevoit (*) avecques ses familiers, entre les autres propoz chut à parler de dissimulacion, & disoient aucuns que dissimuler étoit un rain de trahison : *Certes*, ce dist le Roy, *adont les circonstances font les choses bonnes ou maulvaises car en tel*

(*) S'égayoit.

maniere peut estre dissimulé que c'est vertu, & en tel maniere vice, sçavoir dissimuler contre la fureur des gens pervers quant il est besoing, est grant sens : mais dissimuler & faindre son courage en attendant oportunité de grever aucun, se peut appeller vice.

## CHAPITRE XXVII.

*Comment le Roy Charles approuva la vertu de pou de langage.*

Une fois parlant de plusieurs choses devant le Roy, y ot un qui dist, que c'estoit moult belle vertu de savoir bien parler. Certes, ce dist le Roy, elle n'est pas moindre de sçavoir bien taire.

## CHAPITRE XXVIII.

*Le sage avis que le Roy Charles ot contre la cautele d'un de ses Officiers.*

Un Clerc estoit (*), lequel savoit de moult beauls experimens, & de tout plain de secrez d'Arquemie, entre les autres choses faisoit artificielment moult bel azur. Un autre Clerc riches homms & de la Court du Roy Charles, qui assez estoit investigueur des

(*) Histoire au sujet du secret de faire de l'azur.

secretes sciences, pria moult à l'autre, qu'il lui voulsist enseigner à faire ledit azur : & comme il en feist grant difficulté, à la parfin s'obligia qu'il luy payeroit cent frans; & l'autre luy promist à aprendre, par si que il jura grant serment que jour de sa vie ne l'apprendroit à autre : par ainsi devisa la maniere comment on faisoit ledit azur, & par experience de fait luy monstra, & fist devant luy; & après luy demanda son salaire. & comme cellui le menast (\*) par paroles, enfin luy dist que riens ne luy en payeroit, car il luy devoit apprendre à faire l'azur & ne lui avoit mie appris, car il ne le savoit faire : l'argu de cette demande ala tant en avant que aux oreilles du Roy Charles vint; & comme il vousist les parties oyr, le premier Clerc dist, que comme bien & bel eust monstré à l'autre à faire l'azur, selon la convenance laquelle estoit qu'il en aroit cent frans, demandoit son salaire & requeroit au Roy qu'il luy en feist droit : l'autre dit, que voirement luy avoit promis cent frans ou cas que il luy apprendroit, mais vrayement, disoit-il, ne luy avoit pas appris, car il ne le savoit faire, non obstant par pluseurs foiz y eust essayé, & assez eust des-

(\*) Menaça.

pendu

pendu ès matieres & façon, comme il fuſt de plus granl couſt que valoir ne pourroit; ſi diſoit que puiſque faire ne le ſavoit, dont ne luy avoit il pas appris, & pour ce ne debvoit mie les cent frans. Le Roy en qui n'ot nulle ignorance, ot bien noté ce que cellui ot dit, qu'il y avoit plus couſt que prouffit, fiſt ſemblant que le droit fuſt pour celluy qui debvoit les cent frans, & diſt à l'autre: *Mon amy, ſe vous n'avez appris à ceſtui à faire ce que vous luy aviez promis, raiſon n'eſt mie qu'il vous paye*, & ainſſi ilz ſe departirent; le Roy qui deſira acteindre le voir (\*) de la choſe, ne l'oublia mie, ains toſt après charga un de ſes Clercs, ſoubtil homme, qui par bonne maniere ſe tiraſt devers celluy qui debvoit leſdits cent frans, & de loings fiſt ſemblant que moult deſiraſt à ſavoir faire ledit azur, & promeiſt deux cent frans à celluy, & hardiement pour plus grant decepvance luy en baillaſt gage, mais que ladicte ſcience lui voulſiſt apprendre; & ainſſi fu fait: pour laquel promeſſe, pour cauſe du gage qu'il vid bel & bon, ſi fya. Et par tel couvent (\*\*) luy promiſt enſeignier à faire ledit azur, que il ne le diroit au Roy ne à autre, & la choſe ten-

(\*) Vray.   (\*\*) Convention.

Tome *V*.

droit secrete, & encore lui dist que c'estoit moult belle science, & bel secret, encore lui confessa que pour riens ne vouldroit qu'il ne le sceut faire. Celluy qui plus ne vouloit savoir, rapporta au Roy ce que trouvé avoit : parquoy le Roy manda celluy & moult le reprist, blasma & commenda tantost payer l'autre de ses cent frans, ou qu'il le puniroit, & pour ceste maulvaistie perdi la grace du Roy.

## CHAPITRE XXIX.

*La Response que le Roy Charles fist à la parole que rapporterent les Hairaux venant d'Angleterre.*

En celluy temps comme deux Hairault de France eussent esté envoyez en Angleterre pour certaines messages, & fussent retournez par deça, & comme ilz raportassent tout plain de responses & paroles que oudit pays avoyent oyes; entre les autres choses distrent devant le Roy & son conseil, que une foiz eus estant en la presence dudit Roy d'Angleterre eschut à parler du Roy de France, si y ot aucuns Barons qui distrent, que c'estoit un moult sage Prince, dont alors le Duc de Lancastre va dire, que ce n'estoit que un

Advocat. Quant le Roy Charles ot oy ce conte dire aux Hairaulx, il respondy en sousriant : *Et se nous sommes Advocat, nous leur bastirons tel plait dont la sentence leur ennuyera;* & à ce ne failly mie le Roy Charles : Car par force d'armes leur basti tel plait, dont ils perdirent plus que ne gaignerent ou Royaume de France.

## CHAPITRE XXX.

*Ce que le Roy Charles dist de felicité de Seigneurie.*

Une fois devant le Roy Charles cheut à parler des Seigneuries : si ot là un Chevalier, qui dist que c'estoit heureuse chose estre Prince. Respondy le Roy : *Certes, c'est plus charge que gloire.* Et comme l'autre en repliquant deyst : *Et, Sire, les Princes sont si aises. Je ne sçay*, ce dit le Roy, *en Signorie felicité, excepté en une seule chose. Plaise vous nous dire en quoy?* ce dirent les autres; *Certes*, dist-il, *en poissance de faire bien à autruy.*

## CHAPITRE XXXI.

*Comment pour le grant sens & vertu du sage Roy Charles, les Princes de tout pays desiroient son affinité & alliance.*

Si dis encore que pour la grant renommée qui d'icelluy Roy Charles par le monde couroit, parquoy comme pluseurs Princes de longtain pays comme le Roy de Honguerie, qui maint beaulz arcs & autres choses luy envoya, le Roy d'Espaigne, d'Arragon, & mains autres desirassent son affinité, amour & alliance, par mariages ou aultrement à son sang, filz & filles, si comme eust eu à fame son filz Loys devant dit, la fille du Roy de Honguerie aisnée & heritiere du pere si elle eust vescu; & sa tante fille du Roy Phelippe son ayol le Roy d'Arragon.

Le Roy de Chipre & autres mains Roys, Princes & Seigneurs, parquoy plusieurs vindrent en France veoir sa sagece, noblece & estat, & pluseurs leurs feaulx messages y envoyerent, mesmement le Souldan de Babiloine y envoya un de ses Chevaliers, avec plusieurs riches & beaulx presens; & en lui cuidant faire grand honneur, comme au solemnel Prince des Crestiens, luy manda que pour le bien & renommée qu'il avoit entendu de son sens & vertus, se il vouloit aler en son pays avec luy demourer, il le feroit tout Gouverneur de ses provinces & terres, & maistre de sa Chevalerie, & luy donroit royaume plus grant & plus riche trois foiz que cellui de France, & tendroit telle loy comme il luy plairoit. Et que nul me feroie ceste chose (*), certainement le l'afferme pour vray, je vi le Chevalier Sarrazin richement & estrangement vestus, & estoit notoire la cause de sa venuë. Dont le sage Roy, prudent en toutes choses, & qui avec toutes nacions, & diversitez de gens bien se savoit avoir, & les honorer selon leur estres, considerant le bon vouloir du Souldan qui pour ce si loing avoit envoyé son message, receupt ledit Chevalier & ses presens à grant honneur, & luy & ses gens moult festoya & honora, & son Drucheman par qui entendoit ce qu'il disoit : & merciant le Souldan, luy renvoya de beauls presens des choses de par deça, toiles de Rains, escarlates, dont n'ont nulles par de-là, & grant feste en font ; donna largement aux messages, s'offry à faire toutes choses loisibles qu'il pourroit pour le Souldan (a).

(*) Christine temoin oculaire.
(a) Cette relation de Charles V. avec le Soudan

## CHAPITRE XXXII.

*Comment le Roy Charles avoit propres gens instruits en honneur & noblece, pour recepvoir tous estrangiers.*

Ainsi ce Roy auctorisié par le monde comme digne il en estoit, bien savoit recepvoir, grans, moyens & petits, quand nobles Princes venoient ainsi vers luy, ou leur messages, convenoit qu'ils dinassent avec luy, & selon qu'ilz estoyent notables seoyent à sa table, & à ses disners quant haulx Princes y estoyent, & mesmement aux festes solemnées l'assiette des tables, l'ordonnance, les nobles paremens d'or & de soye ouvrez de haulte lice qui tendus estoyent par ces paroitz & ses riches chambres de velours brodées de grosses perles, d'or & de soye de plusieurs estranges devises les aornemens de par-tout ces draps d'or tendus pavillons & à eulx sus ces haulx dois & chayeres couvertes, la vais-

___

est confirmée par la Chronique MS. de Jean de Guise Abbé de S. Vincent de Laon, où on lit ce qui suit : »
» En cest an ( 1376 ) escript le Roy de France au
» Souldan de Babilone pour le Roy de Armenie, sa
» femme & ses enfants que il avoit prins & mis en
» prison, afin de obtenir sa délivrance ».

sel d'or & d'argent grant & pesant de toutes façons en quoy l'en estoit servi par ces tables, les grans dreçouers couvers de flacons d'or à pierreries ces beaulx entremés, vins, viandes delicieuses à grant plante, & court plainieres à toutes gens : Certes pontifical ( * ) chose estoit à veoir. Et tant y estoit l'ordonnance belle, que non-obstant y eust grant quantité de gent si y estoit remedié que la presse ne nuisoit. Et quant yceux Princes ou estrangiers vouloit bien honorer, les faisoit mener devers la Reyne & ses enfans, où ne trouvoyent pas moins d'ordonnance, & puis à S. Denis. La leur faisoit monstrer les reliques, & les richeces qui là sont, les riches chasubes, ornemens d'autelz; lesdits beaulx paremens & habis en quoy les Roys sont sacrez, dont il en feist faire des tous neufs, & les plus riches que onques eussent esté veus qu'on sache, tous les habis ouvrez à fines & grosses perles & mesmement les soulers ; ouvrir les riches armoires ou de joyaulx de grant valour ce à merveilles, où est la riche couronne du Sacre qu'il fist faire, en laquelle a un gros balez au bout, du pris de xxx mil frans, & d'autre pierrerie moult fine, & vault la cou-

(*) Magnifique.

ronne moult d'avoir ( * ), & les autres estranges choses qui y sont de moult grant richece.

Pour maintenir sa Court en tel honneur, le Roy avoit avec luy Barons de son sang & autres Chevalier duis & appris en toutes honneurs, si comme son cousin le Comte d'Estampes qui bel Seigneur estoit, honorable, joyeux, bien parlant & bien festoyant & de gracieux accueil à toute gent, d'aucunes foiz en certaines places & assietes representoit la personne du Roy & moult estoit de bel parement à celle Court : d'autres aussi y avoit, & aussi Messire Burel de la Riviere, beau Chévalier, & qui certes très-gracieusement, largement & joyeusement savoit accueillir ceux que le Roy vouloit festoyer & honnorer, faire liement & à grant honneur les messages que le Roy mandoit par luy à yceulx estrangiers, les aler souvent veoir & visiter en leur logis, leur dire de gracieux & beaulx motz, & que le Roy les saluoit & leur mandoit que ilz feissent bonne chiere, & n'espargnassent riens & tels gracieuses parolles, & quant venoit à leur presenter dons de par le Roy ne failloit mie à dire ces courtoises & honorables parolles bien assises à chascun

( * ) En grant prix.

selon son degré, car toute l'honneur qu'il convient à bel recep de gens il savoit, & à ceuls il donnoit soupers & disners en son hostel bel & à devis & richement adorné. Là estoit sa femme belle, bonne & gracieuse, qui pas ne savoit moins donner, & courtoisement les recepvoit, là estoyent les femmes d'estat de Paris mandées, dencié, chanté & fait joyeuse chiere y avoit pour l'honneur & la reverance du Roy, tant que tous estrangiers du Roy & de luy se louoyent.

## CHAPITRE XXXIII.

*Comme l'Empereur de Rome escript au Roy Charles que il le vouloit venir voir.*

## CHAPITRE XXXIV.

*Comment le Roy Charles envoya ses freres au-devant de l'Empereur.*

## CHAPIRRE XXXV.

*Comment l'Empereur se partit de S. Denis pour entrer à Paris & les beaulx dons & chevaulx que le Roy luy ot envoyé.*

## CHAPITRE XXXVI.

*Comment le Roy Charles alla au devant de l'Empereur.*

## CHAPITRE XXXVII.

*La belle ordonnance & grant magnificence qui fu à l'entrée de Paris, à la venuë de l'Empereur.*

## CHAPITRE XXXVIII.

*Comment le Roy Charles receu l'Empereur au Palais.*

Si comme l'Empereur en la chayere seoit, le Roy à luy vint, & luy dist que bien fust-il venus, & que onques Princes plus voulentiers n'avoit en son Palaiz veu : adont lebaisa, & l'Empereur de tout se dessula, & le mercia. Lors sist le Roy lever l'Empereur à tout sa chayere & contre mont les degrez porter en sa chambre ; & aloit le Roy d'un costé & menoit le Roy des Romains à sa senestre main ; & enssi le convoya en la chambre de Bois d'Irlande qui regarde sur les jardins & vers la saincte Chapelle qu'il luy avoit fait richement appareillier, & toutes les autres chambres derriere laissa pour l'Empereur & son filz, & il fut logié en Chambre & Galatois que son pere le Roy Jehan sist faire.

Après que l'Empereur une piece fu reposé,

le en sa chambre veoir l'ala, & en le saluant osta tout jus son chaperon, dont il pesa à l'Empereur qui recouvrir le voult, & il dist que il luy monstreroit sa coiffe que encore n'avoit veuë; car est assavoir que ès anciennes guises les Roys portoyent deliées coiffes soubs leur chaperons. En une chayere fu assis costé l'Empereur, & luy dist: *Beauls Oncles, sachiez que j'ay si grant joye de vostre venuë, que plus ne puis ; & vous pry que vous teniez qu'en ce que j'ay vous avez comme ou vostre.* Adonc l'Empereur osta son chaperon, & le Roy aussi, & respondy: *Monseigneur, je vous mercy des biens & honneurs que vous me faites, & je vous offre & vueil que certain soyez que moy & mon filz que amené vous oy, & mes autres enfans & tout qu'onque j'ay, sommes vostres, & prendre le povez comme le vostre.* Desquelles paroles les oyans qui presens estoyent qui furent mains Barons & autres orent grant plaisir d'entr'eulx veoir si grant amour & bonne voulenté. Après maintes amoureuses parolles, le Roy se parti, & ordonna que pour le traveil qu'il avoit eu souppast en sa chambre à requoy (\*), & il mena avec luy soupper le Roy des Romains, les Ducs,

(\*) En repos.

Princes & Chevaliers de l'Empereur, & grant & noble foupper y ot, & telle fu l'affiette : l'Evefque de Paris premier, le Roy, & puis le Roy de Bahaigne, le Duc de Berry, le Duc de Brehan, le Duc de Bourgogne, le Duc de Bourbon & le Duc de Bar. Et pour que ces deux autres Ducs n'eftoyent Chevaliers, mangierent à la feconde table, & compagnie leur tint Meffire Pierre, le Comte d'Eu, & plufeurs autres Seigneurs. Et eft affavoir que la grant fale du Palais, la chambre de Parlement, la chambre fur l'eaue, la chambre vert & toutes les autres notables chambres du Palaiz, la fainéte Chapelle & celle d'emprès la chambre vert eftoyent toutes très-richement ordonnées & parées, tant au Palaiz comme à Saint Pol, au Chaftel du Louvre, au bois de Vincennes, à Beaulté, efquelz hoftelz le Roy mena, tint & feftoya l'Empereur.

Après ce fouper, vin & efpices prifes, fe retryerent le Roy & le filz de l'Empereur & les autres Seigneurs chafcun en fa chambre, & ainffi fe paffa celle journée.

## CHAPITRE XXXIX.

*Le presens que la ville de Paris fist à l'Empereur.*

Lendemain le Prevost des Marchands & les Eschevins à l'heure que l'Empereur disnoit (*) entrerent en sa chambre, & de par le Roy luy presenterent une nef pesant dix neuf vingt & dix mars d'argent dorée & très-richement ouvrée, & deux grans flaçons d'argent esmailliez & dorez, du poids de soixante dix mars, & à son filz une fontaine moult bien ouvrée & dorée, du poids de quatre-vingt & treize marcs, avec deux grans poz dorés de xxx. mars, dont l'Empereur grandement mercia la ville & eulx aussi.

Pour ce que le Roy n'estoit point alé celle journée devers l'Empereur, pour le laisser reposer, l'Empereur luy envoya dire & prier que après relevée il luy pleust qu'il parlast à luy, car aucunes choses luy vouloit dire, & menast son Chancellier avecque luy.

Le Roy menga en sale avec grant foison

---

(*) Entretien secret du Roy & de l'Empereur.

Ils entendent Vêpres à la Ste. Chapelle la veille des Roys.

Grand souper au Palais.

de gens, & y fu le Duc de Saxonne, l'Evefque de Brufebec, le Chancelier de l'Empereur, & tous fes Barons, excepté fon filz qui à fon pere tint compaignie, & tous les Chevaliers & gens de l'Empereur auffi.

Après difner à l'heure dicte, ala privéement le Roy, fon Chancelier avec luy, devers l'Empereur. L'Empereur & le Roy affis fus deux chaieres firent tous vuidier de la Chambre fors les deux Chanceliers, & bien l'efpace de trois heures parlerent enfemble, mais de leur paroles ne qu'ils ordonnerent ne fcet on riens, fors que en la fin de leur parlers appellerent leur Chanceliers & à euls deviferent : & puis fe parti le Roy, & celui jour eftoit la veille de Tiphaine (a), fi ala le Roy oyr vefpres en la fainde Chapelle où avoit deux Oratoires tendus, un à deftre pour le Roy, l'autre à feneftre pour le filz de l'Empereur, & fift le fervice l'Arcevefque de Reins, les nobles reliques, joyaulx, aornement d'autelz, lumieres, & toutes richeces qui là eftoyent eftoit merveilles à veoir, & tant y ot Barons & Chevaliers, que tous ne povoyent en la fainde Chapelle.

(a) On nommoit ainfi l'Epiphanie que le peuple appelle la Fête des Roys. Ce mot vient de *Theophania*.

Grant foupper tint le Roy celle vueille des Roys, où tant avoit de nobleces que ce n'eſtoit ſe merveilles non, & le luminaires des cierges pendus & torches que varlets veſtus d'un drap tenoyent, que auſſi cler y faiſoit comme de jours. L'aſſiette fu premier l'Eveſque de Paris, l'Eveſque de Bruſebec Conſeillier de l'Empereur, l'Arceveſque de Reins, puis le Roy, le Roy de Bahaigne (a); Berry, Brehan, Bourgogne, de Saxonne, de Bourbon, le Duc Henry, celluy de Bar & les autres Princes, Ducs & Comtes. A l'autre dois qui eſtoit au plus près de la Table de marbre furent les autres Barons : & fu le foupper long, & ſervi de tel foiſon de divers mès, que longue choſe feroit à recorder; & ſelon le rapport des Hairaux à celluy foupper furent en ſale tant du Royaume de France comme d'eſtrangiers bien environ mille Chevaliers, ſans l'autre multitude de Gentilz-hommes & gens d'Eſtat, dont ſi grant preſſe y avoit que c'eſtoit merveilles, mais en tout dix continuant la rigle ordonnée du ſage Roy, tel ordonnance y avoit que nulle preſſe n'empechoit ſervir aux tables comme il appartient auſſi les derrenieres tables comme les premieres.

(a) Le Roi de Boheme (Venceſlas).

Après foupper fe retray le Roy, avec luy le filz de l'Empereur & tant de Barons comme entrer y pot, en la chambre de Parlement, & la joüerent felon la couftume les Meneftriers de bas inftrumens fi doulcement comme plus peut : & là eftoyent affis les deux Roys en deux haultes chayeres, où fus chafcune ot ciel brodé à fleurs de lis d'or. Le Duc de Berry y fervi le Roy d'efpices, & le Duc de Bourgogne de vin, aprés fe retray le Roy en fa chambre, & fift convoyer par fes freres le filz de l'Empereur en fa chambre.

## CHAPITRE XL.

*La folemnité que fift le jour de la Tiphanie au Palais.*

Lendemain (\*), jour de la Tiphanie, l'Empereur volt veoir les reliques celuy jour, & eftre à la meffe, & en pria le Roy, & que avec luy dinaft, car de ce ne l'avoit endurer à preffer le Roy pour caufe qu'il n'en fuft grevez, & pour obvier à fi grant

(\*) Vifite des Reliques de la Ste. Chapelle.
Offrande à la Meffe des mêmes préfens que les Mages.
Entrevue du Dauphin & de l'Empereur.

*preffe,*

presse, fist le Roy garder les portes par Chevaliers & Escuyers pour ce que fussent plus craint; si alerent paisiblement le Roy & l'Empereur en la saincte Chapelle, & volt l'Empereur pour la grant devocion qu'il avoit de veoir de près les sainctes reliques, estre portez par les bras & par les jambes en hault devant la saincte armoire, qui à grant peine de son corps y pot estre portez pour cause de la vis (*) estroicte. Quant en hault furent, la saincte chace ouverte, l'Empereur osta son chaperon & joint les mains, & comme en larmes fist son oroison longuement & à grant devocion, & le Roy luy monstra & devisa toutes les choses qui sont en la saincte chace, que il baisa & les autres princes aussi, puis tourna la chace devers la Chapelle que les autres d'en bas la veissent, & volt l'Empereur que sa chayère fust en bas mise front à front devant les reliques si que tous diz les peust veoir; & ne volt estre en l'Oratoire qui appareillé luy estoit, pour laquel chose le Roy fist abbaissier ses courtines.

Le Roy, à l'entrée de la Messe l'eaue benoicte & aussi le texte de l'Evangile envoya primier à l'Empereur qui à trop grant peine vouloit prendre aulcun honneur avant le Roy,

(*) Escalier tournant.

*Tome V.*        Q

à aler à l'offrande, l'Empereur s'excufa pour ce que ne povoit aler ne foy agenouiller: fi fu l'offrande du Roy telle. Trois de fes Chambellans tenoyent haultement iij couppes belles dorées. En l'une avoit or, en l'autre encens, & en l'autre mirre; & de renc (*) aloyent. Si offry le Roy l'or premierement, puis l'encens, & puis le mirre, & à chafcune foiz baiffa la mains de l'Arcevefque de Rains, qui chantoit la Meffe. A la paix, deus paix furent portées par le Diacre & foubz Diacre: & auffi-toft prift l'un comme l'autre.

Aprés la Meffe, l'Empereur fe retrahy en un retrait, cofté la Chapelle, qui pour celle caufe le Roy avoit fait ordonner: ou dit retrait envoya fon aifné filz le Daulphin de Vienne que il avoit envoyé querir en fon Hoftel de St. Pol, & l'accompaignerent fes fréres les Ducs, & grant foifon Chevalerie. A l'encontre du Daulphin fe fift lever l'Empereur de fa chayere, & ofta fon chaperon, le Daulphin s'inclina & l'Empereur l'embraça & baifa, & toft après vint le Roy querir l'Empereur pour aler difner, & en fu l'Empereur portez en fa chayere & le Roy à cofté luy qui tenoit le Roy des Romains par la main; & devant eftoit portez le Daulphin

(*) De fuite.

fur colz de Chevaliers à grant honneur : & ainſi alerent en la grant ſale.

## CHAPITRE XLI.

*L'Empereur diſne avec le Roy Charles. Les aſſiettes des Tables, & les Barons qui y eſtoyent.*

A la Table de marbre fu l'aſſiete : Premierement ſiſt l'Arceveſque de Rains, & après ſiſt l'Empereur, puis le Roy de Bahaigne, & avoit autant de diſtance du Roy à luy, comme du Roy à l'Empereur, & ſus chaſcun des trois avoit un ciel diſtincte l'un de l'autre, de drap d'or à fleur de lis, & par-deſſus ces trois en avoit un grant qui couvroit tout au long de la Table & tout derriere eulx pendoit & eſtoit de drap d'or. Après le Roy des Romains ſeirent iij Eveſque bien loing de lui juſque à la fin de la Table, à l'autre doiz au plus près ſeoit le Duc de Saxongne, le Daulphin filz du Roy, & puis les Ducs de Berry, de Breban, de Bourgongne, le filz du Roy de Navarre, le Duc de Bar, le Duc Henry, & puis le Chancelier de l'Empereur, & ne ſeoyent mie le Duc de Bourbon, le Comte d'Eu, le Seigneur de Coucy, & le Comte de Harecourt, mais estoient entour le Daulphin tout en piez pour lui tenir compaignie & garder de presse : les autres Ducs, Comtes & Barons & Chevaliers mangeoient aux autres Tables par belle ordonnance, & sus le chief du Daulphin avoit un ciel, & puis un autre par dessus qui toute la Table couvroit. Cinq dois avoit en la sale plains de Princes & de Barons, & autres tables par-tout trois dreçouers couvers de vaisselle d'or, d'argent, & estoient les deux grans dois & les dreçouers fais de barrieres à l'environ que l'en n'y povoit aler fort par certains pas qui gardés estoient par Chevaliers à ce ordonnez; & si grant quantité de gent y mangia que merveilles fu : & combien que avoit ordonné le Roy iiij assiettes de xl paire de mais, toute voys pour la grevance de l'Empereur qui trop eust sis à table, le Roy oster en fist une assiette : si ne fust l'en servir de iij de xxx paire de mès, ij entremès y ot, l'un comment Godefroy de Buillon conquist Jherusalem, laquelle histoire ramentevoir estoit pertinent pour exemples donner à telz Princes, estoit la cité grante & belle bois painte à panonceaulx & armes des Sarrazins moult bien faicte, qui fu menée devant le dois, & puis la nef ou Godefroy de Buillon estoit, & puis l'assault commencié

& la cité prise, qui fu bonne chose à veoir. Après ces choses laverent le Roy & l'Empereur aussi-tôt l'un comme l'autre, & puis le Roy des Romains, & pour cause que l'Empereur ne peust estre aucunement empresse au lever de table, fist le Roy apporter mesme à la table vin & espices, & fut apporté entre bras le Daulphin que le Duc de Bourbon tenoit à deux piez sur la table, le Duc de Berry par le commandement du Roy servi d'espices l'Empereur, & le Duc de Bourgongne le Roy, & prisdrent ensemble après pluseurs prieres. Le Comte de Eu servi le Roy de Bahaigne. Après se leverent & fu l'Empereur porté en sa chayere en sa chambre, & grant piece devisa aux Barons, tant que ja fu tart & que le Roy ala en sa chambre & les autres Barons au soupper derechief & le Roy pluseurs d'iceulx Barons avec lui; & puis ala veoir l'Empereur & une piece dirent de bons mos & esbatemens ensemble; puis se retray le Roy en sa chambre & s'alerent couchier. Et ainsi passa ce Mercredy jour de la Tiphaine.

## CHAPITRE XLII.

*Comment le Roy mena l'Empereur au Louvre.*

Lendemain volt aler le Roy difner au Louvre : & à la pointe du Palaiz fut porté l'Empereur. Là eftoit le bel batel du Roy qui eftoit fait & ordonné comme une belle maifon, moult bien paint par dehors & par dedens; là entrerent, & prifa moult ce beau batel l'Empereur; au Louvre arriverent, le Roy monftra à l'Empereur les beaux murs & maçonnages qu'il avoit fait au Louvre edifier. l'Empereur, fon filz & fes Barons moult bien y logia, & par tout eftoit le lieu moult richement paré : en fale difna le Roy, les Barons avec lui, & l'Empereur en fa chambre.

Après difner affembla le Roy le confeil en fa chambre, & en ce tendis par le commendement du Roy vint l'Univerfité de Paris devers l'Empereur, & eftoyent de chafcune faculté xij & des Arciens xxiiij veftus en leurs chapes & abis, & la reverance vindrent faire à l'Empereur; & la Colacion (*) notablement fift Maiftre Jehan de la Chaleur, Maiftre en Theologie & Chancellier de Noftre

(*) Harengue.

Dame, & en ycelle Colacion recommanda moult la perſonne de l'Empereur, ſes nobles fais, ſes vertus & ſa dignité, & auſſi recommanda moult & ramena notablement le ſens, eſtat & honneur du Roy & du royaume de France, en loüant & approuvant à l'Empereur ſa venue devers le Roy, & enfin recommanda bien & ſagement l'Univerſité comme il appartenoit. L'Empereur en latin de ſa bouche reſpondy, en les merciant des honorables paroles que dictes luy ayent, & dit la cauſe qui en ce Royaume l'avoit amené, qui eſtoit venir à S. Mor (a), voir les reliques, & principalement l'amour qu'il avoit au Roy, dont ſouverainement & en beaul lengage loua & recommanda la prudence & ſagece.

En ce temps eſtoit le Roy en ſon Conſeil ſans lequel ne vouloit faire aucune choſe, ſi miſt en terme & demanda ſe bon ſeroit que il monſtraſt & deiſt à l'Empereur ſon Oncle qui tant d'honneur & d'amour lui avoit fait, que cy eſtoit venus, ſon bon droit, & le tort de ſes ennemis, pour cauſe

(a) Cette devotion d'un Prince Alleman envers S. Maur de Glanfueil, dont le corps eſt proche Paris, peut faire croire, jointe à autres preuves, que ce fut de Germanie que le Saint vint dans les Gaules ſous le Roy Theodebert.

qu'en maint pays & mefmes en Allemaigne s'efforcoient de publier le contraire, & auffi pour avoir le Confeil fur ce dudit Empereur, à laquel chofe le Confeil refpondy que bon feroit que ainffi le feift, fi fift favoir à l'Empereur & à fon Confeil que lendemain voloit parler à luy prefent fa Baronnie, & qu'à certaine heure fuffent au Louvre pour oyr ce que dire leur vouldroit.

## CHAPITRE XLIII.

*Comment le Roy parla au Confeil, prefent l'Empereur du grand tort que le Roy d'Angleterre avoit vers luy.*

Ainffi comme le Roy l'avoit ordonné, furent lendemain, lequel jour fu Vendredy viij de Janvier affemblez en la chambre de parlement au Louvre, l'Empereur, le Roy de Bahaigne & environ cinquante des plus notables Princes du Confeil de l'Empereur, & environ autant des Princes & Confeil du Roy. Ci eftoient l'Empereur & les deus Roys affis en iij chayeres couvertes de drap d'or, & les autres fus bancs & doubles formes, en la maniere que on fait à Confeil. Adont le fage Roy qui en fon entendement avoit

science, & rethorique en langage, commença
son parler par une preambule si belle & si notable, que grant beaulté estoit à oyr; & commença sa matiere: » Dès les primiers temps
» du Royaume de France, & après la con-
» queste de Gascongne que fist saint Charles-
» maine, quant il la converti à la foi
» Chrestienne, dont très lors fu le pays
» subgiect au Royaume de France sanz in-
» terrupcion; depuis & coment ceuls qui
» en ont tenus les demaines, & par especiel
» les Ducs de Guiene, tant Roys d'Angle-
» terre commes autres en ont tousjours fait
» homage lige & recognoiscence aux Roys
» de France, comme au chief & droictu-
» rier Seigneur. Se n'a esté depuis Eduart
» d'Angleterre derrenier mort, que onques
» ni fu mise contradiccion, nonobstant en
» fist homage au Roy Philippe son ayol à
» Amiens, & a Seigneur le recognut, &
» comme depuis assez long-temps ledit
» homage ratifia par ses lettres saelées de
» son grant scel comment il appert par les
» lettres; lesquelles furent ilecques monstrées
» & leuës, & autres lettres plus anciennes
» des Predecesseurs des Roys d'Angleterre
» & chartres faictes à S. Denis ou temps
» de la recognoiscence des homages de Gas-

» congne, Bordeauls, Bayonne, & Isles
» qui sont endroit Normandie, & lettres
» expresses comment les Roys d'Angleterre
» ont renoncié à toutes les terres de Nor-
» mendie, d'Anjou, du Maine, & de Tou-
» raine & de Poitiers se aulcunes en y
» avoient » comme plus à plain, le disoient
lesdictes lettres qui la furent monstrées.

Item aprés, dit le Roy que mesmes le traictié de la derniere paix par son pere & luy trop achetée avoient les Anglois malgardé, & adont desclaira le Roy particulierement, comment tant par le deffault de restituer les fortresses occupées, que rendre devoyent, comme par les ostages que ilz renconnerent contre le contenu du traictié, tant par les compaignies que continuellement tenoyent ou Royaume come par usurper & user de droit de souveraineté qui ne leur appartenoit, comme en confortant le Roy de Navarre lors ennemy du Royaume donner ayde secours & vivres, contre la teneur des alliances faictes & jurées & passées par sermens, si fors comme entre Chrestiens se peut faire, desquelles choses les lectres furent leües là en present devant l'Empereur en françois & en latin affin que chascun mieulx entendist, monstra le Roy comme le Comte d'Armignac, le Seigneur d'Alebret, & plufeurs autres Barons & bonnes villes avoyent appellé du Prince à luy & vindrent en leur personnes requerir adjournement & escript en cause d'appel, & comment il ne volt pas faire sans grant conseil & deliberacion, & oyr les oppinions de plufeurs estudes de Droit de Boulongne la Grace, de Monpellier, de Thoulouse, d'Orliens & de plus notables Clercs de la Court de Rome qui determinerent que refuser ne le povoit, & comme par voye ordonnée de justice non mie par rigueur d'armes fu envoyé un Docteur, Juge, & un Chevalier de Thoulouse, qui porterent au Prince les lettres inhibicions & adjournemens, & par le sauf-conduit dû Senechal dudit Prince, lequel les fist prendre & murdrir maulvaisement.

Ainssy devisa là le Roy longement & de plufeurs autres griefz & torz faiz qu'il avoit receu dudit Prince de Gales, dont ains qu'il voulsist procéder par voye de guerre avoit mandé à son pere Edoart Roy d'Angleterre que remedier y voulsist, desquelles choses onques bonne responfe ne pot avoir; parquoy par nécessité & par le conseil de ses Barons & de son Royaume assemblé pour ce en son Parlement emprist à deffendre sa bonne justice contre ſes ennemis, de laquel choſe Dieu de ſa grace luy en avoit donné bonne fortune; & adont deſclaira le Roy les conqueſtes que ot faictes ſur ſes ennemis, & non-obſtant ce deviſa les offres que il leur avoit fait pour le bien de paix que ils avoyent reffuſé : ſi pria l'Empereur que ſur ce le vouſiſt conſeillier, & ne creuſſent luy ne ſes Barons que à ſon tort la guerre fuſt, & aſſez d'autres choſes diſt le Roy qui longues ſeroyent à dire &c. Et par ſi bel ordre & ſi notable harenge l'ot dit, que tous en furent eſmerveilliez, & moult priſierent & louerent ſon grant ſens & memoire.

L'Empereur reſpondy, que tres-bien avoit entendu ce que le Roy tres-ſagement avoit expliqué tant és lettres comme és paroles, & que par tout Allemaigne le manifeſteroit, & feroit ſavoir; & que au contraire les Angloiz ne fuſſent creus, & meſmement qu'il fu preſent à Amiens quant le Roy Edouart fiſt homage au Roy de France, ſi ſavoit ſon bon droit, & quant au conſeil donner diſt que conſideré ſon bon droit & tort de ſes ennemis, l'avantage & bonne fortune qu'il avoit contre eulx, & ſes aliez & amis comme le Roy de Caſtelle, de Portugal, d'Eſcoce & mains autres, il ne luy donroit conſeil de tant avant offrir à fes ennemis, & trop en avoit fait fe pour l'amour de Dieu n'eſtoit. A tant finerent fes paroles; & le Roy & luy & les autres alerent en fa chambre.

## CHAPITRE XLIV.

*La grant offre que l'Empereur fiſt au Roy Charles.*

Comme l'Empereur (*) s'aviſaſt que la reſponſe que faicte au Roy avoit n'eſtoit aſſez ſouffiſant, pria que aſſemblé de rechef le Conſeil fuſt, & bien luy plairoit que aſſez plus y euſt Barons gens que n'avoit eu au Conſeil precedent : & ainſi fu fait. Adont commença l'Empereur ſi hault que tous oyr le porent, & premier s'excuſa de ce que ſouffiſent reſponce ce luy ſembloit le jour precedent au Roy faicte n'avoit. Si vouloit que tous ſceuſſent que luy, ſon filz le Roy des Romains, ſes autres enfens, & tous ſes parens, aliez & amis & toute ſa poiſſance, il vouloit & offroit au Roy eſtre tous ſiens contre toutes perſonnes, à aydier & garder ſon bien, honneur & royaume & de ſes enfens & freres & amis, & adont luy bailla un rolle ou ſes amis & affins declairiez &

(*) Voyage de l'Empereur à S. Paul & à Beauté.

nommez eſtoyent dont il ſe faiſoit fort, dont le Roy le mercia moult gracieuſement.

Lendemain aprés ce que diſné orent, le Roy ou deſſuſdit batel mena l'Empereur à Saint Paul, paſſant par deſoubz le pont de Paris (a). Quant à Saint Paul furent, le Daulphin & ſon frere vindrent à l'encontre, & devant leur pere s'alerent agenouillier, & puis ſaluerent l'Empereur, puis entre bras devant furent portez. L'Empereur ſe guermenta d'aler veoir la Royne; ſi luy mena le Roy, & moult grant preſſe y avoit de Barons & Chevaliers; la Royne au-devant du Roy vint; en moult riche atour eſtoit, & ot un cercle d'or ſus ſon chief de moult grant pris, accompaigniée de nobles Dames : là eſtoit la Duchece d'Orliens fille du Roy de France, la Duchece de Bourbon mere de la Royne, la Comteſſe d'Artois, la fille du Duc de Berry, la fille du Signeur de Coucy, la Dame de Preaux & pluſeurs autres Comteſſes, Bannereſſes (*), Dames, & Damoiſelles, à tres-grant quantité. L'Empereur ſon chapperon oſta, & lever ſe fiſt

(a) NOTA, que ſur le grand bras de la riviere il n'y avoit encore que le pont au Change alors appellé le Pont de Paris ou le grand Pont.

(*) Baronnes.

contre la Royne qui le baifa & auffi fon filz le Roy de Bahaigne, & toutes baiferent les Dames du fang de France.

Quand l'Empereur vid la Duchece de Bourbon, fi fort à plourer fe prift, que parler ne pot, & auffi la Ducheffe, pour la memoire que ilz avoyent de ce que feur avoit efté de fa premiere femme, & auffi toute nourrie avec fa fueur la Royne bonne mere du Roy Charles & de fes freres les Ducs, dont aprés difner volt l'Empereur grant piece avec elle parler. Une piece là fu l'Empereur, puis fe parti, & en fa chambre fu portez.

Aprés difner que l'Empereur eftoit en fa chambre & parloit à la Duchece de Bourbon, le Roy y envoya la Royne & fes deux filz, dont il fu moult liez : & là fu la Royne longuement affife cofté luy, & longuement deviferent enfemble : elle luy donna un bel reliquiaire d'or, grant & moult riche de pierrerie, où ot de la vraye croix & autres reliques, & le Daulphin luy donna ij tres-beauls braches à coliers d'or & belles laiffes, & de tout ce fift moult grant fefte, & moult les mercia. Adont entra le Roy de Bahaigne, & la Royne luy donna un riche fermail; en ce tendis le Roy vint : fi prindrent congé, & le Roy mena l'Empereur au Bois, & pour ce que ja tart estoit, grant foison torches au-devant luy vindrent.

Lendemain se fist porter l'Empereur tout au tour de la grant chambre, pour veoir par les fenestres le circuit du chastel que il moult prisa.

Aprés dormir à remontée grant piece ensemble furent luy & le Roy en bons esbatemens & paroles de vraye amour, & pria l'Empereur au Roy que luy donnast une de ses Heures, & il prieroit Dieu pour luy : dequoy le Roy luy en envoya deux; unes petites, les autres grans; endementiers que ainsi parloyent, vint le Roy des Romains que le Roy avoit envoyé au parc esbatre & chacier (a), avec luy ses freres. Adont l'Empereur l'appella, & par la main le prist, & luy fist promettre par sa foy en la main du Roy, que tant qu'il vivroit serviroit & ameroit luy & ses enfens devant tous les Princes du monde; dont le Roy les remercia.

## CHAPITRE XLV.

*Comment l'Empereur alla faire son Pelerinage ( de S. Maur. )*

Le Mardy en suivant qui fu le xij jour

(a) Aux dains, *selon le MS. de Ste. Genevieve.*

de Jenvier, faire volt l'Empereur son pelerinage à St. Mor.

Au matin en sa litiere du Bois se parti : ainssy que le Roy commendé avoit y fu receu à procession : l'Abbé la Messe chanta ; l'Empereur offri cent frans, & les dons de vivres que luy ot fait ledit Abbé laissa au Convent. Là disna & dormi (a) en bel appareil que le Roy bien & richement luy ot fait apprester & le lieu parer partout, fu mis en la litiere & porté à Beaulté sus Marne, que il moult prisa, & y amenda de sa goute comme il disoit, si que luy mesmement visita tout l'hostel qui moult estoit bien parez, & disoit que onques en sa vie n'avoit veuë plus belle ne plus delictable place, & aussi disoyent ses gens, lesquelz on avoit aussi menez en la tour du bois par tous les estages de leans, & monstré les grans garnisons d'icelle, & l'artillerie dont le Roy des Romains ot des arbalestes à son éhois, que onques mais n'avoient veu si merveilleuse chose ; & ainsi louoient les sens, la valeur & haultece du Roy de France. A Beauté fu l'Empereur pluseurs jours ; & le Roy chascun jour l'aloit visiter, & à secret parloyent longue-

(a) On a déja vu cy-dessus, p. 110 & 256, que la coutume étoit de dormir après le diner.

ment, puis au giste s'en retournoit au Bois; car le tres-sage Roy pour soing qu'il eust à cause de l'Empereur, ne croient nul qu'il laissast à expedier ses autres besoingnes, comme cil qui pourveu estoit en toutes choses.

L'Empereur desira à veoir la belle couronne que le Roy avoit fait faire : si luy envoya le Roy par Giles Malet son valet de Chambre & Hennequin son orphevre, la tint & regarda moult longuement par-tout, & prist grant plaisir, puis la bailla, & dist que somme toute onques en sa vie n'avoit veu tant de si riche & noble pierrerie ensemble.

Le Jeudy devant la departie de l'Empereur, avoit fait le Roy tous assembler les gens dudit Empereur; car beauls dons avoit fait apprester pour leur donner : Si y mena le Roy, ses freres, le Seigneur de la Riviere, & aultres Chevaliers porter ses joyaulx, & de ses varlés de chambre.

## CHAPITRE XLVI.

*Les beaulx & riches dons que le Roy envoya à l'Empereur & à son fils.*

Là où l'Empereur fu & toutes ses gens assemblez vint le Duc de Berry, & dit que le Roy le saluoit, & luy envoyoit de ses joyaulx telz comme à Paris on les faisoit. Lors luy presenta une moult noble couppe d'or garnie de pierrerie, en laquelle avoit figure d'esmail moult richement ouvrée, le sphere du Ciel où estoit le zodiaque, les signes, les planetes & estoiles fixes & leur ymages; & aussy luy presenta ij grans flacons d'or, où estoit figuré en ymages essevez comment St. Jacques monstroit à St. Charles-maine le chemin en Espaigne par revelacion : & estoyent lesdis flacons en façons de coquilles. Si luy dit le Duc de Berry bien gracieusement, que pour ce qu'il estoit Pelerin, luy envoyoit le Roy des coquilles. Encore luy presenta un grant hanap d'autre façon, un gobelet, & une esguiere tout d'or, garnis de pierrerie, & esmailliez de diverses façons, ij grans poz d'or à testes de lions.

Item à son filz furent presentez, iiij grans poz, un grant gobellet, une esguiere tout d'or, garnie de pierrerie ; & oultre cela une ceinture d'or longue, garnie de riche pierrerie du pris de viij mille frans, desquelz presens l'Empereur faisoit merveilleusement grant conte & moult mercioit le Roy : si fist son fils.

Aprés en suivant à tous ses Princes fu presentée vesselle d'or & d'argent, si largement & à si grant quantité que tous s'en esmerveilloyent, & tant qu'il ny ot si petit Officier de quelque estat qu'il fust, qui par le Roy ne receussent present. Mais quoy & quelz se passe la Cronique (a) pour cause de brieftè. Si reputerent moult ceste grant largece, & moult louerent, mercierent & magnifierent, comme raison estoit, le Roy de France.

## CHAPITRE XLVII.

*La departie de l'Empereur.*

Le Vendredy ensuivant qui fu le jour Saint Mor, & le xv dudit mois, ala l'Empereur à Saint-Mor, & chanta l'Evesque de Paris en pontifical la Messe, puis revint disner à Beaulté. Aprés disner que le Roy l'estoit alé veoir, le mercia moult de ses nobles presens, & dit que trop avoit fait de luy, de son filz & des siens, que desservir ne luy pourroit : grant piece furent ensemble à grant conseil, puis revint au giste au Bois.

Lendemain qui fu le xvj. jour de Jenvier que l'Empereur partir devoit pour s'en aler en son pays, ala le Roy à Beaulté, & derechief parlerent ensemble, & par grant amistié

(a) Elle veut parler des Chroniques de S. Denis.

& doulces paroles, prist un rubis & un diamant l'Empereur en son doy, & au Roy les donna, & le Roy luy redonna un gros diamant, & là devant tous s'entracollerent & baiserent à grans remerciement; aussy à son filz. L'Empereur monta en sa lictiere, & le Roy à cheval : chevaucha le Roy costé luy tousjours devisant, & tous les Seigneurs, Prelas & Barons, & grant multitude de gens avecques eux, & le convoya le Roy assez prés de la maison de Plaisance, ce que l'Empereur ne vouloit que tout venist avant, & là prisdrent congié l'un de l'autre, mais si fort plourerent qu'à peine pouvoyent parler, & le Roy au Bois s'en retourna, & une piece le convoya le Roy des Romains; puis prist congié, & noz Seigneurs les Ducs conconvoyerent l'Empereur, qui jut celle nuit à Laigny sus Marne, & lendemain à Meaulx, & jusques par delà le convoyerent noz dis Seigneurs, puis congié prisdrent & s'en retournerent.

Et ainsi le Roy le fist convoyer par ses Princes, Barons & Chevaliers tant qu'il fu hors du Royaume, & en toutes les villes où il passa pareillement par l'ordonnance du Roy à feste, à solemnité & presens fu receus, ainsi comme au venir avoit esté.

Et est assavoir que depuis le jour qu'il entra ou Royaume de France jusques au jour qu'il en sailly, tout l'estat de la despence de lui & de ses gens fu au despens du Roy, de laquel chose les choses dictes & les dons considerées monta une très-grant somme d'or: mais Dieux mercis, & le grant sens du sage Roy, tout fu bel & bien fourni & largement tous au despens du Roy sanz quelconques grief à creature.

## CHAPITRE XLVIII.

*Les jurisdictions que l'Empereur donna au Daulphin.*

Pour ce que tout ensemble ne se peut mie dire, n'est pas à oublier ce que l'Empereur de son propre mouvement fist en retificacion de l'honneur, bonne chiere, & amour qu'il ot du Roy receu, pour laquel chose en faveur du Roy, son filz le Daulphin de Viene ordonna & fist son Lieutenant & Vicaire General au Royaume d'Arle ledit Daulphin à sa vie, dont lectres lui en fist sael-lées en sael d'or, par lesquelles lui donnoit si grant & plain pouvoir comme faire se pouvoit, ce que autre fois n'a esté accoustumé, & semblablement le fist son Lieutenant & Géneral-Vicaire par unes autres letttes à pareil pouvoir en fiefz, arriere fiefs & tenemens quelconques sans riens exepter, & lui donna & bailla le Chaftel de Pompet en Viene, & auffi un autre lieu appellé Chaneault, & auffi le aagea & fupplea toutes chofes qui par enfence de aage pourroyent donner un empefchement pour ces graces & gouvernement obtenir audit Daulphin.

Et pour ces chofes & autres faire au gré & prouffit du Roy & de fes enfans, laiffa fon Chancelier après lui pour faeler & delivrer lefdictes lettres, lequel Chancelier au chief de iij. jours les apporta au Daulphin toutes faellées, dont il mercia l'Empereur. Après fu préfenté de par ledit Daulphin par le commendement du Roy, xx. mars de vaiffelle dorée, & dedans mille frans pour la peine que eue avoit de fa befoigne. Quand l'Empereur fu hors du Royaume, plufeurs Comtes, Barons, Chevaliers & Seigneurs prifdrent congié de lui; il les remercia, & s'en retournerent.

## CHAPITRE XLIX.

*Recapitulation en brief de ce que dit eſt.*

## CHAPITRE L.

*La mort de la Royne.*

Le Lundy quart jour de Fevrier (*) après la departie de l'Empereur come dit eſt, la Royne de France enfanta une fille, dont moult fu grevée du travail : babtiſiée fu en l'Egliſe de S. Pol ; & pour la devocion que ot le Roy & la Royne à Ste. Katherine, fu ainſi nommée. Le Samedi en ſuivant ladicte Royne treſpaſſa de ce ſiecle : de laquel choſe le Roy merveilleuſement fû dolent, & non-obſtant que la vertu de conſtance en luy fuſt plus grant que communement ès autres hommes, ceſte departie luy fu ſi grant douleur, & ſi longuement lui dura, que onques devant ne après faire on ne lui vid pareil dueil pour choſe qui aveniſt : car moult s'amoyent de grant amour. (*Le reſte n'eſt qu'une ennuyeuſe deſcription des funérailles*).

(*) Chriſtine ſe trompe : le 4 Fevrier en 1377 avant Pâques étoit un Jeudi par la lettre dominicale O. Auſſi les Chroniques St. Denis marquent elles Jeudi.

## CHAPITRE LI.

*La mort du Pape Grégoire.*

## CHAPITRE LII.

*Comment fut escript au Roi Charles qu'il se gardast d'aulcuns qui les cuidoyent empoisonner.*

Qu'il soit voir que le Roy Charles fust amez pour cause de ses bontez de pluseurs, & mesmement estrangeres, lui furent lettres envoyées ou mois de mars par aucuns grans Seigneurs ès quelles estoit contenu que un homme appellé Jacques de Ruë, à l'instance d'un certain Prince à grant tort & pechié devoit machiner par poison ou autrement la mort dudit Roy Charles, & que d'icelui Jacques lequel venoit en France pour celle cause, soubz autre ombre, se voulsist garder. Pour lesquelles nouvelles, le Roy fist tantost prendre là où il fu trouvez ledit Jacques de Ruë, & emprisonner: & fu trouvé en un coffret d'icellui certains rolles en maniere de memoires de voyes qu'il devoit tenir avec luy, de pluseurs aultres d'icelle traiteuse aliance adherez avec cellui Prince de qui estoit celui à ce comis pour la mort & destruccion dudit sage Roy Charles.

Mais comme Dieux ne voulsist si grant inconvenient souffrir comme de laissier ainssi perir son bon sergent (\*) par desloyal traictié; voult de sa divine grace que la chose venist à clarté, & en telle maniere que ycellui Jaques de Ruë & un autre sien compaignon, appellé Maistre Pierre du Tertre confesserent entierement de leur bonne voulenté sanz contrainte toute la faulse machinacion : pourquoy le Roy volt que en la chambre de Parlement grant multitude de gens, Prélas, Princes, Barons, Chevaliers, Conseilliers, Advocas & toute gent fussent presens ; & la furent menez lesdis Jaques de Ruë & Maistre Pierre du Tertre, lesquelz furent interroguez sur les choses contenues en leur confession & conjurez des plus grans sermens que faire se peut, lesquelz affermerent par yceux seremens leur confessions estre vrayes en la maniere que ilz l'avoyent dit sanz force & sanz contrainte aucune sus le peril de leur ame, car ilz savoyent bien que dignes estoyent de mort se le Roy n'en avoit mercy, & ces choses rapportées au Roy il voult que justice & raison en fust faicte selon le juge-

(\*) Serviteur du mot *serviens*.

ment de Parlement, lequel Parlement les condampna eſtre traynez du Palaiz juſques ès Halles, & la ſur un eſchaffaut avoir les teſtes tranchiées, & puis eſcartelez & penduz leur membres aux iiij. portes de Paris & le corps au gibet; & ainſſi fu fait.

Les cauſes pourquoy ceſt exploit fu fait, & pour qui ne à quel inſtigacion tel trahiſon machinoyent je me paſſe, pour ce que moult ne touche à ma matiere : & qui plus en vouldra ſavoir trouver le pourra aſſez près de la fin où les Chroniques de France traictent dudit Roy Charles après le treſpaſſement de ladicte Royne Jehanne de Bourbon (a).

## CHAPITRE LIII.

*Comment les nouvelles vindrent que les Cardinaulx avoient eſlu à Rome à Pape Barthelemy.*

## CHAPITRE LIV.

*Comment le Roy Charles receut lettres des Cardinaulx, que Berthelemy n'eſtoit mie juſtement eſtleu, & que il n'eſtoit pas Pape.*

(a) Cela eſt aſſez au long dans les Chroniques de S. Denis cap. 68. 70. & 71. La confeſſion de Jacques de Ruë ſe trouve imprimée dans les Preuves de l'Hiſtoire d'Evreux page 90.

## CHAPITRE LV.

*Comment le Roi receut lettres desdis Cardinaulx, qu'ils avoient laissié Berthelemy.*

## CHAPITRE LVI.

*Comment les Cardinaulx eslurent Pape Clement.*

## CHAPITRE LVII.

*Comment le Roy Charles signifia à pluseurs Princes, que luy bien informé de la verité se estoit declairié pour Pape Clement.*

## CHAPITRE LVIII.

*Comment Barthelemy fit vingt-neuf Cardinaulx.*

[ *Ce Chapitre ne parle aucunement du Roy, & est tiré purement des Chroniques de St. Denis.* ]

## CHAPITRE LIX.

*La mort de l'Empereur Charles.*

## CHAPITRE LX.

*Comme le Cardinal de Limoges vint à Paris de part Pape Clement.*

## CHAPITRE LXII.

*Comment le Roy Charles avoit entention de faire tant, que le Conseil General fust assemblé sur le fait de l'Eglise.*

*( Les sept Chapitres suivants sont des digressions de Christine sur les sciences.*

## CHAPITRE LXX.

*De l'approchement de la fin du Roy Charles, & de la mort de son bon Connestable Messire Bertram de Clequin.*

De laquelle fin ( de Charles ) moult me plaist ce que memoire me rapporte sans dongier d'autre informacion. La relacion que j'en oys de mon dit Pere naturel, auquelles parolles cognoiscant son excellence en toute vertu, je adjouste foy comme à parolle veritable dicte de preudome, lequel trés-amé serviteur, & Clerc excellent gradué & doctorifié à Boulongne la grace en la science de Medecine ; avecques autres degrez de sciences, fu continuellement present en la maladie dudit Prince jusques à la fin, & ceste verité par assez de gens encore vivans, peut-estre sçeüe.

Le bon Connestable Bertram de Clequin,

lequel eſtoit Porteur des fais de la Chevalerie dudit Roy, treſpaſſa peu avant, qui fu le Vendredy quatorzieſme jour de Juillet ce meſme an, de laquelle mort moult peſa au ſage Roy, & en tous diz recompenſant, comme non-ingrat la bonté, ſervice & loyaulté d'icellui Conneſtable, en honorant le corps de ſi ſolemnel Chevalier, & penſant de l'ame comme raiſon eſtoit, volt qu'il fuſt enterrez en haulte tumbe à grant ſolemnité, honneur & recommendacion, ou propre lieu où ſont enterrez à Saint Denis les Roys de France, & meſmement en la Chapelle que pour luy avoit fait faire au piez de la tumbe, où en peu de temps après fu enſevelis, laquelle mort dudit Conneſtable fu plainte, & plourée de maint vaillant, & communement de tout le Royaume, lequel faiſoit perte de très-vaillant Champion & deffendeur de lui, & très-propice : ſi fu la mort de lui très-vertueux, comme preſage de treſpaſſement de ſon très-excellent Maiſtre.

## CHAPITRE LXXI.

*Le treſpaſſement & bel fin du Roy Charles V.*

Vers la moitié paſſée du mois de Septembre, en l'an mil trois cens quatre vingts, le

Roy Charles ala en son Hostel de Beaulté (12), ouquel pou de jours après lui prist la maladie, dont il trespassa en assez brief terme : mais de l'estat de s'enfermeté ne quier faire grant narracion, ains selon le contenuë procès precedent, c'est assavoir des vertus de lui dignes d'infinie memoire, dirai de sa très fervent foy, devocion, constance & sain entendement. Comme sa complexion soubtille fust non puissant de porter longuement fais de si grieve maladie, en bien pou de jours fu à merveilles debilitez, & tant que sa seine discrecion non empechiée jusques à la mort pour quelconques souffrance du corps, lui jugia que brief seroit le terme de sa vie. Pour ce volt disposer ses derrenieres ordonnances, & tendre au salut de son ame : dont non-obstant eust toujours accoustumé de soi confesser chascune sepmaine, adont son Pere espirituel continuellement avec luy très-diligenment examinant sa conscience, & que rien ni demourast en scruppul, en grant devocion larmes & contricion se confessoit derechief par souventefoiz; & comme ja fust agrevez très-durement, volt recepvoir son Createur, lequel après plusieurs Messes de lui oyes lui fu admenistré : devant laquelle recepcion à merveilleux signes de devocion, dist telz parolles en la présence du Sacrement : *O Dieu mon Redempteur, à qui toutes choses sont manifestes, moi recognoiscent tant de foiz avoir offensé devant ta Majesté & digne saincteté, soyes propice à moy pecheur; & aussi comme as daigné approcher le lit du povre languissant, te plaise par ta misericorde, que à toi puisse en la fin parvenir.* Et en telles parolles disant à grans larmes fu communiez, & après rendy graces à Dieu.

Cestui sage Roy demonstrant les signes de sa grant constance nonobstant les tourmens de l'engrigement de sa maladie, pour donner aulcune recreacion de reconfort à ses serviteurs que il veoit pour lui grandement adoulez dont il avoit grant pitié, en efforcent sa puissance, vouloit chascun jour estre levez, & vestus & mengier à table ; & quelque foible qu'il fust, leur disoit parolles de reconfort & bons amonnestemens, sanz quelconques clameur ou plainte de signe de douleur, fors en appellant le nom de Dieu, de Nostre Dame, & des Sains ; & deux jours ains son trespassement, tout eust il passée moult greveuse nuit, lui levez & vestus, va regarder ses Chamberlans & tous les autres serviteurs & Phisiciens qui estoient

tous

tous esplourez. Adont leur prist à dire de très joyeux visage, & en semblant de bonne convalescence, *Essoyssez-vous, mes bons loyaux amis & serviteurs, car en briefve heure seray hors de voz mains,* lesquelz oyans ces parolles ignorerent pour la joyeuseté de la chiere, en quel sens ot dicte la parolle, de laquelle tost après l'effect leur en donna la clarté.

Le Samedy devant son trépas apparurent en lui les signes mortels où les douleurs furent horribles, sans que apperçeue fust en lui aucune impacience, mais en continuant sa dévocion tousjours estoit sa clameur à Dieu, & coste lui sondit Confesseur lui amonestant les parolles en tel article nécessaires, auxquelles comme très-vray Chrestien Catholique respondoit & faisoit signes de grant foy à nostre Seigneur.

Quant vint le Dimanche à matin & jour qu'il trespassa, fist appeller devant lui tous ses Barons, Prélas, son Conseil & Chancelier. Adont va parler devant eux moult piteuses parolles, si que tous les contraigni à larmes. Entre les autres choses dist du fait de l'Eglise, que comme il eust été informez par tout le College des Cardinaux & en faisant toute l'investigacion qu'il avoit peu &

*Tome V.* S

sçeu faire, préfumant que tant de vaillans Prélas ne fe voulfiffent mie dampner pour un fingulier homme que il avoit defclairié Pape Clément pour vrai Pape, & ce qu'il en avoit fait, prenoit fus fon ame que de bonne foy l'avoit fait.

Item fon teftament & lais que pieça devant avoit fait vouloit qu'en celle forme fuft tenus.

Après ces chofes requift que la Coronne d'efpines de noftre Seigneur par l'Evefque de Paris lui fuft apportée, & auffi par l'Abbé de faint Denis la Coronne du facre des Rois (*). Celle d'efpines reçeupt à grant dévocion, larmes & réverence, & haultement la fift mectre devant fa face; celle du Sacre fift mectre fous les piez : adonc commença telle oroifon à la fainéte Coronne : *O Coronne précieufe, Dyademe de noftre falut, tant eft douls & enmiellé le raffadyement que tu donnes, par le myftere qui en toy fu compris à noftre rédempcion ; fi vrayement me foit cellui propice, duquel fang tu fus aroufée comme mon efperit prent resjoyffement en la vifitacion de ta digne préfence.* Longue oroifon y dift moult dévote.

(*) Dom Felibien a marqué ce fait. Hift. S. Denis, p. 293.

Après tourna ſes parolles à la Coronne du Sacre, & diſt : *O Coronne de France, que tu es précieuſe, & précieuſement* (\*) *très-vile : précieuſe, conſideré le myſtere de juſtice lequel en toi tu contiens & portes vigoureuſement, mais vile & plus vile de toutes choſes, conſideré le faiz, labour, angoiſſes, tourmens & peines de cueur, de corps, de conſcience & perilz d'ame que tu donnes à ceulx qui te portent ſur leurs eſpaules, & qui bien à ces choſes viſeroit, pluſtoſt te lairoit en la boe geſir, qu'il ne te releveroit pour meſtre ſus ſon chief.* Là diſt le Roy maintes notables parolles plaines de ſi grant foy, dévocion & recognoiſſance vers Dieu, que tous les oyans mouvoit à grant compunxion & larmes.

Après ce la Meſſe fu chantée, & volt le Roy qu'en chants mélodieux & orgues fuſſent à Dieu chantées laudes & beneyſſons.

Porté fu le Roy de ſa couche en ſon lit : & comme il prinſiſt moult à foibloyer, ſon Confeſſeur lui ala dire : *Sire, vous me commandaſtes ſanz attendre au derrain beſoing, je vous ramenteuſe le derrain Sacrement, combien que neceſſité ne nous y chace mie, & que maint*

(\*) L'ancienne copie n'eſt point ſans fautes, nous croyons qu'il faut *préſentement* d'autant plus que ci-deſſus pour *differer* il y a *differer*.

S 2

*après celle unxion soyent retournez à bonne convalescence, vous plaist-il pour le réconfort de vostre ame recepvoir la?* Le Roy respondi que moult lui plaisoit. Adont lui fu aprestée; & volt le Roy que toutes manieres de gens à qui il plairoit entrassent dedans sa chambre, laquelle fu tost remplie de Barons, Prélas, Chevaliers, Clercs & gent de peuple, tous plourans à grans sanglots de la mort de leur bon Prince. Sur tous y menoit dueil son loyal Chambellan le Seigneur de la Riviere, si grant que il sembloit comme homme tout remis de son sens, & par tel contenance ala le Roy baisier si comme il vint dehors, que à tous fist moult grant pitié.

Le Roy lui-mesme selon sa foiblece s'aida à enulier (*). Quant la Croix lui fu présentée, la baisa, & en l'embrassant commença à dire regardant la figure de nostre Seigneur : *Mon très-douls Sauveur & Rédempteur, qui en ce monde daignas venir, afin que moy & tout humain lignage, par la mort laquelle volontairement & sanz contrainte volz souffrir, rachetasses, & qui moy indigne & insipient à gouverner ton Reaume de France as institué ton Vicaire, j'ai tant griefment vers toy péchié, dont je dis* meâ culpâ, meâ gravissimâ culpâ,

_____
(*) Oindre des saintes Huiles.

meâ maximâ culpâ : *Et non obstant , mon douls Dieu que je t'ay courroucié par des faultes innumérables, je sçay que tu es vray miséricors, & ne veuls la mort du pécheur ; Pour ce à toy, pere de miséricorde & de toute consolacion , en l'article de ma très-grant nécessité criant, & t'appellant, te demande pardon.* Celle oraison finée, se fist tourner la face vers les gens & peuple qui là estoit, & dist : *Je sçay bien que ou gouvernement du Royaume , & en pluseurs choses, grans, moyens & petis ay offensez, & aussi mes serviteurs auxquels je debvoie estre benigne & non ingrat de leur loyal service : & pour ce, je vous pry, ayez merci de moy, je vous en requier pardon.* Et adont se fist haulser les bras & leur joingni les mains. Si povez savoir si à grant pitié & larmes y ot gietées de ses loyaulx amis & serviteurs.

Encore dist : *Sachent tuit & Dieu l'a premierement cogneu, que nulle temporalité ne prospérité de vanité mondaine ne me pertrait ne encline à vouloir de moy autre chose, ne mes ce que Dieu a voulu de moy ordonner, lequel scet qu'il n'est quelconques chose précieuse, pour laquelle je voulsist ou desirasse estre retourné de ceste maladie.*

Un peu après en approchant le terme de la

fin la maniere des anciens Peres Patriarches du vieux Teſtament, fiſt amener devant lui ſon filz aiſné le Daulphin. Alors en le béneyſſant commença ainſſi à dire :

*Ainſſi comme Abraham ſon filz Yſaac en la rouſée du Ciel & en greſſe de la terre & en l'abondance de froument, vin & oile beney & conſtitua, en enjoingnant que qui béniſtroit luy fuſt béneit, & qui le mauldiroit fuſt remply de malleiſſon ; ainſſi plaiſe à Dieu qu'à ceſtuy Charles doint la rouſée du Ciel & la greſſe de la terre, & l'abondance de froument, vin & oile, & que les lignées le ſervent & ſoit Seigneur de tous ſes freres ; & s'enclinent devant lui les filz ſa mere. Qui le béneiſtra ſoit béneit ; & qui le mauldira ſoit remply de maleiçon.*

Ce miſtere fait, à la priere du Seigneur de la Riviere beny tous les préſens, diſant ainſſi : *Benedictio Dei Patris, & Filii & Spiritûs ſancti deſcendat ſuper vos & maneat ſemper ;* laquelle béneyſſon receurent tous à genoux à grant dévocion & larmes. Puis leur diſt le Roy : *Mes amis, alez-vous-en, & priez pour moi, & me laiſſiez, affin que mon traveil ſoit finé paix.* Lors luy tourné ſus l'autre coſté, toſt aprés tirant à l'angoiſſe de la mort, oy toute l'iſtoire de la Paſſion & auques prés de la fin de l'Euvangile Saint Jehan commença à labourer la derreniere fin & à peu de trais & fanglous entre les bras du Seigneur de la Riviere que moult chierement il amoit rendi l'efperit à noftre Seigneur, qui fu, comme dit eft, environ heure de midi le xxvj$^e$. jour de Septembre ledit an mil trois cens quatre-vingt, & le xliiij$^e$ de fon aage, le xvij$^e$ de fon regne.

Lequel trefpaffement fu plaint & pleuré merveilleufement de fes freres, parens & amis & de fes ferviteurs moult regraictez, & de tous autres fages & preudes hommes, & à bonne caufe : car perte de fi excellent Prince n'eft mie merveilles, fe elle eft douloufée.

## CHAPITRE LXXII.

*Fin & conclufion de ce livre.*

La matiere de fi excellent Prince en toutes chofes, comme fu le fage bon Roy Charles pour plufeurs raifons ma efté tres-agréable; deux principales y a, l'une pour caufe de l'exellence de fes vertus, l'autre que comme en ma jeunece & enfance avec mes parens je fuffe nourrie de fon pain, m'y reputé fi comme tenue.

*Explicit le livre des fais & bonnes mœurs du fage Roy Charles.*

# OBSERVATIONS
## *SUR LES MÉMOIRES*
## DE CHRISTINE DE PISAN.

(1) Charles V. n'apprit pas superficiellement la langue latine. Il paroît par ce que Christine dit par 3. chap. 12. qu'il l'entendoit parfaitement. Elle déclare en ce lieu que s'il fit faire des traductions de plusieurs Auteurs, ce n'étoit pas tant pour lui que pour ses successeurs. *Nonobstant*, dit-elle, *qu'il entendit bien le latin, & que ja ne fust besoin qu'on lui exposast*. M. Boivin dans son Mémoire sur la bibliothèque de ce Roi, T. 2. Mem. Acad. p. 693. se contente de dire de ce Prince qu'il entendoit assez bien le latin, & que nonobstant cela, il ne lisoit ordinairement les Auteurs latins que dans des traductions françoises. Voici ce que l'on peut opposer à ce sentiment. On conserve chez les Célestins de Paris une Bible latine que ce Prince lisoit assiduement, comme l'a marqué Philippe de Maizieres son contemporain, le nom de ce Prince y est encore écrit de sa propre main. On a même une preuve qu'il aimoit à entendre parler bon latin. Elle se tire des réponses de Jacques de Rue qui fut puni en 1378 pour

avoir voulu l'empoifonner. On y lit que le Roi de Navarre, chef de cette entreprife, gagna dès l'an 1369 Maître Angel né en Chypre Phyficien, qu'il crut devoir plaire à Charles V, *parce qu'il parloit bel latin, & eftoit moult argumentatif.* ( Preuves de l'Hift. d'Evreux, pag. 93. )

(2) En lifant la vie de Charles V de la compofition de Chriftine, on ne peut s'empêcher de remarquer qu'elle y parle avec grande complaifance de fon pere Thomas de Pifan.

Quoique la réputation de cet Aftronome fut très-bien établie, & que le Roi eut grande confiance en ce qu'il difoit, il paroît que tous les Sçavans ne le regarderent pas pour cela comme infaillible. Philippe de Maizieres dans le livre 11 du fonge du vieux pelerin adreffé à Charles VI, s'exprime ainfi..... Il eft efcript és livres des jugemens, que toutes les fois que la lune parviendra au degré afcendant à l'heure de fa conjonction avec le foleil, fe celuy degré fera pluvieux, il pleuvra en celle région en laquelle la lune lors eftoit à fon afcendant ; & toutesfois il advient fouvent & par vraye expérience le contraire... O quantes fois Thomas de Boulogne ( pere de Chriftine ) faillit en cettuy petit jugement !.....

On peut inférer de ce paſſage que Thomas de Piſan ſe mêloit comme nos faiſeurs d'Almanachs, de prédire la pluie & le beau tems.

(3) Tous ceux qui ont voyagé ſur la riviere de Seine, ſçavent que le château de Melun qui étoit à la pointe occidentale de l'Iſle de cette Ville, eſt aujourd'hui entiérement détruit.

Celui de Montargis ſubſiſte en bon état : il y a cependant un proverbe ſur ce château par lequel on dit qu'il n'a que l'apparence. La grande ſalle qu'on y voit le rend très-recommandable. On y apperçoit ſur une des cheminées la repréſentation de l'hiſtoire de ce meurtrier qui fut condamné à ſe battre contre un chien dont il avoit tué le maître.

Le château de Creil ſitué ſur la riviere d'Oiſe a quelque choſe qui reſſent le ſiecle de Charles V. Il eſt renfermé dans une Iſle.

A l'égard de Vincennes, l'Abbé de Choiſy dit en ſa vie de Charles V, page 384, qu'il s'y plaiſoit fort à cauſe du bon air & du bois ; que dans l'intention d'y bâtir une ville fermée, il en avoit diſtribué les places à ſes Courtiſans pour y bâtir. Il ne marque point d'où il tire ces faits. Quelqu'un pourroit douter qu'alors en toute ſaiſon l'air y fût ſi bon que cet Auteur l'affure, puifque dans ce tems-là il y avoit un étang au pied du château. Quant à ce qu'il dit d'une ville fermée, cette expreffion demanderoit à être examinée, car anciennement le mot *villa* ne fignifioit autre chofe qu'un village. L'ufage a fait en France appliquer affez mal-à-propos cette expreffion, lorfqu'il s'agit de cités & de lieux anciennement fermés de murs.

Le château de Beaulté étoit fur une élévation hors le bois de Vincennes. Il ne refte plus de ce château qu'une cave qui étoit fous la tour du château en queftion. Elle eft fur la pente qui regarde la Marne proche Nogent.

Le château de Plaifance que, felon Chriftine, bâtit auffi Charles V, étoit fitué au nord-eft du clocher de Nogent fur Marne.

(4) Charles V fe livroit par lui-même aux plus minces détails de l'adminiftration. Il étoit fi attentif à tout ce qui émanoit de l'autorité royale qu'il fignoit les ordonnances, diplomes, édits, graces, & jufqu'aux lettres qu'il écrivoit. Philippe de Maizieres un de fes confeillers l'en blâme dans fon fonge du Pélerin, livre 30. chap. 582.

Ce reproche de Maizieres eft affez fingulier : peut-être vouloit-il par là faire fa Cour à Charles VI, qui fans doute n'imitoit pas fon pere.

(5) Les champs de batailles ne cefferent pas encore fous Charles V. Jean de Guife Abbé de St. Vincent de Laon, parle dans fa Chronique manufcrite d'un champ de bataille où fut appellé Louis de Namur contre le Comte de Flandres. Voici ce qu'on y lit à l'an 1376... La Comteffe de Roucy Yfabel fe départi de Loys de Namur fon mari, & le fift citer devant l'Evefque de Paris, en difant que elle eftoit pucelle, & que elle vouloit avoir lignige, & que fon dit mary ne eftoit pas habile de ce faire, ne de eftre en mariage; & dura le procès grant tems : pendant lequel ledit Loys fut appellé en *champ* devant le Comte de Flandres & l'Ifle pour trahifon; & fut li *champ* ordonnez. Mais ne fe combattirent pas. Et là fut pris ledit Loys & mis..... doudit Comte de Flandres en prifon où il fu jufqu'à fa mort.

(6) Charles fuivoit à cet égard la maxime du Roi Jean fon pere..... quand on lui parloit mal d'un abfent, ce Monarque repondoit..... Garde bien ce que tu diras : car

je le dirai à celui de qui tu as dis le mal, & fe meftier eft en ta préfence......

(7) Les Poulaines étoient des fouliers qui avoient de longs becs de fix pouces au moins quelquefois recourbés & quelquefois en tortillant ou en ferpentant.

( Nos fabots ou fouliers de bois retiennent encore aujourd'hui quelque chofe de la pointe des fouliers à poulaines. Ces poulaines avoient encore la vogue du tems de Rabelais : le Livre intitulé... *Arefta amorum* p. 359 annonce que les petits maîtres de ce fiècle avoient inventé des poulaines d'une longueur demefurée, puifqu'il obferve que... *les jeunes gens ne pourroient continuer cette charge, s'ils n'en avoient plus grands gaiges qu'ilz n'avoient accouftumé, attendu que le cuir eft cher, & que lefdittes poullaines font plus fortes à faire qu'ilz ne fouloyent....* ) ( Note des Éditeurs.)

Le Pape ayant défendu cette ridicule mode, Charles la profcrivit ainfi que celle des habits qu'on avoit racourci au point de laiffer les reins à découvert.

(8) Les grandes Compagnies commencerent à paroître en France vers l'an 1360. On peut juger par les cruautés qu'elles exerçoient com-

bien il importoit de les faire sortir du Royaume. Le songe du Vergier chap. 146 de l'Edition Françoise les accuse *de rôtir les enfants & les personnes agées, quand on ne vouloit pas les rançonner.....*

Ces brigands étoient si redoutés que dans plusieurs provinces on fit des prieres pour obtenir de Dieu par l'intercession de la Sainte Vierge d'en être delivré. On composa sur ce sujet des Cantiques Latins en forme de complaintes.

*Exemple des Cantiques latins qu'on chantoit en France du tems des ravages arrivés depuis la prise du Roy Jean, ou de ceux des Grandes Compagnies, au commencement du Regne de Charles V.*

PLANGE Regni Respublica,
Tua gens ut schismatica
Desolatur.

Nam pats ejus est iniqua,
Et altera sophistica
Reputatur.

De te modò non curatur,
Inimicis locus datur
Fraudulenter.

Tui status deturpatur,
 Sua virtus augmentatur
  Nunc patenter.

Te rexerunt imprudenter,
 Licet forte innocenter,
  Tui cari.

Sed amodo congaudenter
 Te facient & potenter.
  Deo dante dominari.

*Priere à la sainte Vierge sur les misères de la France* (\*) *tirée du même volume, où elle est notée en musique.*

FELIX Virgo mater Christi
 Quæ gaudium mundo tristi
 Ortu tuo contulisti.
  Dulcissima.

Sic hæreses peremisti,
 Dum Angelo credidisti
 Filiumque genuisti
  Castissima.

Roga Natum piissima,
 Ut pellat mala plurima,
 Tormentaque gravissima
  Quæ patimur.

(\*) Cod. Reg. 1609.

Nam à gente diriſſima,
 Lux lucis ſplendidiſſima,
 De ſublimi ad infima
  Deducimur.

Cunctis bonis exuimur,
 Ab impiis perſequimur
 Per quos jugo ſubjicimur
  Servitutis.

Nam ſicut cæci gradimur,
 Nec directorem ſequimur,
 Sed à viis retrahimur
  Nobis tutis.

Gratiæ fons & virtutis
 Sola noſtræ ſpes ſalutis,
 Miſerere deſtitutis,
Et ad rectum iter pax ſit nobis cum gaudio.

(10) Le Laboureur écrivant la vie du même Duc d'Anjou le repréſente comme un Prince exceſſivement ambitieux & avare, Cet ouvrage eſt à la tête de ſon Hiſtoire de Charles VI.

On peut joindre à cette petite note ſur le Duc d'Anjou un fait contenu dans la Chronique manuſcrite de Jean de Guiſe Abbé de ſaint Vincent de Laon qui vivoit de ſon tems, & où il eſt nommé par occaſion à
l'an

à l'an 1375. « En ce tems la Dame de Bours
» fit occire un Efcuyer en fon mouftier de
» fa Paroche en un Dimanche à la Meffe
» entre les bras dou Preftre auquel il alla
» fe réfugier quand il vit fes ennemis & de-
» foubs la cafule : & fut bleciez ledit Preftre,
» & l'Autel & aournement furent enfanglan-
» tez. Pour laquelle offenfe la Comteffe d'Ar-
» tois fit prenre ladite Dame & emprifonner,
» & fe confeilla au Duc de Ango qui pour
» lors paffoit au pays en revenant de Bruges
» du Traictié contre les Anglès, liquel li dift
» que elle en fift juftice. Et affez toft après fut
» ladite Dame de Bours morte par embrafe-
» ment de feu pour fes démerites. » Le village
de Bours ici mentionné eft fitué dans l'Artois
entre Saint Pol & Pernes.

(10) Un de nos Hiftoriens a fortement blâ-
mé Charles V d'avoir marié avec fon frere Marguerite de Flandres, au lieu de l'époufer lui-
même. Il s'exprime en ces termes..... Donc-
ques Marguerite fut mariée à Philippe le
Hardy Duc de Tourraine frere du Roy; & en
faveur de ce mariage felon l'opinion de quelques-uns lui fuft par fon frere le Roy Charles
donné le Duché de Bourgogne; car quelques
autres tiennent qu'il lui fut donné par le

*Tome V.* T.

Roy Jean fon pere. Il y en a qui difent que Charles le Sage n'ufa pas en cela de fa fageffe accouftumée : car pouvant efpoufer ladite Marguerite, il aima mieux s'attacher à la beauté de Jeanne de Bourbon qu'il efpoufa, qu'à la richeffe de la Flamande qui n'étoit pas belle ; & préférant fes amours & fes affections à l'utilité publique, aggrandit tellement fon jeune frere, que fa pofterité a été redoutable aux Roys de France & les a prefque ruinez. Cette Flamande eftoit riche, mais laide, & richement laide ; & oultre ce elle n'avoit pas trop bonne hallaine & bon bruit..... Le Roy de France aima mieux cette belle & fage Princeffe de Bourbon, non riche, que l'autre qui eftoit riche & non belle..... ( De l'eftat des affaires de France par du Haillan Livre 2. edit. 8°. p. 118 recto & verfo.)

(11) La Chronique de Jean de Nouelles ou de Guife Abbé de faint Vincent de Laon, rapportant cettte naiffance dit : « En ceft an
» (1368) fut nés Charles fils du Roy de France
» le premier Dimanche des Advents ; & com-
» me les nouvelles en veniffent à Rome au
» Pape Urbain auquel le Roy Charles fon
» pere avoit fupplié que il priaft à Dieu que

» il peut avoir lignée ; quant il le sçeut, il
» se leva de disner & fit sonner & assembler
» les Cardinaulx & chanter *Te Deum lau-*
» *damus*, & puis chanter une Messe de la
» Nativité de Notre Seigneur, *Puer natus est*
» *nobis*. » Philippe de Maizieres lib. 3. cap.
24. de son livre du Songe dit que ce Pape
avoit beaucoup versé de larmes pour obtenir
du Ciel l'effet des vœux de Charles V.

(12) La plupart de nos Historiens font mourir Charles V au Château de beauté. Il paroît qu'ils se sont trompés, & qu'il mourut réellement à Paris à l'hôtel de St. Paul. (Note des Éditeurs.)

*Fin des Observations sur les Mémoires*
*de Charles V.*

# TABLE

## DES CHAPITRES

### CONTENUS DANS LES MÉMOIRES

### DE CHRISTINE DE PISAN.

### PREMIERE PARTIE.

CHAP. I. *Prologue.* Page 99.

CHAP. II. *Quelle fut la cause, & par quel commendement ce livre fut fait.* p. 99.

CHAP. III. *La cause pour quoi ce présent volume sera traictié en distinction de trois parties.* p. 101.

CHAP. IV & V. *Supprimés.*

CHAP. VI. *Cy dit de la nativité du Roy Charles.* p. 102.

CHAP. VII. *De la jeunece du Roy Charles.* p. 103.

CHAP. VIII. *Le Couronnement du Roy Charles.* p. 104.

CHAP. IX. X. XI. XII. XIII. *Supprimés.*

CHAP. XIV. *Preuves par raison & exemples de la noblece du corage du sage Roy Charles.* p. 105.

CHAP. XV. *Comment le Roy Charles establit l'Estat en son vivant en belle ordonnance.* p. 106.

CHAP. XVI. *Comment en toutes choses étoit bien reglé.* p. 108.

CHAP. XVII. *De la phisonomie & corpulence du Roy Charles. Supprimé.*

CHAP. XVIII. *Comment le Roy Charles se contenoit en ses chasteaux, & l'ordre de son chevauchier.* p. 112.

CHAP. XIX. *De l'ordonnance que le Roy Charles tenoit en la distribution des revenus de son Royaume.* p. 114.

CHAP. XX. *La regle que le Roy Charles tenoit en l'estat de la Royne.* p. 114.

CHAP. XXI & XXII. *Supprimés.*

CHAP. XXIII. *De la vertu de justice du Roy Charles.* p. 116.

CHAP. XXIV. *De la benignité & clemence du Roy Charles.* p. 118.

CHAP. XXV. *Sur ses emprunts.* p. 119.

Chap. XXVI. *Sur l'humilité qui convient à un Prince. Supprimé.*

Chap. XXVII. *Supprimé.*

Chap. XXVIII. *Ordre de sa maison & ses largesses.* p. 120.

Chap. XXIX. *De la vertu de chasteté du Roi Charles.* p. 121.

Chap. XXX. *De la sobrieté louée en la personne du Roi Charles.* p. 123.

Chap. XXXI. *De la vertu de verité en la personne du Roy Charles.* p. 123.

Chap. XXXII. *De la vertu de charité en la personne du Roy Charles.* p. 125.

Chap. XXXIII. *De la dévocion du Roy Charles & autres exemples.* p. 127.

Chap. XXXIV. *Encore de la devocion du Roy Charles & autres exemples.* p. 128.

Chap. XXXV. *Comment en donner don doit avoir mesure, & comment folle largece si est vice.* p. 129.

# SECONDE PARTIE.

Chap. I. Prologue. p. 130.

Chap. II. III. & IV. *Supprimés.*

CHAP. V. *Preuves comment le Roy Charles peut estre dit chevaleureux.* p. 132.

CHAP. VI. *Comment le Roy Charles avisa par bon sens d'en faire aller* les Grans-Compaignes *de France.* p. 134.

CHAP. VII. *Comment par le sens & bel gouvernement du Roy Charles aucuns Barons se vindrent rendre à luy.* p. 136.

CHAP. VIII. *Comment le Roy Charles envoya defier le Roy d'Angleterre.* p. 137.

CHAP. IX. *Comment le Roy Charles se pourvey sur le fait de la guerre, & les belles conquestes qu'il fit en peu de temps.* p. 138.

CHAP. X. *Comme le Roy Charles conquesta par ses guerres non obstant qu'il n'y allast en personne : & la cause pourquoy n'y alloit.* p. 141.

CHAP. XI. *Des freres du Roy, & premierement du Duc d'Anjou.* p. 143.

CHAP. XII. *Du Duc de Berry.* p. 145.

CHAP. XIII. *Du Duc de Bourgongne.* p. 145.

CHAP. XIV. *Du Duc de Bourbon.* p. 150.

CHAP. XV. *Des fils du Roy Charles, & premierement du Roy qui à present regne.* p. 153.

CHAP. XVI. *Du Duc d'Orléans.* p. 160.

Chap. XVII. *D'aulcuns du sang Royal, & des tous en général, & des nobles de France. Supprimé.*

Chap. XVIII. *Supprimé.* p. 165.

Chap. XIX. *Commen le Roy Charles fift Meſſire Bertrand du Cléquin, Conneſtable.* p. 165.

Chap. XX. *Comment les Chevaleureux firent grand feſte de ce que Meſſire Bertrand eſtoit fait Conneſtable.* p. 167.

Chap. XXI. XXII. & XXIII. *Supprimés.*

Chap. XXIV. *Comment Meſſire Bertran alla après les Anglois qu'il deſconfit.* p. 168.

Chap. XXV. *D'aucunes fortreſſes que Meſ-ſire Bertran aſſiegea & print.* p. 170.

Chap. XXVI. *Comment le Roy d'Angleterre envoya ſon fils le Duc de Lencaſtre en France à tout grand oſt, qui gaires n'y fiſt.* p. 172.

Chap. XXVII. *Comment le Duc de Lencaſtre s'en retourna en ſon pays à pou d'eſplois.* p. 176.

Chap. XXVIII. *Des Chaſteaux & Villes qui furent pris en pluſieurs parts du Royaume par les François.* p. 177.

CHAP. XXIX. *Comment le Roy Charles non obstant sa bonne fortune en ses guerres & sa grant puissance, se condescendit à traictier de paix aux Anglois.* p. 178.

CHAP. XXX. *Comment la force & poissance que le Roy Charles avoit en plusieurs grants armées fut sur ses ennemis.* p. 180.

CHAP. XXXI. *Des principaux Barons que le Roy Charles tenoit communement à tout grant gent sur les champs en pluseurs parts.* p. 181.

CHAP. XXXII. *Comment pour le grant renom de la sagesse & bonne fortune du Roy Charles encore plusieurs Barons se vindrent rendre à luy.* p. 182.

CHAP. XXXIII. *Des gens d'armes que le Roy Charles envoya en Bretagne, & le bon exploist que ils y firent.* p. 183.

CHAP. XXXIV. *Comment le Roy Charles ot auques toute recouvrée la Duchié de Guyenne.* p. 184.

CHAP. XXXV. *Comment auques toute la Duchié de Bretagne demeura au Roy Charles.* p. 185.

CHAP. XXXVI. *Les Chasteaux & Villes que le Duc de Bourgoigne prist en une saison de peu de temps.* p. 186.

CHAP. XXXVII. *Comment le Roy Charles eſtoit ſage, & ès conqueſtes faire & en gardant les choſes conquis.* p. 187.

CHAP. XXXVIII. *Le navire que le Roy avoit ſur mer.* p. 187.

CHAP. XXXIX. *Que le ſage Roy Charles a eſté vrai Chevaleureux.* p. 188.

## TROISIEME PARTIE.

CHAP. I. & II. *Supprimés.*

CHAP. III. *Comment le Roy Charles fut vray Philoſophe, & que eſt Philoſophe.* p. 189.

CHAP. IV. *Comment le Roy Charles eſtoit Aſtrologien, & que eſt Aſtrologie.* p. 190.

CHAP. V. *Comment le Roy Charles avoit grand entendement.* p. 191.

CHAP. VI. *De prudence & art en la perſonne du Roy Charles.* p. 192.

CHAP. VII. *De la prudence du Roy Charles ſus la pourvéance du bien commun.* p. 193.

CHAP. VIII. *Comment le Roy Charles tenoit ſes ſubgiez en amour.* p. 195.

CHAP. IX. *Comment le Roy Charles deſſervoit par ſes merites que il fuſt craint & amé.* p. 195.

CHAP. X. *Supprimé.*

CHAP. XI. *Comment le Roy Charles eſtoit droit Artiſte & appris ès ſciences, & des beaulx maçonnages que il fiſt faire.* p. 196.

CHAP. XII. *Comment le Roy Charles amoit livres, & des belles tranſlations que il fiſt faire.* p. 200.

CHAP. XIII. *Comment Charles amoit l'Univerſité de Clercs.* p. 202.

CHAP. XIV. *Aucuns mots ſubſtantieuls que le Roy Charles diſt.* p. 203.

CHAP. XV. *Comment le Roy Charles reſpondy agmoderement à ceulx qui le haſtoyent.* p. 204.

CHAP. XVI. *Comment le Roy Charles appreuva diligence.* p. 205.

CHAP. XVII. *Ce que le Roy Charles dit au propos de ceulx que on fait mourir à tort.* p. 209.

CHAP. XVIII. *Ce que le Roy Charles reſpondit à aucuns Barons de Bretagne.* p. 209.

CHAP. XIX. *Comment le Roy Charles approuva plus le ſage homme pouvre, que le riche nice.* p. 210.

CHAP. XX. *Ce que le Roy Charles diſt de celuy qui s'eſtoit occis par ſoy trop fier en ſon art.* p. 211.

CHAP. XXI. *Comment le Roy Charles approuva la patience qu'il vid avoir un de ses gens.*
p. 213.

CHAP. XXII. *La sage response que escript au Roy Charles un Clerc Mathematicien.*
p. 214.

CHAP. XXIII. *Comment le Roy Charles envoya querre une bonne Dame de tres-esleuë vie.* p. 215.

CHAP. XXIV. *De quoy vint ce que on dit :* Gardez-vous des charettes. p. 217.

CHAP. XXV. *Comme le Roy Charles taxa à cinq cens frans son Officier Changeur.*
p. 218.

CHAP. XXVI. *Ce que le Roy Charles dist de dissimulation.* p. 222.

CHAP. XXVII. *Comment le Roy Charles approuva la vertu de pou de langage.* p. 223.

CHAP. XXVIII. *Le sage avis que le Roy Charles ot contre la cautele d'un de ses Officiers.* p. 223.

CHAP. XXIX. *La responce que le Roy Charles fist à la parole que rapporterent les Hairaux venant d'Angleterre.* p. 226.

CHAP. XXX. *Ce que le Roy Charles dist de felicité de Signeurie.* p. 227.

CHAP. XXXI. *Comment pour le grant sens & vertu du sage Roy Charles, les Princes de tout pays desiroient son affinité & alliance.* p. 228.

CHAP. XXXII. *Comment le Roy Charles avoit propres gens instruits en honneur & noblece, pour recepvoir tous estrangiers.* p. 230.

CHAP. XXXIII. *Comme l'Empereur de Rome escript au Roy Charles que il le vouloit venir voir.* Supprimé.

CHAP. XXXIV. *Comment le Roy Charles envoya ses freres au-devant de l'Empereur.* Supprimé.

CHAP. XXXV. *Comment l'Empereur se partit de S. Denis pour entrer à Paris, & les beaulx dons & chevaulx que le Roy luy ot envoyé.* Supprimé.

CHAP. XXXVI. *Comment le Roy Charles alla au devant de l'Empereur.* Supprimé.

CHAP. XXXVII. *La belle ordonnance & grant magnificence qui fu à l'entrée de Paris, à la venuë de l'Empereur.* Supprimé.

CHAP. XXXVIII. *Comment le Roy Charles receu l'Empereur au Palais.* p. 234.

CHAP. XXXIX. *Le present que la ville de Paris fist à l'Empereur.* p. 237.

CHAP. XL. *La solemnité que fist le jour de la Tiphanie au Palais.* p. 240.

CHAP. XLI. *L'Empereur disne avec le Roy Charles. Les assiettes des Tables, & les Barons qui y estoyent.* p. 243.

CHAP. XLII. *Comment le Roy mena l'Empereur au Louvre.* p. 246.

CHAP. XLIII. *Comment le Roy parla au Conseil, present l'Empereur du grand tort que le Roy d'Angleterre avoit vers luy.* p. 248.

CHAP. XLIV. *La grant offre que l'Empereur fist au Roy Charles.* p. 253.

CHAP. XLV. *Comment l'Empereur alla faire son Pelerinage ( de S. Maur. )* p. 256.

CHAP. XLVI. *Les beaulx & riches dons que le Roy envoya à l'Empereur & à son fils.* p. 258.

CHAP. XLVII. *La departie de l'Empereur.* p. 260.

CHAP. XLVIII. *Les jurisdictions que l'Empereur donna au Daulphin.* p. 262.

CHAP. XLIX. *Recapitulation en brief de ce que dit est.* Supprimé.

CHAP. L. *La mort de la Royne.* p. 264.

CHAP. LI. *La mort du Pape Grégoire.* Supprimé.

CHAP. LII. *Comment fut escript au Roy Charles qu'il se gardast d'aulcuns qui les cuidoyent empoisonner.* p. 265.

CHAP. LIII. *Comment les nouvelles vindrent que les Cardinaulx avoient eslu à Rome à Pape Barthelemy.* Supprimé.

CHAP. LIV. *Comment le Roy Charles receut lettres des Cardinaulx, que Berthelemy n'estoit mie justement eslleu, & que il n'estoit pas Pape.* Supprimé.

CHAP. LV. *Comment le Roy receut lettres desdis Cardinaulx, qu'ils avoient laissé Berthelemy.* Supprimé.

CHAP. LVI. *Comment les Cardinaulx esleurent Pape Clement.* Supprimé.

CHAP. LVII. *Comment le Roy Charles signifia à pluseurs Princes, que luy bien informé de la verité se estoit declairié pour Pape Clement.* Supprimé.

CCAP. LVIII. *Comment Barthelemy fit vingt-neuf Cardinaulx.* Supprimé.

CHAP. LIX. *La mort de l'Empereur Charles.*

CHAP. LX. *Comme le Cardinal de Limoges vint à Paris de par Pape Clement.* Supprimé.

Chap. LXII. *Comment le Roy Charles avoit intention de faire tant, que le Conseil Général fust assemblé sur le fait de l'Eglise.* Supprimé.

*Les sept Chapitres suivans supprimés.*

Chap. LXX. *De l'approchement de la fin du Roy Charles, & de la mort de son bon Connestable Messire Bertram de Clequin.* p. 269.

Chap. LXXI. *Le trepassemen & bel fin du Roy Charles V.* p. 270.

Chap. LXXII. *Fin & conclusion de ce livre.*
p. 279.

Fin de la Table des Chapitres

MÉMOIRES

# MÉMOIRES
## DE
## PIERRE DE FENIN,
### ÉCUYER ET PANETIER
## DE CHARLES VI.
### ROY DE FRANCE;

Contenans l'Histoire de ce Prince, depuis l'an 1407 jusques à l'an 1422.

Recueillis par GERARD DE TIEVLAINE Sieur de GRAINCOUR-lez-DUISANS.

### XV. SIÈCLE.

# AVERTISSEMENT
## DES ÉDITEURS.

Les Mémoires sur la vie de Bertrand du Guesclin & ceux de Christine de Pisan finissent à-peu-près à la même époque, c'est-à-dire en 1380. Depuis 1380 jusqu'en 1407 où commencent les Mémoires de Pierre de Fénin, nous n'en connoissons point d'imprimés ni de manuscrits. Dans le discours préliminaire qui est à la tête de la collection, nous avons démontré l'impossibilité de remédier à ces lacunes. Heureusement celle-ci sera la dernière. Quoique nous ne soions point tenus d'y suppléer, cependant afin de faciliter à nos Lecteurs l'intelligence des Mémoires qui vont suivre, nous craionnerons à grands traits d'après les Historiens du tems une esquisse des événemens qui se passèrent depuis l'avènement de Charles VI au Trône jusqu'à l'assassinat du Duc d'Orléans.

Charles V sans sortir de son cabinet dirigea les opérations militaires de du Guesclin & de ses autres Généraux. Leurs exploits lui valurent le titre de conquérant. Il en obtint un autre qu'il ne dut qu'à lui-même. Ce fut le titre sacré de Législateur, titre bien plus respectable aux yeux du Philosophe qui aime l'humanité. Si le nom des conquérants est écrit en lettres de sang dans les fastes de l'Histoire, celui du Législateur y brille environné des attributs de la paix, de l'abondance & de la félicité publique. Aussi Charles V mérita-t-il par là ce beau surnom de Sage que la postérité ne lui a point contesté : ce Monarque avoit rétabli l'ordre, & réformé les abus. La vigueur de son administration réprimoit d'un côté l'inimitié jalouse de l'Angleterre, & de l'autre contenoit l'ambition des Princes ses frères. Ce Roi meurt âgé de quarante-trois ans ; & tout le bien qu'il avoit fait, disparoît aussitôt. Peut-on ne pas gémir sur la destinée des Nations quand on voit que le bonheur ou le malheur de vingt millions d'hommes dépend de la vie ou de la mort d'un seul ? Charles V avoit bien apprecié son successeur : quelques jours avant de mourir il s'en expliquoit naïvement avec les Ducs de Berry, de Bourgogne & de Bourbon... *Toute ma fiance,* ( leur disoit-il ) *est en vous ; l'enfant est jeune, & de légier esprit ; & aura bien mestier qu'il soit conduit & gouverné de bonne doctrine.* .... Les plus beaux discours sont promptement oubliés, lorsque l'ambition est intéressée à ne pas s'en souvenir.

Trente-six Princes du sang qui vivoient

alors, (fans y comprendre les Rois de Hongrie, de Portugal & de Naples) au lieu d'être l'appui du Royaume, comme ils auroient dû s'ils se fussent réunis, en devinrent le fléau par leurs divisions. Chacun de ces Princes eut ses partisans & ses créatures. La Nation entière imita leur exemple, & se subdivisa en factions de toute espèce. L'Egoïsme (mot qui n'existoit pas encore dans la Langue Françoise, & qui n'est que l'équivalent de ce qu'on appelloit intérêt particulier) dirigea tout, ou plûtôt renversa tout.

Les oncles de Charles VI en gouvernant sous son nom préparèrent la ruine du Royaume. Des impôts multipliés écrasèrent la Nation. Les trésors amassés par Charles V avoient été livrés au pillage & à la déprédation. En-vain recouroit-on à des Edits bursaux qui se succédoient journellement, l'avidité des protegés étoit si excessive que les protecteurs en s'appropriant les produits du fisc n'y pouvoient pas suffire. Chaque Prince du sang profita du moment où il put abuser du pouvoir, pour satisfaire ses vengeances personnelles. L'Avocat-Général, Jean des Marais, vieillard qui pendant soixante ans s'étoit acquitté fidèlement de son ministère sous quatre Rois, fut une de ces victimes que la haine immola. Il périt fur l'échaffaud en difant : *J'ai bien fervi le Roi Charles fon pere, le Roi Jean, fon ayeul & le Roi Philippe de Valois fon grand ayeul : voilà ma récompenfe*..... On reprochoit à ce Magiftrat d'être l'idole du peuple : fon véritable crime étoit d'avoir foutenu les prétentions du Duc d'Anjou à la régence contre celles du Duc de Bourgogne.

Enfin Charles VI atteint la majorité prefcrite par la Loi : il prend dans fes foibles mains le timon du Gouvernement. On crut entrevoir pendant quelques inftants l'aurore d'un régne heureux & paifible. Charles VI étoit naturellement bon & bienfaifant : il aimoit fon peuple : le peuple par reconnoiffance lui donna le furnom de Bien-aimé : fon régne tout défaftreux qu'il fut ne l'en a pas dépouillé ; tant il eft vrai que le cri du peuple eft le cri de la vérité.

Ce fut dans ces circonftances que ce Monarque ayant affemblé à St. Denis la famille Royale, les grands Officiers de la Couronne & toute la Nobleffe, il arma Chevaliers conformément à l'ancien cérémonial le jeune Roi de Sicile & fon frère le Comte du Maine. Un tournois accompagna cette folemnité. Vingt-deux Chevaliers, l'écu verd pendu au col, ayant chacun leur devife, & fuivis de leurs Ecuyers, parurent dans la cour de l'Abbaye de St Denis. Ils servoient de tenants à vingt-deux Dames distinguées par leur naissance & par leur beauté. Toutes étoient à cheval, vêtues de robes de drap verd brodées d'or & de perles. Parmi les Chevaliers on comptoit, après plusieurs Princes, Renaud de Roye, Nantouillet, Gury, la Roche, Savoisy, Chambrillac, Beauchamp, d'Enneval, Rivery, Beaurevoir, Craon, Boissay, Harpedanne, & Guy de la Rochefoucaud, ce Chevalier fameux depuis le combat de *Bordeaux*, où, selon Froissart, *deux cent Gentilshommes de son lignage l'avoient accompagné.* Parmi les Dames, dont l'Histoire à conservé les noms. On remarquoit celles de Coucy, de Beausault, de Brie, de la Rivière, de Breteuil, de Hesseville, de la Choletière, de Ferrière, de Préaux, des Bordes, des Barres, de Soyecourt, de Guitry, de Mailly, du Boulay, de Precy, de Chivré, de St. Simon & de St. Saulieu.

Quatre jours après ces fêtes, on honora la mémoire de Bertrand du Guesclin par un service solemnel. L'Oraison funèbre de ce grand Capitaine y fut prononcée, les uns disent par un Docteur en Théologie, d'autres par Ferry Caffinel Evêque d'Auxerre qui officioit. On prétend que ce fut la première Oraison funèbre dont un particulier ait été l'objet. Cette distinction honorable pour du Guesclin honoroit le Monarque qui l'ordonna. Le texte du discours fut : *Son nom a volé jusqu'aux extrêmitez de la terre*..... Tout l'auditoire fondit en larmes. L'Orateur finit par recommander aux prieres de l'assemblée l'ame du fidèle Chevalier Messire Bertrand. Ce détail a été rendu par un de nos anciens Poëtes d'une maniere assez pittoresque.

> Les Princes fondirent en larmes
> Des mots que l'Evêque montroit :
> Car il disoit... Pleurez, Gensd'armes,
> Bertrand qui tretous vous aimoit :
> On doit regretter les faits d'armes
> Qu'il parfit au tems qu'il vivoit :
> Dieu ait pitié sur toutes ames
> De la sienne ; car bonne étoit.

Ces cérémonies propres à redonner de l'énergie & du ressort au caractère national ne produisirent qu'un effet momentané. Malheureusement la raison du Monarque ne tarda pas à s'aliéner. Les brigues & les factions éclatèrent de toutes parts. Chaque Prince voulut s'emparer exclusivement de l'autorité. Celle du Souverain ne fut plus qu'un vain simulacre. Des pouvoirs intermédiaires se placèrent entre le Trône & le peuple. L'anarchie traîna à sa suite la corruption des mœurs. Les Dames de la Cour l'affichèrent par le costume du nouvel habillement qu'elles adoptèrent. Elles commencèrent à se découvrir les épaules, en diminuant la hauteur de leurs robes qui étoient armoriées de droite & de gauche de leurs écussons & de ceux de leur maris. Cette forme de vêtement serrant trop exactement la taille leur couvroit la poitrine. La coquèterie la proscrivit. La pudeur restant sans voile eut une égide de moins à opposer aux desirs hardis. Les femmes crurent y gagner : elles y perdirent. Par l'habitude de voir le desir s'émousse & s'éteint. Les mœurs étant une fois dépravées, & la galanterie se changeant en débauche, tous les genres de crimes durent éclorre ensemble. Pierre de Craon s'avisa de représenter au Duc d'Orléans, frère du Roi, combien la vie dissolue qu'il menoit, l'exposoit au mépris public. Le Prince offensé de cette hardiesse cessa de l'accueillir; & cela devoit être. Craon soupçonne le Connétable de Clisson de l'avoir desservi auprès du jeune Prince ; & ce courtisan qui venoit maladroitement de s'ériger en censeur, ne rougit pas d'employer l'assassinat pour se venger. Le Connétable guéri de ses blessures ne peut obtenir la punition de ſes meurtriers. Il conçoit alors que ſa vie eſt en danger; & il court ſe réfugier en Bretagne.

Un eſprit de vertige ſembloit agiter toutes les têtes. La ſoif des richeſſes étoit un mal ſi épidémique qu'un de ces Preux qui s'étoit ſignalé ſous Bertrand du Gueſclin, un Chevalier Beauceron, le Bègue de Vilaines ſe fit dans ſa vieilleſſe le fermier du Fiſc : ſes éxactions furent ſi criantes qu'on le pourſuivit. En s'expatriant, il échappa au châtiment.

La maladie du Roi & les débauches, auxquelles on avoit ſoin de le provoquer ſitôt qu'il ſe portoit mieux, produiſirent les plus grands déſordres à la Cour. Comme ce (1) Monarque étoit quelquefois furieux dans ſes accès de démence, on craignoit que la nuit il ne tuât ou ne bleſsât la Reine. Sous ce prétexte on lui amenoit tous les ſoirs la fille d'un marchand de chevaux. On accorda à cette fille pour récompenſe deux belles maiſons avec leurs dépendances, l'une ſituée à Creteil & l'autre à Bagnolet. On l'appelloit publiquement la petite Reine ; elle eut du Roi une fille qu'on nommoit la *Damoiſelle*

(1) Manuſcrit de Dupuy tiré d'une Hiſt. manuſcrite de la Bibliothèque de M. le Procureur-Général Molé. A la Bibliothèque du Roy.

*de Belleville.* Le Sire de Harpedanne l'époufa.

Le Duc d'Orléans frère du Roi, & le Duc de Bourgogne, fon oncle, étoient chefs des deux partis qui fe heurtoient continuellement. Le premier pour fatisfaire aux dépenfes énormes qu'il entaffoit, créoit tous les jours de nouveaux impôts. L'intempérie des faifons, qui défoloit la France, mettoit le peuple dans l'impuiffance de les payer. On ne les exigeoit pas avec moins de dureté. Le Duc de Bourgogne de fon côté s'élevoit contre ces impôts. Le peuple le confidéroit comme fon protecteur.

En 1403 le Duc de Bourgogne mourut. Un nouveau compétiteur le remplaça : ce fut fon fils furnommé Jean fans peur. Il étoit du même âge que le Duc d'Orléans : ces deux rivaux jeunes, pleins de feu, & dévorés d'ambition devoient naturellement combler la mefure des malheurs de la France. La Reine Ifabelle de Bavière embraffa le parti du Duc d'Orléans : la calomnie & la médifance n'épargnèrent pas cette union. Le Duc d'Orléans diffipateur & galant donnoit prife fur fa conduite. On en étoit venu au point de rire des engagements les plus facrés. Le Duc d'Orléans emporté par fes chevaux faillit fe noyer dans la Seine. Un remord l'inquiéte & le trouble. Il annonce

qu'il va payer ses dettes. Huit cent Créanciers se présentent au jour indiqué. Il avoit changé d'avis ; & on répond en son nom : *Le Prince vous fait beaucoup d'honneur de vous devoir ; & vous aurés tout lieu d'être flattés qu'il daigne penser à vous quelquefois...*
» C'estoit, dit Juvenal des (1) Ursins,
» grant pitié de voir les choses en l'estat
» qu'elles estoient ; car on levoit foyson
» d'argent & grandes chevances, & toutes
» fois le Roy n'avoit rien, & à peine avoit-il
» sa dépense. Or advint une fois qu'il disnoit
» que la nourrisse laquelle nourrissoit Mon-
» seigneur le Daulphin, vint devers le
» Roy, & dit qu'on ne pourvoyoit en rien
» ledit Seigneur, ny à celle ou ceux qui
» estoient autour de luy, & qu'ils n'avoient
» ny que manger, ny que vestir : & qu'elle
» en avoit plusieurs fois parlé à ceux qui
» avoient le gouvernement des finances,
» mais nulle provision n'y estoit mise. Le
» Roy de ce fut très mal content, & res-
» pondit à la dite nourrisse, que lui mesme
» ne pouvoit rien avoir . . . . . » Enfin ce qu'on avoit prévu arriva. La guerre s'allume entre les Ducs d'Orléans & de Bourgogne :

(1) Histoire de Charles VI par Jean Juv. des Ursins, p. 173.

on les réconcilie : ils se jurent une amitié fraternelle : quelques jours après, par l'ordre du Duc de Bourgogne, le Duc d'Orléans est assassiné. Arretons nous à cette époque : les événements qui suivirent, sont racontés dans les Mémoires dont nous avons à parler.

Les premiers de ces Mémoires sont ceux de Pierre de Fenin : nous avions le projet de réimprimer immédiatement à leur suite le Journal d'un bourgeois ou d'un Prêtre de Paris. Ce Journal existe sous deux formes différentes.

Cl. Dupuy Conseiller au Parlement de Paris mort en 1594 en avoit fait un extrait d'après le manuscrit. Denys Godefroy inséra cet extrait dans la nouvelle édition in-folio qu'il donna en 1653 de l'Histoire de Charles VI par Jean Juvénal des Ursins Archevêque de Rheims.

En 1729 La Barre de Beaumarchais membre de l'Académie des inscriptions publia la totalité de ce Journal dans un recueil in-4°. intitulé . . . . *Mémoires pour servir à l'Histoire de France & de Bourgogne* . . . La Barre dans sa préface observe avec raison que l'extrait du Journal de Paris par Dupuy est plus propre à exciter la curiosité qu'à la satisfaire. En effet quoique cet extrait soit plutôt une férie de faits claffés dans l'ordre Chronologique qu'un répertoire d'anecdotes, tel que l'eft réellement le Journal de Paris, cette férie malgré fa fechereffe intéreffe, & fait foupçonner que l'abbréviateur a mutilé l'ouvrage. En lifant l'original on ne tarda pas à s'appercevoir que le foupçon étoit fondé. Dupuy a fupprimé la majeure partie de ces événements du jour & de ces particularités qui aux yeux de l'obfervateur forment tableau. Ces fortes de tableaux font l'hiftoire des mœurs du tems mifes en action qu'on aime à parcourir & à juger; & c'eft dans ces tableaux qu'on trouve la clef des refforts fecrets qui ont fait mouvoir la machine politique.

Ainfi, dans le cas ou nous aurions voulu réimprimer le Journal de Paris, il n'y avoit pas à balancer entre l'extrait de Dupuy & le Journal entier dont la Barre a été l'Editeur.

Mais d'après l'éxamen approfondi de ce dernier, nous avons craint qu'on ne nous reprochât d'entaffer indiftinctement dans cette collection tout ce qui fe préfenteroit fous notre main. Une inculpation de ce genre nous humilieroit; & en la méritant nous manquerions à nos engagements.

Si l'on s'en rapportoit à ce que la Barre

dit dans sa préface, la totalité du Journal de Paris est curieuse & instructive. Mais il faut bien se garder d'en croire un Éditeur sur sa parole. Tout érudit en général à force de lire & de se pénétrer du manuscrit qu'il a estimé digne de l'impression, s'y attache de maniere qu'il lanceroit volontiers l'anathême contre quiconque oseroit contredire son opinion. L'Ecrivain qui crée, chérit sans doute ses productions : eh ! quel est le père qui n'aime pas ses enfans ! L'érudit en adoptant celui d'autrui l'idolâtre aussi passionnément que s'il lui appartenoit. Il s'aveugle sur ses défauts. Peut-être cette paternité fictive opére-t-elle chez lui un engoüement d'autant plus vif qu'il sent par expérience l'impossibilité d'être père autrement.

On ne doit pas inférer delà que le Journal de Paris soit une production méprisable. Il se rencontre dans cet ouvrage des détails précieux dont nos Historiens n'ont pas voulu, ou n'ont pas su profiter. Mais on rachete ces détails par une multitude de récits qui n'ont rien d'intéressant. Les deux rédacteurs de ce Journal en se concentrant presque toujours dans l'enceinte des murs de Paris négligent trop la masse de événemens dont la France étoit alors le théâtre. La ville de Paris influoit assurément sur le reste du Royaume. Le sort des grands Empires est naturellement lié à celui de leurs Capitales ; mais la Capitale n'est qu'une portion du tout. L'envisage-t-on seule & d'une maniere exclusive ; on devient l'Historien de la populace : on tombe nécessairement dans des détails triviaux & minucieux. Lit-on attentivement le Journal de Paris ; la vérité de ses réfléxions est palpable. La misere affreuse des Parisiens, les maux incroyables qu'ils souffrirent depuis l'assassinat du Duc d'Orléans jusqu'à l'entrée de Charles VII en cette Capitale forment les trois quarts & demi du texte du Journal en question. A chaque page on retrouve le prix des comestibles ( 1 ) qui en raison des circonstances devoit varier sans cesse. De petits événemens faits pour affecter l'ame d'un citadin, que tout irrite, y sont consignés comme des anecdotes importantes. C'est ainsi qu'en (2)

( 1 ) Par rapport à ces variations dans le prix des comestibles, nous renvoyons à l'ouvrage de M. Dupré de S. Maur qui a pour titre : *Essai sur les Monnoyes*, ou réfléxions sur le rapport entre l'argent & les denrées. Paris, Debure l'aîné 1746 in-4°. Tout ce qui concerne cette partie du Journal de Paris y est developpé d'une maniere claire & satisfaisante. Lisez depuis la p. 31 jusqu'à la page 66.

( 2 ) Journal de Paris p. 182.

racontant

racontant le ravage des loups, il s'étend sur un de ces animaux destructeurs qu'on nommoit *Courtault*, parce qu'il n'avoit point de queue. Courtault étoit si terrible qu'on avertissoit ceux qui sortoient de Paris de prendre garde à eux. Enfin ce Courtault fut tué ; & tout Paris courut le voir pour de l'argent. Des faits semblables ne présentent rien de frappant : ils montrent que le peuple est peuple dans tous les tems, & que les Ecrivains le sont souvent eux-mêmes.

Quant à ces récits où la misère des Parisiens est peinte avec des couleurs dont les nuances sont constamment uniformes, il en résulte une monotonie qui afflige & rebute. Si l'Histoire ne nous apprenoit pas à quels excès les hommes se livrent dans les guerres civiles, plusieurs de ces récits paroîtroient invraisemblables.

Mais quelles horreurs ne devoit pas produire un siècle où *l'ambition* des Princes du Sang *favorisée* par la démence du Souverain *disputoit* l'autorité le poignard à la main ? La licence & l'impunité de tous les crimes avoient anéanti les Loix. Une Reine marâtre contraignoit un Roi malheureux d'exhéréder son fils ; & c'etoit pour placer la Couronne sur le front d'un étranger ennemi né de la Nation.

*Tome V.*     X

# Avertissement

Le sang ruisseloit d'une extrêmité de la France à l'autre : on saccageoit les villes : on incendioit les villages : Anglois, Bourguignons, Armagnacs s'arrachoient tour-à-tour la propriété des champs qu'ils transformoient en déserts. Le laboureur armé du soc de sa charue, qu'il avoit brisée, assommoit le Noble dans son château, & violoit sa femme & ses filles. Le Noble appellant le paysan *Vilain* lui enlevoit sa femme, ses enfans, ses troupeaux, & l'attachoit à un gibet. Ce qu'on est convenu de nommer vulgairement le droit de la guerre étoit enfreint. Sans autre forme de procès on pendoit les prisonniers ; & il faut convenir que la plûpart d'entre eux, par les brigandages qu'ils exerçoient, étoient bien dignes de la corde. De toutes parts les campagnes restoient incultes. On lit dans le Cartulaire d'un Monastère du Valois que les terres des environs de Nanteuil ne furent point ensemencées pendant trente ans. La France étant ainsi déchirée par trois factions qui s'entrechoquoient, il n'est point surprenant qu'à cette époque la ville de Paris ait été continuellement exposée à la famine. Environnée de gens d'armes de différents partis, & de troupes de scélérats connus sous les noms de *Tondeurs*, *Retondeurs*, & *Ecorcheurs*, elle ne pouvoit plus rien tirer des Provinces qui la nourissent ordinairement. La même disette régnoit dans ces Provinces: eh! comment n'y auroit-elle pas régné? il falloit acheter des Généraux qui dominoient successivement, la permission de récolter le peu de terrein qu'on se hazardoit de cultiver aux portes des villes. Les habitans d'Amiens payerent 1200 l. une de ces permissions. Ce fut le *Preux*, le *Bon*, le *Généreux La Hire* qui la leur vendit.

Les Rédacteurs du Journal de Paris témoins oculaires de cette disette, qu'ils partageoient avec leurs concitoyens, y reviennent sans cesse. On conçoit que ces récits trop répetés fatiguent & ennuient. D'ailleurs le stile des Rédacteurs n'a rien qui puisse indemniser le Lecteur. On y trouve quelquefois de la naiveté; le plus souvent la grossiereté des expressions, & l'esprit de parti qui perce à chaque page indisposent contre les Rédacteurs.

Le premier qui a tenu la plume jusqu'en 1432, partisan outré du Duc de Bourgogne, s'exprime indécemment sur Charles VII qu'il désigne par ces mots: *Celui qui se dit Dalphin*..... On ignore si ce Rédacteur fut Prêtre ou Laïque. Son ouvrage prouve que les bouchers, qui inondèrent Paris de sang, étoient ses héros favoris.

L'autre Rédacteur qui a continué le Journal jusqu'en 1449 déclare qu'il étoit Clerc de l'Université. La Barre (1) remarque qu'il est un peu plus moderé. Qu'on n'imagine pourtant pas que cette prétendue modération soit excessive : dans la triste position où étoit Charles VII, il falloit, pour chasser les Anglois de son Royaume qu'il établit des impôts. Ses troupes faute de solde vivoient de pillages. Le Rédacteur de la continuation du Journal de Paris injurie perpétuellement Charles VII, ses Ministres & ses Généraux. Il les traite de *Larrons*, de *Meurtriers*. S'agit-il d'un nouvel impôt, que les circonstances nécessitent ? il ne connoît plus ni régle, ni frein. Son animosité & sa malice se déployent jusques sur Agnès Sorel qui en 1448 vint à Paris.....

«La darraine sepmaine d'Avril (2) (dit-il) vint à Paris une Damoiselle laquelle on disoit estre aimée publiquement au Roy de France, sans foy & sans loy & sans vérité à la bonne Royne qu'il avoit espousée; & bien y apparoist qu'elle

(1) Préface des Mémoires pour servir à l'Histoire de France & de Bourgogne p. 7. & 8.

(2) Journal de Paris p. 204

menoit auſſi grant eſtat comme une Comteſſe ou Ducheſſe ; & alloit & venoit bien ſouvent avecques la bonne Royne de France, ſans ce qu'elle eut point honte de ſon peché, dont la Royne avoit moult de douleur à ſon cueur : mais a ſouffrir luy convenoit pour lors ; & le Roy pour plus montrer & manifeſter ſon grant pechié & ſa grant honte & d'elle auſſi, luy donna le chaſtel de Beauté...... ſe nommoit & faiſoit nommer la belle Agnès ; & pour ce que le peuple de Paris ne luy fit une telle révérence comme ſon grant orgueil demandoit ; elle diſt, au départir, que ce n'eſtoyent que villains....... Hélas quelle pitié quant le Chef du Royaume donne ſi malle exemple à ſon peuple !...» Si l'on jugeoit Agnès Sorel d'après le Rédacteur du Journal, on n'auroit que du mépris pour ſa mémoire. Il ſeroit cependant à ſouhaiter que toutes les maîtreſſes de nos Rois euſſent fait autant de bien qu'elle. La belle Agnès que l'on appella enſuite Dame de *Beauté* du nom de ce château ſitué près de Vincennes dont Charles VII lui fit préſent, afin, ( remarquoit-il) qu'elle fut de nom & d'effet Dame de Beauté, Agnès aima ce Monarque uniquement pour lui-même. Le bonheur de ſon amant & la gloire de l'État furent les mobiles de sa conduite. Elle concerta avec le Comte de Dunois les moyens de réveiller Charles VII du sommeil létargique où il étoit plongé. Agnès y réussit; & la gloire de son amant fut la sienne. C'est le jugement qu'en porta François I<sup>er</sup>, bon connoisseur, dans les vers suivants qu'il écrivit au bas du portrait de cette fille célèbre.

> Gentille Agnès, plus d'honneur tu mérites
> La cause étant de France recouvrer
> Que ce que peut dedans un cloître ouvrer,
> Close Nonain, ou bien dévot Hermite.

*Au surplus si nous contestons à la Barre la modération qu'il attribue au continuateur du Journal, nous convenons avec lui de son ignorance. Elle est telle qu'il se tait sur les grands événements, & qu'il s'amuse à décrire des bagatelles.*

En résumant ce que nous venons d'exposer, nous présumons qu'on nous approuvera de ne point réimprimer la totalité de ce Journal, qui contenant 208 pages in-4°, produiroit au moins quarante feuilles d'impression. Afin néanmoins que ce qu'il y a de curieux dans cet ouvrage soit conservé pour nos Souscripteurs, voici le parti que nous avons pris.

DES ÉDITEURS.

Les mémoires de Fénin commençant en 1407 & le Journal de Paris en 1408, on a fondu dans des notes les récits du Journal qui peuvent intéresser, soit parce que Fénin les a omis, ou mal présentés, soit parce qu'ils contredisent Fénin lui-même. Pour compléter les mémoires de Fénin, ou pour en éclaircir quelques articles, spécialement lorsque le Journal de Paris ne nous a pas fourni des matériaux, nous avons eu recours à l'Histoire de Charles VI par Juvénal des Ursins, & à une autre Histoire chronologique de ce Monarque attribuée à Jacques le Bouvier dit Berry son 1er hérault d'armes.

Nous avons fait plus : Fénin étant très-succinct sur le meurtre de Jean *sans peur* Duc de Bourgogne, la relation de cet événement ayant été déchirée dans le manuscrit du Journal de Paris, nous avons inféré parmi les notes l'extrait d'un excellent mémoire dont la Barre de Beaumarchais a enrichi le recueil qu'il (1) a publié. Ce mémoire est d'autant plus important que les preuves, dont il est étayé, sont tirées de manuscrits conservés dans la Chambre des Comptes de Dijon.

(1) Sous le titre de Mémoire pour servir à l'Histoire de France & de Bourgogne. Paris, Gandouin 1729 in-4°.

Ainsi par ce travail, dont nous espérons qu'on nous saura gré, nos Souscripteurs réuniront dans les notes, qui sont à la suite des mémoires de Fénin, tout ce que renferment d'essentiel depuis 1407 jusqu'en 1422 l'Histoire de Charles VI par des Ursins, celle du Hérault d'armes dit Berry, le Mémoire sur le meurtre du Duc de Bourgogne & le Journal de Paris.

Par rapport à ce dernier, nous en avons placé la suite dans d'autres notes qui sont jointes aux mémoires d'un inconnu sur la Pucelle d'Orléans & à ceux du Connétable de Richemont. En lisant ces notes on se convaincra que nous avons également consulté les Historiens de ce tems-là : nous y avons amalgamé les renseignements que ceux-ci nous ont fournis.

Maintenant examinons ce qui est personnel à Pierre de Fénin. Né en Artois, il fut Prévôt de la ville d'Arras, & mourut en 1433. Charles VI le décora de l'Ordre de la *Genete*. Tel est l'énoncé des Lettres de conceffion que ce Monarque lui accorda.

Charles par la grace de Dieu Roy de France, &c. Savoir faisons que pour les bons rapports & témoignages que faits nous ont été de la noble génération dont nostre bien amé

Pierre de Fénin eſt iſſu & procédé, Nous à iceluy avons donné & octroyé... que dorefnavant il puiſſe & luy loiſt porter le collier de noſtre Ordre de la Coſſe de Genette..... A Paris le 18 Février 1411.....

La manière, dont ces lettres de conceſſion ſont libellées, indique qu'à cette époque l'ordre de la Genette jouiſſoit encore d'une certaine conſidération. Charles Martel après avoir vaincu les Sarraſins inſtitua ( dit-on ) cet ordre que les Eſpagnols nommoient *Ardilla*. Sa marque ſymbolique, que l'on portoit ſuſpendue au col, étoit une Genette eſpece de fouine ou de renard dont le poil gris cendré eſt mêlé de petites taches noires ſemées avec aſſez de régularité. Cet ordre ſubſiſta dans ſa ſplendeur juſqu'au règne de St. Louis. Il dégénera par degrés; & l'ordre de l'étoile, qu'avoit fondé le Roi Robert, le remplaça. Les Papes n'aiant point confirmé l'ordre de la Genette, il s'enſuit que c'étoit une ſimple dignité de Chevalerie. Il n'eſt pas facile de connoître l'étymologie du nom qu'il portoit : les écrivains ne ſont pas d'accord à cet égard. Les uns prétendent que purement emblématique il faiſoit alluſion à la viteſſe & à la légereté de la genette, afin de rappeller aux Chevaliers qu'un guerrier doit réunir ces deux qualités. D'autres veulent qu'il ait pris son nom de la fille de Charles Martel qu'on appelloit *Jannette*, ou *Genette* (1).

Quoiqu'il en soit, Pierre de Fénin attaché par ses emplois auprès de Charles VI fut témoin des fréquentes révolutions qui de son tems bouleverserent la France. C'étoit un honnête homme, bien instruit de ce qui se passoit, observe (2) un de nos modernes appréciateur éclairé en cette partie. Malgré son penchant pour la faction du Duc de Bourgogne, il parle des Armagnacs sans aigreur & sans partialité. Aussi ses Mémoires sont-ils estimés.

(1) Le P. Honoré de sainte Marie dans ses Dissertations Historiq. sur la Chevalerie, liv. 1. Dissert. VII, p. 143, donne une autre origine à l'ordre de la Genete. Il assure que Charles Martel après sa victoire sur les Sarrazins ayant trouvé dans leurs dépouilles, un grand nombre de fourrures de genette, & même plusieurs de ces animaux vivans, institua à cette occasion l'ordre dont il s'agit : il en décora seize Chevaliers des plus distingués. Le P. Honoré de Ste. Marie cite pour ses garans le Théâtre d'honneur de Favin & Dom Pierre de S. Romuald, Thres. Chronol. Tom. II. sur l'an 726.

(2) Hist. de France jusqu'à Louis XIII, par l'Abbé le Gendre 3 vol. in-fol. Tom. II. p. 55.

# MÉMOIRES
## DE
## PIERRE DE FENIN,
### ESCUYER ET PANETIER
## DE CHARLES VI
### ROY DE FRANCE,

Contenans l'Histoire de ce Prince, depuis l'an 1407 jusques à l'an 1422.

Recueillis par GERARD DE TIEVLAINE Sieur DE GRAINCOUR-lez-DUISANS.

VERITÉ est qu'entre le Duc Louys d'Orleans, frere au Roy Charles, & le Duc Iean de Bourgogne, son cousin-germain, y eut par plusieurs fois grandes envies & maltalens entre eux deux ensemble, dont y eut grosses assemblées de chacune partie, pour paix trouver, & pource receurent le corps de nostre Seigneur ensemble, pour plus grande fiance avoir l'un à l'autre : mais comme il fut depuis apparent, la paix n'y estoit mie : car par la connoissance du Duc Iean de Bourgongne, il fit tuer ledit Duc d'Orleans.

Aprés que ledit Duc d'Orleans fut mort (1), il y eut grand desconfort des gens de son hoſtel, qui menoient ſi grand dueil, que c'eſtoit pitié de les voir; car ledit Duc d'Orleans eſtoit horriblement navré en la teſte & au viſage, & ſi avoit un poing couppé: avec luy y eut un ſien valet de chambre de tué, en cuidant ſauver iceluy Duc. En cet eſtat ledit Duc fut emporté par ſes gens, leſquels ne ſçavoient qui meſcroire, fors qu'aucuns penſoient, que ce eut fait le Seigneur de Canni, pource que ledit Duc luy avoit souſtrait & pris ſa femme : & pour cette cauſe haïſſoit-on le Sire de Canni de mortelle haine : mais on ſceut bientoſt aprés la verité du fait, & que le Seigneur de Canni n'y avoit aucune coulpe.

Le lendemain quand ce vint à porter le Duc en terre, il y avoit moult de grands Seigneurs de ſon lignage à tenir la main au drap, & à faire le dueil au corps. Il fut enterré aux Celeſtins. Entre les autres y eſtoit le Duc Iean de Bourgongne, qui avoit fait faire cette beſongne, & y faiſoit le dueil par ſemblant, & n'en ſçavoit-on encor la verité. Or au temps qu'on portoit ledit Duc enterrer, le ſang du corps coula parmy le cercueil à la veuë d'eux tous, dont y eut grand murmure de ceux qui là eſtoient, & de tels y en eut qui bien ſe doutoient de ce qui en estoit, mais rien n'en dirent pour le present. Aprés l'enterrement dudit Duc, les Seigneurs qui là estoient, prirent conclusion d'estre le lendemain au Conseil tous ensemble pour cette besongne.

Quand ce vint au lendemain que les Seigneurs furent assemblez, le Duc de Berry, oncle d'iceluy Duc trespassé, y estoit avec le Duc de Bourbon, & plusieurs autres. Le Duc Iean de Bourgongne monta à cheval pour aller au Conseil avec les autres, accompagné du Comte Waleran de Saint Paul. Quand ledit Duc vint pour entrer dedans le Conseil, le Duc de Berry & les autres luy envoyerent dire, qu'il se deportast d'entrer en la chambre du Conseil quant à present : & quand le Duc Iean ouyt ce, il fut tout esbahy & courroucé : & alors il demanda audit Comte Waleran de S. Paul, *beau cousin de S. Paul, que vous semble-il de nostre fait, & qu'avons nous à faire sur cette besongne ?* Alors le Comte Waleran luy respondit : *Monseigneur, vous avez à vous retirer en vostre hostel, puisqu'il ne plaist à nos Seigneurs que soyez au Conseil :* & adoné, dit le Duc Iean, *beau cousin, retournez avec nous ;* & le Comte luy respondit : *Pardonnez-moy, je iray devers nos Seigneurs au*

*Confeil.* En tant que ces paroles duroient, le Duc de Berry vint à l'huis de l'hoftel, & dit au Duc Iean, *Beau neveu, deportez-vous d'entrer au Confeil, il ne plaift mie bien à chacun que y foyez :* à quoy le Duc Iean refpondit : *Monfieur, je m'en deporte bien, & afin qu'on ne mefcroye aucun, coupable de la mort du Duc d'Orleans, je declare que j'ay fait faire ce qui a efté fait, & non autre.* A ces paroles fut le Duc de Berry fort emerveillé : & ledit Duc Iean tourna fon cheval & s'en alla, puis tout incontinent il changea de cheval à fon hoftel, & partit de Paris à petite compagnie, & s'en alla tout d'une tire en Flandre fans s'arrefter en nulle place, finon quand il luy fallut repaiftre, & ce bien en hafte : fes gens le fuivirent au mieux qu'ils peurent en grande doute, de peur qu'ils ne fuffent arreftez : ainfi partit ce Duc Iean de Paris, laiffant la Seigneurie de France en grande penfée. Adonc Meffire Clugnet de Brabant Admiral de France, monta à cheval à tout fes gens, & fuivit le Duc pour le cuider prendre, mais le Duc eftoit desja bien loing : & ainfi ledit Meffire Clugnet retourna tantoft aprés à Paris. Cette mort fut l'année du grand hyver, & dura la gelée foixante & fix jours tout d'un tenant.

De ceux qui mirent ledit Duc d'Orleans à mort par le commandement du Duc Jean de Bourgongne furent Paulet d'Autonville, & Guillaume Courte-heufe avec plufieurs autres, que je ne fçais nommer : mais ces deux furent les principaux, lefquels depuis en avant, eurent toutes leurs vies, grandes rentes dudit Duc Iean pour cette caufe. Au refte ce Duc Iean fut fort blafmé, de ce qu'il avoit fait le dueil fur le corps, & tenu de fa propre main un coing du drap mortuaire, & toutesfois reconnu depuis le fait de fa bouche.

Quand ce Duc Iean fut arrivé en fon pays de Flandre, & que fes gens furent raffemblez, il manda fes Barons pour avoir confeil fur ce qu'il auroit à faire : là y eut plufieurs conclufions prifes par iceluy Duc & fon Confeil, afin de refifter à tous ceux qui pour la mort du Duc d'Orleans luy voudroient demener guerre.

Tantoft aprés la mort du Duc d'Orleans fut prife une journée pour la tenuë d'un Parlement dans Amiens, où tous les Seigneurs de France, au moins les principaux, furent affemblez, entre les autres y eftoit le Duc Jean, lequel fit peindre deffus l'huis de fon hoftel deux lances, dont l'une avoit fer de guerre, & l'autre fer de roquet, ou rebouché, & difoit-on qu'il l'avoit ainfi fait, en fignifiant, *que qui voudroit avec luy paix ou guerre qu'il choifift, & luy fignifiaft*, dequoy on parla en mainte maniere. Il y eut à Amiens de grands confeils tenus par les Seigneurs de France, mais on ne defcouvrit rien de chofe qu'on y fit : fors que ledit Duc Iean s'appercevoit bien *que la plus grande partie des Seigneurs de France le hayſſoient convertement, nonobftant que pour lors ils n'en fiſſent femblant.*

Le Duc d'Orleans avoit trois fils de Valentine, fille du Duc Galeace de Milan, fa femme & coufine germaine, dont le premier avoit nom Charles, qui eftoit Prince de haut entendement, & fut nommé Duc d'Orleans aprés la mort de fon pere : le fecond eftoit nommé Philippe Comte de Vertus : & le troifiefme, nommé Iean Comte d'Angoulefme. Ils avoient tous trois bien manieres de Princes, & eftoient fort courroucez de la mort de leur pere; depuis ils eurent affez de peine pour la cuider venger, & porter dommage au Duc Iean : mefme ce Duc Charles & le Comte d'Angoulefme fon frere furent depuis fort empefchez & affligez de prifon, comme il fera cy-aprés declaré.

L'an

L'an mille quatre cens & huict les Liegeois se rebellerent (2) contre leur Evesque nommé Iean de Baviere, frere du Duc Guillaume de Hollande, & de la femme du Duc Iean de Bourgongne ; parquoy cet Evesque estoit fort puissant d'amis, & nonobstant qu'il fust Evesque il se vouloit marier : mais la plus grande partie de ceux de Liege ne le voulurent souffrir, pource il y eut dissension entre les deux parties, tant que l'Evesque fut chassé, & en son lieu fut creé & constitué le fils du Comte de Peruvez, qui les soustenoit. Quand Iean de Baviere se vid en ce danger, & qu'il avoit ja perdu la plus grande partie de ses bonnes villes & forteresses, il s'alla retirer à Utrecht, qui estoit de son party, & envoya devers le Duc Guillaume de Hollande son frere, & devers le Duc Iean de Bourgongne son serourge ou beau-frere, les priant piteusement qu'ils le voulussent secourir, en leur declarant qu'il en avoit grand besoin ; car les Liegeois l'avoient assiegé dans ladite ville d'Utrecht. Quand le Duc Guillaume & le Duc Iean virent la complainte de Iean de Baviere, ils assemblerent tres-grande puissance de tous leurs pays : & manda le Duc Iean les Seigneurs de Bourgongne, de Flandre, d'Artois, & de Picardie, & autres gens dont ils pouvoient finer, par efpecial Gentilshommes. Et le Duc Guillaume manda Hollandois, Zelandois, Haynuïers, & autres fes bons amis. Quand les Ducs eurent leurs puiffances jointes enfemble, ils eurent fort noble compagnie & belle Chevalerie, qu'on nombroit jufques à douze mille combatans, tous gens de fait. Alors ils commencerent à chevaucher vers Cambrefis, & de là vers le pays de Liege, lequel ils gafterent fort. Robert le Roux, & le Seigneur de Jumont eftoient les conducteurs de l'oft, pource qu'ils eftoient du pays, & qu'ils fçavoient bien lefquels eftoient contre Iean de Baviere. Le Comte de Peruvez, & les Liegeois qui avoient affiegé Iean de Baviere dedans la ville de Tredt, ouyrent nouvelles que les deux Ducs eftoient entrez avec grande puiffance dedans leur pays de Liege, gaftans tout. Adonc fe leverent & laifferent leur fiege, pour venir combattre ces deux Ducs. Enfin tant s'approcherent les deux ofts, qu'ils arriverent affez prés l'un de l'autre, prés la ville de Tongre. Là y eut grandes ordonnances faites par les deux Ducs : & difpofa le Duc Iean fes gens à cheval, pour frapper fur les Liegeois par derriere. Le Seigneur de Croy, le Seigneur de Helly, le Seigneur de Raiffé, le Seigneur de Pont, & Enguerrand de Bournonville furent les cinq Capitaines pour conduire ceux de cheval, qu'ils conduifirent bien vaillamment. Ce jour conduifoit le Seigneur de Miraumont les archers au Duc Jean, & vaillamment s'y gouverna. Si y avoit en la compagnie des cinq Capitaines fufdits bien douze cens hommes d'armes de bonne eftoffe : & fut une chofe qui fort greva les Liegeois. Ainfi ordonnna le Duc Iean de Bourgongne fes batailles, & le Duc Guillaume de Hollande fon ferourge ou beaufrere. D'autre cofté le Comte de Peruvez, & les Liegeois firent grandes ordonnances : ils avoient de petits canons fur charrois en grande quantité, qui fort greverent les gens des deux Ducs à l'affembler. Aprés toutes ces ordonnances faites, les deux ofts s'affemblerent en bataille, en un camp nommé *Hafbain*, qui eft affez prés de Tongre. Là y eut grand combat d'un cofté & d'autre, & s'y comporterent les Liegeois d'abord fort roidement ; mais enfin ils furent tous defconfits, & y en eut quantité de tuez, leurs morts furent eftimez fe monter bien à vingt-huict mille fur le camp, & en s'enfuyans, fans ceux qui furent prifonniers. Là fut pris ledit Comte de Peruvez, & son fils. A cette journée se porta le Duc Iean de sa personne grandement, comme aussi Messire Iacques de Courtejambe, qui portoit la banniere du Duc Iean, s'y monstra vaillant Chevalier, & tres-bien s'y comporta. En cette bataille y eut de tuez des gens du Duc Iean, & de ceux du Duc Guillaume environ deux à trois cens & non plus. Il y mourut entre autres un Chevalier de grand renom, nommé Messire Florimond de Brimeu, qui estoit proche la banniere du Duc Jean, qui en fut fort courroucé. Aprés que ces deux Princes eurent ainsi emporté une si grande victoire, ils assemblerent leurs gens, & regracierent Dieu de l'honneur qu'il leur avoit fait recevoir : aprés ils firent coupper la teste audit Comte de Peruvez (3), & en firent present à Iean de Baviere, qui arriva vers eux assez tost aprés la bataille; car il n'y estoit pas lorsqu'elle se donna. Il les remercia fort de l'honneur qu'ils luy avoient fait, & du secours qu'ils luy avoient donné : ils luy firent grand chere & grand honneur, puis s'en allerent rafraischir. Le lendemain toutes les bonnes villes du pays se mirent à l'obeissance des deux Princes, comme aussi se soufmirent à Iean de Baviere : ils les receurent à mercy, exceptez aucuns qui avoient fait ou commencé la rebellion, lesquels furent justiciez, & suppliciez tant hommes que femmes, entre autres le Damoiseau de Rochefort. Aprés toutes ces choses ainsi faites, Iean de Baviere fut bien obey par tout son Evesché, & depuis de son vivant ils n'entreprirent & ne firent rien qui luy fut contraire. Le pays de Liege fut alors fort gasté par les gens des deux Princes, qui emporterent grand avoir & butin d'iceluy pays. Or quand les deux Princes eurent ainsi accomply leur volonté, ils se retirerent à grande joye chacun en son pays. Pour cette besongne devint le Duc Jean tres-redouté pendant longtemps : mesme ceux qui contre luy avoient proposé de le grever, au subjet de la mort du Duc d'Orleans, furent tous accoisez, & par grand temps aprés n'oserent faire aucun semblant d'aller attaquer ce Duc : mais à la fin les choses devinrent en si deplorable estat, que le Royaume de France en fut longtemps en voye de destruction, comme il se pourra voir par la suite.

Aprés que le Duc Iean de Bourgongne eut ainsi achevé son entreprise au Liege, il se passa bien deux ans qu'on parloit peu de la mort du Duc d'Orleans : mais toutes fois le Duc Charles son fils machina tant qu'il attira à son party plusieurs Seigneurs de France, qui luy promirent de l'ayder à venger la mort de son pere ; & en estoit le Duc de Berry, le Comte de Clairmont, & le Comte d'Armagnac, qui firent à ce sujet grandes assemblées par delà Paris vers Montlehery. Le Duc Iean d'ailleurs avoit quantité de gens vers S. Denys en France : & furent les gens du Duc Antoine de Brabant son frere logez audit lieu de Sainct Denys en cette mesme saison, avec les gens du Comte Waleran de Sainct Paul, qui estoit pour lors à Paris, lequel les manda pour les voir : Ils s'assemblerent donc & allerent pour passer par le milieu de S. Denys, où les Brabançons estoient logez ; mais par quelque contention & dispute qu'ils eurent ensemble, les Brabançons voulurent livrer bataille aux gens dudit Comte Waleran, qui estoient conduits par le Seigneur de Tian, & furent sur le poinct de s'entrechoquer : mais le Duc Antoine, qui avoit espousé la fille dudit Comte Waleran, en ouyt nouvelles à Paris, & y vint en grand haste. Quand il fut venu, il fit retirer ses gens, lesquels il blasma fort de ce qu'ils en avoient tant fait : Quant aux gens d'iceluy Comte, ils s'en allerent à Paris pour s'y monstrer, puis ils s'en revinrent à leurs logis, dans les villages du plat pays.

En ce temps les gens du Duc Charles d'Orleans, & du Comte d'Armagnac estoient logez par delà Paris : Alors on commença fort à parler des gens de ce Comte d'Armagnac, pource qu'ils estoient habillez d'*escharpes blanches*, car on avoit encor peu veu aux pays de France & de Picardie, de telles escharpes, & pour le nom des gens dudit Comte d'Armagnac, furent depuis ce temps-là tous gens tenans party contre le Duc Iean de Bourgongne, appellez Armagnacs, nonobstant que le Roy fut contraire au Duc Iean aucunefois, & qu'avec ledit Duc d'Orleans y eut d'autres Seigneurs, plus grands sans comparaison que le Comte d'Armagnac ; si ne les nommoit-on pourtant en commun langage, fors les Armagnacs, dont ils estoient fort courroucez ; mais ils ne peurent oncques avoir autre, & pendant tout le temps de la guerre n'eurent autre nom. Ainsi par plusieurs fois y eut grandes assemblées autour de Paris (4), tant des gens du Duc Iean de Bourgongne, que du Duc Charles d'Orleans : & tousjours depuis commença la chose à s'enfler entre lesdits deux

Ducs, se retirant ledit Duc Iean avec ses alliez en son pays de Flandre & d'Artois. Peu auparavant Messire Iean de Montagu (5) grand Maistre d'Hostel du Roy eut la teste couppée à Paris ; ce fut par le conseil du Duc Iean : Si disoit-on *qu'il avoit desrobé le Roy de grand trésor.* Il avoit fait faire le Chasteau de Marcoucy prés Montlehery.

L'an mil quatre cens dix (6), la guerre recommença fort entre le Duc Charles d'Orleans & le Duc Iean de Bourgongne : Or avoit ledit Duc Charles grande quantité des Seigneurs de France de son party, qui luy avoient promis de l'aider à destruire le Duc Iean, & venger la mort de son pere. Il mit garnison en la ville de Han sur Somme, sur les marches du Duc Iean, où estoit Capitaine Messire Manessier Quieret, & aussi en plusieurs autres places. Aprés envoya deffier ce Duc Iean ; & pareillement le deffierent plusieurs autres grands Seigneurs : Et entre les autres le deffia un Chevalier de Picardie, nommé Messire Maussart du Bos, dont le Duc Iean fut plus mal content que de tous les autres, car ce Messire Maussart estoit son homme, parquoy il l'eut doresnavant en grande haine. Quand le Duc Iean sceut les assemblées que le Duc d'Orleans faisoit contre luy, & que par tout il cherchoit alliez pour luy faire guerre, alors il assembla ses gens par tous ses pays, & fit belle assemblée de gentils-hommes, avec lesquels il fit venir grande puissance des Communes de Flandres, & le tout assembla vers la ville d'Arras, d'où il tira droit au village de Marquion près Cambray; là il se logea avec ses Flamens, qui estoient sans nombre, car ils avoient tant de tentes, qu'il sembloit que ce fust une bonne & grande ville quand ils estoient logez: Avec ce ils avoient plusieurs habillemens & instrumens de guerre: Ils alloient tous à pied, quoy que fort chargez de harnois, & si avoient quantité de charroy, parquoy ils faisoient moult de mal par tout où ils passoient. Ainsi ce Duc Iean assembla bien trente mille combatans, & s'en alla de là à Han sur Somme, devant laquelle place il mit le siege de fort près tout autours, où il fit planter de grands canons pour jetter contre les murs de la ville. Là y eut de grandes escarmouches faites: mais enfin les gens d'armes qui estoient dedans la ville, s'en allerent par delà l'eau, & abandonnerent ainsi cette place. Quand les gens du Duc Iean le sceurent ils assaillirent la ville, & entrerent dedans. Là firent les Flamens grand pillage, & mirent le feu par tout. Aprés que Han eut esté ainsi desolé, le Duc tira vers Neelle, laquelle place fut destruite au passage : puis il s'en alla loger devant Roye en Vermandois, laquelle place se mit incontinent en son obeïssance : de là il s'en alla loger devant Mondidier en grande ordonnance ; il avoit à sa suite plusieurs petits charrois, où y avoit sur chacun deux petits canons, qu'on nommoit Ribaudequins, dont il fit clorre son ost d'un lez, ou bordure tout alentour. Quand le Duc Iean eust esté bien dix jours logé devant Mondidier, & & qu'il s'efforçoit en suite de passer outre vers Paris, lors les Flamens commencerent à s'impatienter, & se fourmouvoir pour retourner en leur pays, tant qu'il ne fut en la puissance du Duc de les retenir ; car ils deslogerent en grand desordre de nuict, mesme il y eut quantité de leurs tentes bruslées, comme aussi de leur autre bagage. De ce retour fut le Duc tres-irrité, mais les Flamens ne voulurent rien faire pour luy, ains retournerent en leur pays contre le gré d'iceluy Duc, & alloient plus en un jour qu'ils n'estoient venus en deux, faisans grand desordre par où ils passoient, gens sans pitié, n'espargnans ny gentil ny vilain ; & aussi quand les Picards les trouvoient à leur deſſous, ils leur faiſoient aſſez de peine. Après que les Flamens ſe furent retirez en leur pays, & que le Duc Iean fut retourné à Arras, il manda par tout ſes gens, & fit une belle aſſemblée de gentils-hommes; puis s'en alla droit vers Roye en Vermandois, de là à Breteüil, puis à Beauvais, & Giſors. Il avoit en ſa compagnie le Comte d'Arondel d'Angleterre, à tout environ quatre à cinq cens Anglois combatans: De là il s'en alla à Pontoiſe, où il y eut un traiſtre qui voulut meurtrir, & eſſaya de tuer ce Duc Iean pendant qu'il eſtoit en cette ville, où il ſejourna bien quinze jours: or entra ce traiſtre en ſa chambre mais il fut apperceu, & eut la teſte couppée dans ladite ville de Pontoiſe. Quand le Duc Iean eut ainſi ſejourné à Pontoiſe, il en partit une après-diner, & s'en alla paſſer à Meulant: Il chevaucha toute nuict à tout ſon oſt, & le lendemain ſans s'arreſter il s'en vint à Paris au giſte, où il ſe logea avec tous ſes gens. Pour lors eſtoit le Duc d'Orleans logé dans S. Denis & à Saint Cloud avec (7) grande puiſſance, parquoy le Duc Iean ne fit logis & ne s'arreſta entre Pontoiſe & Paris. Quand il fut venu à Paris le Roy & le Dauphin luy firent grande joye, & bonne chere, ainsi que plusieurs autres grands Seigneurs : il se rafraischit luy & ses gens bien trois semaines. Or il arrivoit souvent entre Paris & Sainct Denys de grandes escarmouches entre les gens du Duc Iean & ceux du Duc d'Orleans. Pour lors estoit Capitaine de Paris le Comte Waleran de Sainct Paul, qui fut fait Connestable de France.

En ce temps par une nuict de S. Martin d'hyver (8), le Duc Iean sortit de Paris, avec grande puissance, & s'en alla toute nuict à Sainct Cloud, où il arriva environ au poinct du jour : Il mit aussi-tost ses gens en ordonnance, & envoya Enguerran de Bournonville & de ses autres Capitaines à tout leurs gens pour assaillir la ville de Sainct Cloud, lesquels tant firent qu'elle fut prise par force. Il y eut grande perte des gens du Duc d'Orleans, qui se retirerent en la forteresse du pont, & au monstier de la ville; mais il y eut grand assaut donné audit monstier par les gens du Comte d'Arondel: ceux qui estoient dedans se defendirent bien, & toutesfois rien ne leur valut; car il convint qu'ils se rendissent à la volonté des Anglois. Là fut pris Messire Maussart du Bos par les Anglois, avec plusieurs autres. Quand le Duc Iean eut ainſi beſongné à Saint Cloud, il ſe retira au giſte à Paris, & ſes gens avec luy.

Tandis que l'aſſaut duroit au Pont de Sainct Cloud, le Duc d'Orleans vint pour ſecourir ſes gens, mais la riviere de Seine eſtoit entre deux; & il ne pouvoit paſſer à cauſe du Duc Iean, lequel aprés cet exploit rentra, comme dit eſt, à Paris : puis le Duc d'Orleans & ſes gens paſſerent tous au Pont Saint Cloud, & allerent de nuict en tirant vers le pays de s'en Berry.

Tantoſt aprés, ce Duc Iean fit coupper la teſte audit Meſſire (9) Mauſſart du Bos, qui ne peut eſtre ſauvé pour aucunes prieres de ſes amis, à cauſe de la grande haine que ce Duc avoit alencontre de luy.

Un peu auparavant le Seigneur de Croy, qui eſtoit au Duc Iean, avoit eſté pris par les gens du Duc d'Orleans, mais Meſſire Iean de Croy ſon fils s'en alla vers le Chaſteau de Moncheau en Normandie, où il prit les deux enfans du Comte d'Eu, qui furent envoyez à Renty, parquoy il fut depuis traité que le Seigneur de Croy ſeroit delivré, à condition que les enfans d'Eu ſeroient mis en liberté.

Aprés ce Enguerran de Bournonville & le Seigneur de Ront s'en allerent mener guerre vers Eſtampes, mais ledit Seigneur de Ront fut pris par Bourdon, puis mené en la ville d'Eſtampes, où les gens du Duc Iean mirent le ſiege, & firent tant qu'ils r'eurent ledit de Ront, & Bourdon demeura leur priſonnier; ainſi fut la forterefſe d'Eſtampes miſe en l'obéïſſance du Duc Iean, lequel d'ailleurs laiſſa quantité de ſes gens en la frontiere par delà Paris vers Bonneval, puis s'en retourna en ſes pays de Flandre & Artois. Alors ceux qui gouvernoient le Roy & le Duc de Guyenne Dauphin, eſtoient du party du Duc Iean: partant le Duc d'Orleans avoit le Roy & le Duc de Guyenne contre luy, & fallut qu'il ſe retiraſt vers Orleans & Bourges: mais le Duc de Berry & le Duc de Bourbon demeurerent tousjours du party dudit Duc d'Orleans contre le Duc de Bourgongne.

L'an mille quatre cens & onze, (10) le Roy & le Duc de Bourgongne firent leur mandement pour aller vers Bourges, & aſſemblerent à ce ſubjet bien cent mille hommes de bonne eſtoffe tous vers Melun, puis tirerent tout droit à Montereau ou faut S. Yonne, delà à Sens en Bourgongne, puis à Charité ſur Loire. Il y eut de grandes Ordonnances faites, & fut le Seigneur de Croy declaré Capitaine de l'Avant-garde, accompagné d'Enguerrand de

Bournonville & plusieurs autres grands Seigneurs. En la compagnie du Roy estoit le Duc de Guyenne Dauphin, le Duc de Bourgongne, le Duc de Lorraine, & depuis y survint aussi le Roy Louys de Sicile, avec plusieurs autres. Aprés que le Roy eut fait ses ordonnances à la Charité, il s'en alla devant la ville de Dun-le-Roy, où il mit le siege tout autour : enfin cette ville fut rendue au Roy à condition *qu'ils s'en iroient saufs leurs corps & biens.*

De là le Roy s'en alla devers Bourges pour y mettre le siege : En la compagnie du Roy il fut fait grand nombre de Chevaliers lors de l'entreprise de ce siege, & y eut de grands assauts faits & soustenus par ceux de dedans contre ceux de dehors, car les assiegez tresbien se defendirent ; mais nonobstant tout, le siege fut fermé par un lez ou tranchée, & non plus. Dedans Bourges étoit le Duc de Berry oncle du Roy & du Duc de Bourgongne, avec le Duc de Bourbon, & aussi y pouvoient aller, venir & entrer librement tous autres quand il leur plaisoit : car le siege ny fut oncques fermé, fors par un seul lez ou fossé, & par un seul costé de la ville. Pendant que le siege fut devant Bourges du costé de la Charité, ceux de dedans saillirent dehors au nombre d'environ quatre à cinq cens, donnerent fur l'Avant-garde du Roy; furquoy y eut grande bataille, mais les Armagnacs furent enfin rechaffez dedans, aprés y avoir laiffé plufieurs des leurs tuez, par efpecial des Anglois qui y eftoient en garnifon. Cette befongne arriva un Dimanche droit à l'heure de None. Aprés, ceux de dedans commencerent fi fort à jetter canons, qu'il fallut que les gens du Roy fe retiraffent en arriere : auffi y avoit-il fouvent grands affauts & furieufes attaques données d'un cofté & d'autre, mais l'avant-garde du Roy eftoit fi forte, que ceux de la ville ne les pouvoient grever. En une courfe entre autres, que le Duc de Lorraine & le Seigneur de Helly firent, il y eut grande perte faite par ceux de la ville, & y fut pris le neveu de Bernardon de Fere gaillard hommes d'armes, & plufieurs autres avec luy. Ce jour Iean de Humiere chaffa fi avant qu'il ne peut retourner, & fut emmené prifonnier dans la ville. Quant le Roy Charles eut efté longtemps devant Bourges, il eut confeil d'aller par delà pour les affamer, & de laiffer garnifon vers la Charité, pour détourner les vivres. Quand ceux de la ville le virent déloger, ils cuiderent que le Roy s'enfuift &

faillirent

faillirent aprés; mais ceux de l'avant-garde du Roy estans en embuche frapperent sur eux, & en prirent & tuerent quantité, par especial gens de village à qui on fit assez de peine. Le Roy & ses gens chevaucherent tant qu'ils vinrent par delà la ville, & y mirent le siege. Pendant ce temps le pays de Berry fut fort gasté par les gens du Roy & du Duc de Bourgongne. Enfin le Roy ayant esté grande espace de temps par delà Bourges il y eut parlement de ceux de la ville avec les gens du Roy & du Duc, & appointement fait; puis parlerent ensemble le Duc de (11) Berry & son neveu le Duc de Bourgongne. Là il y eut grandes connoissances faites par plusieurs Seigneurs, & pardonna le Duc d'Orleans la mort de son Pere au Duc Iean, suivant certaines conditions dites entre eux, de quoy on fit ensuite mutuellement les fermens dans Auxerre, où furent les Ducs d'Orleans & de Berry. Aprés cela le Roy retourna à Paris, & chacun en son pays : & cuidoit-on lors veritablement avoir paix à tousjours, dont le monde estoit joyeux; car il leur sembloit qu'ils estoient bien eschappez, veu le mauvais commencement qui y avoit esté : mais nonobstant quelque paix ou accord qu'il y eut, on vit bien

*Tome V.*            Z

en bref aprés qu'elle n'eſtoit ferme, comme il ſe pourra appercevoir dans la ſuite.

Environ le temps que le Roy alla pour aſſieger Bourges, le Comte Waleran de Sainct Paul Conneſtable de France fut envoyé au Comte d'Alençon pour le reduire en l'obéiſſance du Roy : il y alla grandement accompagné de Picards & autres gens, & mit fort le pays en ſon obeïſſance. Or il y avoit une place nommée Sainct Remy au plein, laquelle ne voulut obeïr audit Comte lequel partant y mit le ſiege tout au tour, mais tant y fut que le Seigneur de Gaucour vint avec puiſſance pour combattre ce Cómte : lors le Comte Waleran ordonna ſes gens en bataille, tellement qu'il gagna la journée à l'aide de ſes gens qui eſtoient tres-vaillans. Avec le Comte Waleran eſtoit Iean de Luxembourg ſon neveu, lequel fut fait ce jour-là Chevalier, & s'y porta vaillemment, nonobſtant qu'il fut jeune d'aage. Auſſi y fut fait Chevalier Raulequin fils du Vidame d'Amiens, & pluſieurs autres ſemblablement avec eux. Là eſtoit le Borgne de la Heuſe homme de grand renom & fort ſage en guerre, par qui ledit Comte Waleran ſe gouvernoit en partie pour le fait de la guerre. Aprés que ce Comte eut gagné la place de Sainct Remy au plein,

& pris quantité de prisonniers, il en fut tres-joyeux, & remercia nostre Seigneur de la victoire qu'il luy avoit envoyé. Plusieurs autres places au pays d'Alençon se reduisirent en son obeïssance, aprés quoy il s'en alla en son pays, puis par devers le Roy & le Duc de Bourgongne, qui grande joye lui firent. Il avoit entre autres prisonniers le Seigneur de Gaucour, lequel il envoya en Artois en sa ville de Sainct Paul tenir prison, mais enfin il fut mis à rançon, & delivré en payant finance. Peu avant ce temps le Comte Waleran avoit tenu le siege devant le chasteau de Coucy en Laonnois, qui fut long-temps assiegé, car ceux de dedans le defendirent bien : mais le Comte Waleran s'advisa de faire miner par dessoubs la tour un nommé Maistre Oudon, tellement que quand se vint à mettre le feu en la mine, la tour fut toute enclinée & renduë penchante, comme il se peut voir encore : tant fut le Comte Waleran devant Coucy qu'il luy fut rendu, & y mit ses gens dedans pour le garder, puis s'en alla devers le Roy.

Aprés que la paix du Duc Iean de Bourgongne & du Duc Charles d'Orleans eut esté confirmée à Auxerre, comme il vient d'estre dit, il se passa environ deux ans que la chose s'entretint de la sorte pacifiquement : lors ne parloit-on d'aucune guerre, mais par envie que chacun avoit de gouverner le Royaume, la chose se remit dedans le trouble plus fort qu'auparavant.

Le Duc Charles d'Orleans avoit envoyé querir aide en Angleterre, & pour finance payer il envoya le Comte d'Angoulesme son frere se tenir pour ostage en Angleterre avec autres gentilshommes de son hostel, lesquels y demeurerent depuis long-temps pour l'occasion de la guerre, qui empescha qu'ils ne peurent estre si tost delivrez & rachetez.

L'an mille quatre cens & treize, le Duc Iean de Bourgongne estoit à Paris où il y avoit plusieurs autres grands Seigneurs du Sang Royal, qui tous avoient envie sur ce Duc, & contendoient à le chasser du gouvernement du Royaume, comme il fut depuis apparent.

De cela s'appercevoit bien ce Duc Iean en plusieurs manieres, à quoy il resistoit le plus qu'il pouvoit : car il avoit grande partie du commun de Paris à son commandement, specialement les Bouchers par lesquels il fit prendre le Duc de Bar, & Messire Iacques de la Riviere, lesquels furent detenus prisonniers pendant longtemps.

Or de cette prise fut le Duc de Guyenne

Dauphin grandement courroucé envers ce Duc, qui estoit son beau-pere, & luy dit *qu'il s'en repentiroit*. Il fut lors fait à Paris de merveilleuses besongnes ; car ceux qui tenoient le party du Duc Iean portoient petits chapperons tous d'une livrée : Entre autres il y avoit un Boucher nommé *Caboche*, qui avec un qu'on appelloit *Deniset de Chaumont* conduisoient ainsi le commun peuple, pour la bende de ce Duc Iean soustenir.

Par telles choses & plusieurs autres, se renouvella la guerre entre le Roy Charles & les Seigneurs de France contre le Duc Iean, lesquels Princes ne cesserent oncques de faire tant qu'ils eussent tourné le Roy & son fils le Duc de Guyenne contre ce Duc Iean. Le Duc de Bar fut lors delivré de prison par le pourchas de Bonne sa sœur Comtesse de Sainct Paul, & par ses autres bons amis ; mais le frere du Seigneur de la Riviere mourut en prison, & luy mit-on sus *qu'il s'estoit tué d'un pot*, pource qu'on le detenoit prisonnier, & de ce on parla en mainte maniere. Aprés tous ces appointemens & évenemens le Duc Iean se retira en ses pays, laissant aucuns Seigneurs de son hostel par devers le Duc de Guyenne son beau fils dont Messire Iean de Croy fut l'un, mais il fut pris & mené prisonnier à Montlehery, où il fut detenu longtemps.

En ce temps le Roy Charles, le Duc d'Orleans, le Duc de Bourbon, le Comte de Richemont, & Messire Charles d'Albret Connestable, avec plusieurs autres grands Seigneurs, promirent tous ensemble de destruire le Duc Iean de Bourgongne, & le chasser de son pays. Or aprés que ces Seigneurs dessusdits eurent pris telle conclusion contre ce Duc, il en ouyt nouvelles, dont il fut fort dolent, pource que le Roy estoit contre luy, & le Duc de Guyenne Dauphin, plus que tous les autres : mais nonobstant il se reconforta de tout, & assembla ses gens pour aller vers Paris, sçavoir s'il pourroit rompre ces alliances. Il se fioit beaucoup au commun de Paris, qui luy manderent qu'il vint en asseurance, & qu'ils le mettroient dedans leur ville.

Environ le temps que le Duc de Bar fut pris, Messire Pierre (12) des Essars estoit Prevost de Paris, qui avoit comme tout gouverné auprés d'iceluy Duc Iean, & avoit grandement tenu son party, mais il se retourna comme on fit entendre à ce Duc, qui à ce subjet le fit prendre, puis luy fit coupper la teste dans Paris, dont plusieurs gens furent fort esmerveillez.

Quand le Duc Iean eut assemblé ses gens pour venir à Paris, il avoit tres-belle compagnie, & chevaucha droit vers Paris, puis se logea dedans la ville de Sainct Denys en France, où là sejourna grand piece de temps. Pendant que ce Duc estoit logé à Sainct Denys, le Seigneur de Croy envoya seize ou vingt hommes d'armes bien montez à Montlehery où son fils estoit prisonnier, qui firent tant par aucun moyen, que Messire Iean de Croy qui estoit prisonnier dans le chasteau, vint pour ouyr Messe en la ville, aussi-tost ils le firent monter sur un bon coursier, puis s'en allerent droit à Sainct Denys, sans qu'il fust possible à ceux du chasteau de le rescourre : ainsi revint Messire Iean de Croy vers le Duc de Bourgongne, & vers le Seigneur de Croy son pere, qui grande chere luy firent, & à ceux qui l'avoient ainsi sauvé & ramené.

Durant aussi le temps que le Duc Iean sejourna à Sainct Denys, il envoya Enguerran de Bournonville par un matin bien accompagné vers Paris, lequel s'adressa à la porte du Marché aux chevaux, cuidant que ceux de la ville le deussent mettre dedans,

mais ils ne peurent; car ils furent de trop
près visitez. Il y eut lors dedans Paris grand
effroy, car pour vray il y avoit grande partie du commun de Paris pour le Duc Iean.
Quand iceluy Enguerran de Bournonville
apperceut qu'il avoit failly à entrer, il retourna à Sainct Denys devers le Duc Iean.
Assez tost aprés ce Duc partit de Sainct Denys
bien accompagné, y laissant garnison de ses
gens, & pour Capitaine Messire Huë de Lannoy, accompagné de Hector de Saveuse, &
Philippe de Saveuse son frere, avec plusieurs
autres gentilshommes; aussi y demeura Lionnel de Maldeghen vaillant homme de guerre,
& subtil. Enguerran de Bournonville & Lamon de Lannoy furent envoyez en la ville
de Soissons : par cette maniere le Duc Iean
garnit les frontieres de Beauvoisis, car il y
avoit plusieurs bonnes villes & forteresses
tenans son party. Depuis ce Duc se retira
en son pays d'Artois, où il manda & con-
voqua tous les Seigneurs de ses pays à Arras:
là y eut grands conseils tenus par luy & ses
Barons : il estoit en grand doute de pouvoir
soustenir ce faix, à cause que le Roy s'estoit ainsi tourné contre luy, dequoy plus luy
grevoit que de tous les autres à qui il avoit
affaire; mais enfin il prit conclusion d'attendre

en son pays toutes adventures, faisant par tout garnir ses bonnes villes & forteresses pour se defendre contre tous venans, & outre ce il se garnit fort de gens; car il manda tous les Seigneurs de Bourgongne qui vinrent à grande puissance à son secours.

L'an mille quatre cens & quatorze le Roy Charles fit ses mandemens par toutes les parties du Royaume, & assembla bien quatre-vingts mille hommes, parmy lesquels estoient plusieurs grands Seigneurs, car le Duc de Guyenne son fils (13) aisné y estoit, le Duc Charles d'Orleans, le Duc de Bar, le Duc de Bourbon, & plusieurs autres grands Princes, qui promirent au Roy de destruire le Duc Iean de Bourgongne, & le chasser de ses Seigneuries. Quand le Roy eut assemblé ses gens il chevaucha, droit vers la ville de Compiegne, qui estoit fort garnie des gens dudit Duc Iean, & là mit le siege tout autour, mais il y eut de grandes escarmouches avant qu'il peust estre bien formé; car ceux de la ville firent beaucoup de peine aux gens du Roy, dont ils prenoient souvent des prisonniers, qu'ils menoient dedans la ville, par les sorties de Hector de Saveuse & de Philippe son frere, qui estoient tresvaillans en faict de guerre : & aussi Messire

Huë de Lannoy qui en eſtoit Capitaine, s'y gouverna hautement; & ſi y eſtoit le bon Lionnel de Maldeghen, qui eſtoit homme bien renommé en toutes beſongnes où il ſe trouvoit : avec eux y avoit foiſon d'autres Gentilshommes de grande entrepriſe, qui bien vaillamment s'y gouvernerent. Le Roy qui tenoit ſon ſiege devant, avoit en ſa compagnie de vaillans hommes d'armes, qui bien recherchoient les occaſions d'y acquerir de l'honneur, & entre autres y eſtoit Hector de Bourbon frere baſtard du Duc de Bourbon, qui eſtoit tenu pour le plus vaillant entre tous les autres, lequel manda à ceux de la ville *qu'il les iroit viſiter le jour de May au matin*. Quand ce baſtard eut ainſi mandé à ceux de la ville, ils ſe preparerent alencontre pour le recevoir : or quand ſe vint audit jour de May, ledit baſtard qui eſtoit accompagné de puiſſantes gens, vint vers une porte de Compiegne : luy & ſes gens avoient chacun un chapeau de feuillages, vulgairement dit *de May* ſur leur teſte armée : là y eut grand chocq d'un coſté & d'autre; meſme y eut ledit baſtard de Bourbon ſon cheval tué ſoubs luy, car ceux de la ville ſe defendirent tres-vaillamment, & y eut pluſieurs bleſſez des deux coſtez ; mais nonobſtant toute la defense que ceux de la ville firent, le baſtard & ſes gens les preſſerent ſi vivement, qu'enfin les gens du Duc Iean rendirent la ville au Roy, à condition *qu'ils s'en iroient ſaufs leurs corps & leurs biens*, ce que le Roy leur accorda, & l'ayant ainſi mis en ſon obeïſſance, il la garnit de ſes gens, puis il s'en alla à Soiſſons, où Enguerran de Bournonville eſtoit, & là mit le ſiege tout autour, mais il y trouva grande defenſe par ledit Enguerran, & ſes gens. Tandis que le Roy eſtoit à ce ſiege, le ſuſdit baſtard de Bourbon fut navré à mort en allant conſiderer les foſſez: il fut fort plaint de ſes gens, par eſpecial du Duc de Bourbon ſon frere, qui grandement l'aimoit par la vaillance qui eſtoit en luy. Cette mort nuiſit depuis à Enguerran de Bournonville, qui fut bien courroucé quand il ſceut la mort de ce baſtard. Enfin le Roy ayant eſté long eſpace de temps devant Soiſſons, fut conſeillé de la faire aſſaillir, parce qu'il deſcouvrit qu'il y avoit diſſenſion entre les gens du Duc Iean & ceux de la ville; car Enguerran & ſes gens avoient voulu ſortir de la ville, mais le commun en fut malcontent, pource qu'ils les laiſſoient de la ſorte en grand danger, ſans leur aider à faire quelque bon traité, & pource ſe tournerent la plus grande partie contre ledit Bournonville : outre ce il y avoit aussi grand debat entre les gens d'iceluy Enguerran & les gens de Lamon de Lannoy, partant ils se trouvoient tres-mal d'accord dedans la ville, & peu s'entre-aimoient l'un l'autre. Par telles dissensions fut depuis la ville, & eux-mesmes en voye de perdition : car les gens du Roy assaillirent tout autour & dura l'assaut longuement ; mais enfin elle fut prise & emportée d'assaut par les gens du Roy, qui vaillamment s'y porterent. Là fut pris Enguerran de Bournonville & Lamon de Lannoy, avec tous leurs gens ; comme encore Messire Pierre de Menau (14) qui estoit du pays, auquel depuis le Conseil du Roy fit coupper la teste. A la prise de cette ville y eut grand desordre commis ; car les Eglises furent pillées, & quantité de femmes violées par force, tant gentilles femmes que autres, dequoy la ville fut du depuis pendant longtemps en grande destruction. Aprés ces choses ainsi faites, Enguerran de Bournonville eut aussi la teste couppée, & ne peut estre sauvé pour aucune priere, combien qu'il y avoit plusieurs des gens du Roy qui en furent courroucez ; mais le Duc de Bourbon, qui estoit fort en colere de la mort de son frere bastard, fut l'un de ceux qui plus de mal luy fit.

Quand le Roy eut ainsi achevé à Soissons, il en partit pour venir vers la ville de Peronne. Il logea en la ville, où il fut assez longtemps : tous ses gens estoient logez au pays d'autour Peronne. Depuis il fut conseillé d'entrer dans le pays du Duc Iean de Bourgongne, & y tout prendre par force, & mettre à destruction ses pays. Lors le Roy chevaucha vers la ville de Bapaume, laquelle estoit fort garnie des gens du Duc Iean. Il mit le siege autour de cette ville, & tant y fut qu'elle luy fut enfin rendue : ceux qui estoient dedans en partirent *saufs leurs corps & leurs biens*. Assez tost aprés que le Roy eut mis Bapaume en son obéissance, & qu'il l'eut garny de ses gens, il en partit pour aller devant Arras mettre le siege. Cette ville estoit garnie de bons gens d'armes & gens de traict, dont estoit Capitaine Messire Iean de Luxembourg, qui estoit Chevalier de grand renom & preux aux armes, lequel avoit bien de bonne estoffe mille hommes d'armes, sans les gens de traict & ceux de la ville qui moult estoient puissans. Au dessous dudit Messire Iean de Luxembourg estoient plusieurs Capitaines, & entre autres le Seigneur de Noyelle, nommé le *Blanc Chevalier*; & de Bourgongne y estoit le Seigneur de Montagu, le Seigneur de Champdivers, le Seigneur de Tolongeon, & plusieurs autres grands Seigneurs. Ainsi Messire Iean de Luxembourg estoit accompagné de vaillans & sages hommes d'armes, qui bien le conseillerent, ce qui parut bien à la fin. De ceux de la ville estoit Capitaine le Seigneur de Beaufort à la barbe, qui estoit homme de haute entreprise, lequel les retint bien en son obeissance & commandement, tant que le siege dura. Aussi estoit la ville & la cité garnie de gens qui estoient fort vaillans, & peu craignoient d'estre attaquez, sinon par trahison. Aussi quand ils sceurent la verité qu'on les venoit assieger, ils mirent le feu dans leurs fauxbourgs, tant de Baudimont que aileur : mesme ils abbatirent plusieurs Eglises qu'ils destruisirent, afin que leurs ennemis ne s'y logeassent si à leur aise : & de plus tint tousjours bon le chasteau de Belle-motte, qui estoit un grand confort & soulagement à ceux de la ville d'Arras : car quand ils vouloient envoyer quelque message vers le Duc Iean, ils l'envoyoient par ledit chasteau pour aller plus seurement. Donc aprés que le Roy eut conquis Bapaume, il s'achemina vers Arras. Il avoit lors en sa compagnie bien cent mille hommes, entre lesquels estoient plusieurs hauts Princes; car le Duc de Guyenne y estoit, le Duc Charles d'Orleans, le Duc de Bar, le Duc de Bourbon, Messire Charles d'Albret Connestable de France, le Comte de Richemont, le Comte d'Armagnac, le Comte d'Alençon, & plusieurs autres, qui tous tendoient à destruire le Duc Iean. Or tant chevaucha le Roy, qu'il arriva assez prés d'Arras. Dés le lendemain ses gens commencerent à approcher la ville : & logea le Roy à *la Maison du Temple*. Au commencement du siege dés le premier jour il y eut fieres escarmouches & attaques des gens du Roy contre ceux de la ville, en quoy gagnerent ceux de la ville quantité de prisonniers & de chevaux ; mais nonobstant le siege ne fut mie si tost assis, ains au bout seulement de quinze jours il fut fermé. Le Duc de Bourbon se logea au fauxbourg de Baudimont, & le Duc de Bar estoit logé au fauxbourg vers Belle-motte. Ceux de la ville faisoient souvent grandes saillies, par especial à la Barette d'Avenne, & à la porte Sainct Michel vers Belle-motte, & souvent amenoient prisonniers en la ville. Les gens du

Roy tenoient pour ce temps le chasteau d'Avenne-le-Comte & celuy de Villers-castel, d'où ils grevoient fort le pays, & le tenoient en grande subjetion, mesme ils allerent courre jusques à Sainct Paul, le Comte Waleran y estoit, qui encores se disoit Connestable de France. Ils luy bruslerent ses fauxbourgs; mais les gens dudit Comte Waleran saillirent hors icelle ville de Sainct Paul, & rechasserent les gens du Roy, dont ils tuerent un, de quoy ce Comte fit semblant d'estre courroucé. Une autre fois les gens du Roy allerent jusques aux portes de Hedin, & y causerent grand effroy; mais ils perdirent beaucoup de leurs gens, avant qu'ils revinssent à leur siege. Ainsi coururent les gens du Roy par tout le pays d'Artois, parquoy il fut fort destruit de tous costez. Cependant ceux qui estoient au siege s'efforçoient fort de prendre la ville, devant laquelle souvent ils jettoient grands engins, dont les portes & murailles furent fort endommagées. Les gens du Roy passerent par un Dimanche aprés disner, la riviere du Marais Sainct Michel par une petite planche, puis vinrent assez prés de la poterne vers ledit Marais. Quand ceux de la ville les apperceurent, ils saillirent

alencontre

alencontre d'eux : là y eut grand combat donné, mais enfin les gens du Roy furent desconfits, & y eut de morts & noyez grande quantité, & de pris & emmenez en la ville. A cette besongne se conduisit vaillamment Percheval le Grand. Le lendemain le Duc de Bourbon envoya requerir qu'on laissast enterrer ceux qui estoient noyez, dequoy Messire Iean de Luxembourg fut content, moyennant *qu'ils auroient les corps de ceux de la ville & les harnas*, dont il fut ainsi ordonné. Le Comte d'Eu fut fait Chevalier en une mine à combattre contre le Seigneur de Montagu, & estoit la mine dessoubs les murs de la cité, proche de Baudimont. Devant Arras le Roy fut occupé six semaines, environ le mois d'Aoust : peu il y gagna, ains y perdit Messire Amé de Sarbruce d'un coup de canon qui le frappa en la teste. En toutes les sorties que ceux de la ville firent, ils perdirent peu de leurs gens, & n'y furent pris des gens de renom que Baugois de la Beuvriere, & le Bastard de Beille. Le Duc Iean avoit ordonné grande puissance de gens pour secourir ceux de la ville d'Arras, dont estoit conducteur le Seigneur de Croy, & cuidoient frapper sur le logis de Baudimont. Quand ledit Seigneur de Croy eut tout assemblé vers Betune, pour eſtre rendu au poinct du jour dans Arras, il fit advancer ſes coureurs devant, & en fut Atis de Brimeu avec Iacques de Brimeu ſon frere; mais ils furent pris des gens du Roy, & menez au camp de ce ſiege, parquoy cette entrepriſe fut rompue. Depuis iceluy Iacques de Brimeu eſchappa, & entra dans Arras, dont le peuple fut bien joyeux. Quand le Roy eut ainſi eſté devant Arras grand eſpace de temps, la Ducheſſe de Hollande ( qui eſtoit ſœur du Duc Iean ) alla devers le Roy, & fit tant que ce Duc Iean obtint enfin la paix du Roy; car le Comte de Pontieu qui eſtoit ſecond fils du Roy, avoit eſpouſé la fille du Duc Guillaume de Hollande & de ladite Ducheſſe, laquelle par ainſi ſe trouvoit niece du Duc Iean de Bourgongne, ſçavoir fille de ſa ſœur. Quand cette Ducheſſe eut fait (15) ce traité du Duc Iean avec le Roy, ceux de la ville d'Arras en furent bien joyeux : car le Roy deſlogea auſſi-toſt aprés qu'il eut receu l'obeïſſance d'icelle ville, & que ſes bannieres eurent eſté miſes ſur ſes portes. Or combien que la paix euſt ainſi eſté traitée, ſi ſe deſlogea le Roy & ſes gens en grande confuſion, & s'en allerent & desbanderent plus en un jour qu'ils n'eſtoient venus en deux. Le Roy ne sejourna guieres tant qu'il fust parvenu jusques à Paris.

Quand le Duc Iean se vid ainsi delivré de ses ennemis, il en fut bien joyeux; & tantost manda par tout ses gens, & assembla grande puissance de toutes parts, puis s'en alla au Duché de Bourgongne, & passa par Mesieres sur Meuse où le Duc de Nevers son frere luy fit grand feste, & moult s'entre-conjouyrent l'un frere à l'autre: depuis le Duc Iean s'en alla en Bourgongne, où il sejourna longtemps sans retourner en Flandre: là luy firent les Seigneurs de Bourgongne grande joye & recueil, car ils l'aimoient fort. Le Duc Iean estant en Bourgongne, & la paix ainsi faite devant Arras, si restoit-il tousjours grande envie entre le Duc Charles d'Orleans, ses alliez, & le Duc Iean de Bourgongne. De faict, Messire (*) Ienet de Pois qui s'en alloit en Bourgongne devers le Duc Iean à tout trois cens compagnons, fut rué jus par les gens du Duc d'Orleans, & retenu prisonnier luy & ses compagnons. La paix d'Arras que dessus estant faite de la sorte, & le temps estant venu qu'il convenoit faire les sermens de la bien entretenir, Monsieur de Guyenne Dauphin fit

(*) Al. Iean.

tout le premier son serment, presens plusieurs grands Seigneurs qui là estoient ; entre autres ladite Duchesse de Hollande. Lors le Duc de Guyenne dit à Monsieur d'Orleans : *Beau Cousin, il vous convient jurer la paix comme nous avons fait.* Alors s'advança le Duc d'Orleans, & s'enclina bien bas, disant : *Monsieur, je ne suis point tenu de jurer ny de faire serment, car je suis icy venu pour servir Monsieur le Roy & vous.* Et Monseigneur de Guyenne luy dit : *Il le vous convient faire, nous vous en prions.* Et le Duc d'Orleans dit encore une fois : *Monsieur, je n'ay point rompu la paix, & ne dois faire serment, plaise vous estre content.* Encore après luy en requit le Duc de Guyenne : adonc le Duc d'Orleans par grand courroux luy dit : *Monsieur, je n'ay point rompu la paix, ne ceux de mon costé, faites venir celuy qui l'a rompuë, present vous, car je ne l'ay point rompuë.* Là y eut l'Archevesque de Rheims qui dit : *Monsieur d'Orleans, faites le serment d'entretenir la paix.* Ainsi le fit-il enfin, quoyque contre sa volonté : car il luy sembloit bien que le Duc Iean estoit celuy qui seul avoit rompu la paix, laquelle avoit esté faite en la ville d'Auxerre. Après que le Duc d'Orleans eut finalement fait ce serment, fort à contre-cœur; Monsieur de Guyenne fit appeller le Duc de Bourbon, lequel cuidoit faire replique & excuse de paroles, comme avoit fait le Duc d'Orleans, mais le Duc de Guyenne luy couppa court, en disant: *Beau cousin, je vous prie n'en parlez plus*: adonc fit le Duc de Bourbon serment de tenir la Paix. Aprés luy le fit aussi le Duc de Bar, avec plusieurs autres grands Seigneurs. A tant on appella l'Archevesque de Sens, lequel estoit frere de Montagu: & quand il vint devant Monsieur de Guyenne, on luy dit, *qu'il falloit qu'il jurast la paix*: Lors il s'enclina, & dit à Monsieur de Guyenne: *Monsieur, souvienne-vous du serment que vous fistes, & nous tous au partir de Paris, present la Reyne*. Et adonc luy dit Monsieur de Guyenne: *N'en parlez plus, nous voulons que la paix tienne, & que vous la juriez*. Sur quoy cet Archevesque repliqua: *Monsieur, je le feray, puisque c'est vostre plaisir*. Et n'y en eut plus qui fissent refus de jurer la paix que ces trois. Mais quelque paix qu'ils eussent juré ensemble, si y avoit-il peu d'amour, comme il se peut bien descouvrir peu aprés: car les gens du Duc Iean qui avoient fait la guerre, ne s'osoient trouver és bonnes villes du Roy.

Et fut Hector de Saveuse pris en allant en pelerinage à Leance, & mené prisonnier à Paris, où il fut en grand danger de sa vie; mais la Duchesse de Hollande luy ayda beaucoup, pour l'amour de ce qu'il appartenoit à son frere le Duc Iean de Bourgongne : & aussi Philippe de Saveuse frere dudit Hector, prit le Seigneur de Chaule & Witasse d'Aine, lesquels avoient beaucoup de leurs amis auprés du Roy, qui employerent grande peine à la delivrance dudit Hector, afin de delivrer les deux dessusdits qu'iceluy Philippe tenoit prisonniers : par ainsi eschappa Hector de Saveuse de Paris. Par telles choses, & plusieurs autres, se renouvella la guerre & l'envie entre les Seigneurs de France & le Duc Iean, parquoy le Royaume de France fut depuis reduit en grande perdition.

Tout ce temps durant il y avoit dans le Royaume de France doubles Officiers; car chacune partie contendoit les faire à sa poste : le Comte Waleran de Sainct Paul estoit Connestable de France par la volonté du Duc Iean de Bourgongne, & le Seigneur de Dampierre Admiral. Les autres avoient fait Messire Charles d'Albret Connestable, & Clunet de Brabant Admiral : ainsi estoit pour lors manié le Royaume de France, pour cette malheureufe guerre du Duc Iean de Bourgongne, avec le Duc Charles d'Orleans.

Cette mefme année environ la Sainct Remy, le Comte Waleran de Sainct Paul ( qui encore fe difoit Conneftable de France ) affembla quatre à cinq cens combattans, & s'en alla à Ligny en Barrois, qni eftoit à luy. Quand il fut là venu, le Duc Antoine de Brabant ( qui avoit efpoufé en premieres nopces la fille d'iceluy Comte ) luy bailla le gouvernement du Duché de Luxembourg, qui eftoit à luy de par fa feconde femme. Or ce Comte, aprés qu'il eut fejourné cinq femaines audit lieu de Ligny, & fait voyage devers le Duc de Bar fon beau frere à Bar-le-Duc, s'en alla audit Duché de Luxembourg, où il fut bien obeï, & luy delivra-on la fortereffe. Aprés il s'en alla en plufieurs autres bonnes villes, par tout on le mettoit & recevoit dedans, fuivant le commandement dudit Duc Antoine de Brabant. Aprés il s'en alla à Danvillers, où il fejourna grande piece, puis il alla mettre le fiege devant une fortereffe nommée *Neuville*, qui eftoit fur la riviere de Meufe, & faifoit des courfes dans la Duché de Luxembourg. Cette fortereffe appartenoit au Seigneur d'Orchimont. Quand ledit Comte Waleran eut entrepris le fiege devant cette place de Neuville, il y demeura longtemps, & avoit fait asseoir grands engins devant le chasteau pour jetter dedans, puis il fit faire fossez autour du monstier qui estoit devant ledit chasteau, & fit faire des guerites autour dudit monstier, puis il le pourveut bien de vivres, & laissa de ses gens dedans pour garder que ceux du chasteau n'en peussent saillir, dont il fit Capitaine un Gentilhomme du pays, qu'on nommoit *le grand Wautier Disque*. Aprés que ce Comte eut ainsi pourveu à ce monstier de Neuville, il s'en alla à Danvillers, & de là à Iuuy (*), où il fut grande espace de l'hyver. Cependant ses gens qu'il avoit laissé audit monstier de Neuville, y firent tant que le chasteau se rendit, dont le Seigneur promit ensuite *qu'il ne leur feroit plus de guerre:* partant les gens que ledit Comte avoit laissé au monstier de Neuville, s'en allerent à Iuuy par devers luy. Ensuite ce Comte demeura à Iuuy tout le caresme, & là tenoit ses gens avec luy. Or environ quinze jours aprés Pasques il luy prit une maladie, dont il mourut. Il fut enterré dans la grande Eglise de Iuuy, combien qu'il eut ordonné *qu'on le portast en l'Abbaye de Cercamp* situé dans le Comté de Sainct Paul, mais on n'en fit rien.

(*) Al. Juoie ou Juoy.

pour l'heure, parce que le pays & les chemins estoient perilleux, & de plus il n'avoit pour lors avec luy aucun de ses prochains amis ; car il estoit desja mort quand la Comtesse sa femme y arriva, laquelle en fit grand dueil, lorsqu'elle en sceut la verité : car ce Comte avoit fort desiré de la voir avant sa fin derniere. Aprés la mort d'iceluy Comte, ses gens furent grandement troublez, & s'en allerent, les uns en leur pays, les autres avec ladite Comtesse à Ligny en Barrois. Ainsi mourut le Comte Waleran de Sainct Paul hors de son pays, dont ce fut grand dommage ; car il estoit *Prince de grand entendement, & qui moult estoit sage.* Aprés sa mort le Duc Antoine de Brabant releva le Comté de Sainct Paul & celuy de Ligny avec toutes les autres terres du defunct Comte Waleran, pour Philippes son fils moins-né ; car ce Duc Antoine avoit espousé la fille d'iceluy Comte Waleran, dont il avoit deux fils, Jean & Philippes, le puisné tousjours nommé Comte de S. Paul, tant que son frere vesquit.

Pour ce temps le Duc Iean de Bourgongne se tenoit en son pays de Bourgongne ; car alors on parloit peu de guerre en France, fors, que chacun sçavoit bien qu'il n'y avoit mie ferme amour entre le Duc Iean de Bourgongne, & le Duc Charles d'Orleans.

L'an 1415. le Roy Henry d'Angleterre, qui bien sçavoit le discord qui estoit entre les Seigneurs de France, & qui tousjours contendoit de conquerir ce Royaume, fit son mandement en Angleterre, & assembla grande puissance d'Anglois, puis il monta sur mer & s'en vint descendre devant Harfleur, où il mit le siege par mer & par terre. Ladite ville de Harfleur estoit garnie de bons gens d'armes, qui bien la tinrent : mais le Roy Henry y fut si longuement, qu'il fallut que les François luy rendissent la ville, parce qu'ils n'attendoient plus de secours. Ce fut là le commencement de sa conqueste en Normandie. Or tandis que ledit Roy Henry tenoit siege devant Harfleur, les Seigneurs de France firent grandes assemblées pour y resister, & se mit Messire Charles d'Albret, qui estoit Connestable, sur les champs, à tout grande puissance avec le Mareschal Bouciquaud, le Seigneur de Dampierre, qui estoit Admiral de France, & plusieurs autres grands Princes, à sçavoir le Duc d'Orleans, le Duc de Bar, le Duc de Bourbon, le Duc de Nevers, le Comte de Beaumont : lesquels Seigneurs dessusdits avoient assemblé toute leur puiſſance pour combattre ce Roy d'Angleterre. Aprés la conqueſte faite de Harfleur, iceluy Roy Henry partit à tout ſa puiſſance pour aller à Calais : à cette fin il chevaucha droit en tirant vers la Normandie. En chemin faiſant devant la ville d'Eu il y eut grande eſcarmouche des François & Anglois, en laquelle rencontre mourut Lancelot pere, qui eſtoit Bourbonnois, vaillant homme d'armes, & bien renommé, auſſi tua-il l'Anglois qui l'avoit navré à mort. De là ce Roy Henry pourſuivit ſa route en venant vers Abbeville : pluſieurs cuidoient qu'il voulut aller paſſer à la Blanque-taque, mais il n'en fit rien ; car il tira vers le Pont de Remy, & aſſaillit Bille pour avoir paſſage par là : mais cette place fut bien & grandement defenduë par le Seigneur de Wancour qui en eſtoit Sire, avec ſes deux fils, qui eſtoient Chevaliers de haut courage & bien renommez, leſquels outre ce, eſtoient bien pourveus de bonnes gens & inſtrumens de guerre. Aprés que ce Roy vid qu'il ne pouvoit paſſer par ledit Pont de Remy, il tira vers Araine, de là vers Amiens, & paſſa par devant la ville ſans rien perdre : puis s'en alla loger à Bonne. La puiſſance du Roy Charles pourſuivoit touſiours ce Roy Henry, tant qu'il n'y avoit souvent que de cinq à six lieues entre les deux armées, de sorte que de jour en jour ils les croyoient combattre, mais ils n'avoient mie place à plaisir, aussi attendoient-ils le Duc de Bretagne, qui venoit à l'aide des François avec plusieurs gens. Ledit Roy Henry s'en alla passer la riviere de Somme à Esclusier, prenant logement au tour de Miraumont, pour de là gagner Calais, puis il se logea à Forceuille, Acheu, & dans les villages d'autour. D'autre part les François tirerent au devant vers Sainct Paul. Aprés le Roy Henry se logea à Bonniere-lescaillon. Le Mercredy jour de Touffaincts, son Avant-garde estoit logée à Fervene, & occuperent icelle nuict sept ou huict villages: Le Ieudy ensuivant le Roy Henry délogea de Bonniere, passa par Fervenc, de là il chevaucha jusques à Blangi en Ternois, & passa outre, pour aller loger à Maisoncelle, là où il se logea & y rassembla tous ses gens. Ce propre jour les Seigneurs de France vinrent loger à Ruisseauville, Azincourt, & en plusieurs autres villages des environs, puis ils se mirent aux champs, & se logerent assez prés de l'Ost du Roy Henry, tellement qu'il n'y avoit qu'environ quatre traicts d'arc entre les deux armées, & passerent ainsi cette nuict sans se rien faire l'un à l'autre. Quand se vint le Vendredy (\*) au matin, les Seigneurs de France se mirent en grande ordonnance, & firent une Avant-garde, où ils mirent la plus grande partie de leur Noblesse & Seigneurie, & la fleur de leur gens : aussi composerent-ils une bataille fort puissante & une arriere-garde. En verité les François estoient sans comparaison beaucoup plus forts en nombre que les Anglois, & y avoit parmy eux bien plus noble compagnie.

Le Roy Henry se mit pareillement en ordonnance, & disposa une avant-garde avec une grosse bataille, & mit tous les Archers devant, tenant chacun d'iceux une armé aiguisée à deux bouts devant luy, appuyée & soutenuë en terre. Ce jour il y eut grand pourparler entre les deux armées, & redoutoit fort iceluy Roy Henry cette journée, mais ils ne peurent estre d'accord, parquoy fallut qu'ils se missent en bataille. Là vint le Seigneur de Helly, qui long temps avoit esté prisonnier en Angleterre, & cuidoit bien pour lors que les François deussent remporter l'advantage en icelle journée ; mais il en arriva tout autrement : car quand se vint au choq les Anglois avoient

(\*) Iuvenal des Ursins dit pag. 314 que cette bataille se donna le 25 Octobre, feste S. Crespin.

plusieurs Archers, qui commencerent fort à tirer contre les François, lesquels estoient excessivement armez, parquoy furent-ils fort travaillez avant qu'ils peussent approcher les Anglois. Là y eut grande bataille d'un costé & d'autre ; les Anglois furent fort recognez d'abord, mais l'avant-garde des François se mit en grande desroute, ce qui commença par petits pelotons ; puis aussi la bataille s'ouvrit & divisa, dans laquelle aussi-tost les Anglois entrerent, où ils frapperent & tuerent sans mercy : de plus, la bataille des François & l'arriere-garde d'iceux ne s'assemblerent point. Ainsi se mirent tous à fuir, car tous les Princes s'estoient mis en l'avant-garde, & avoient laissé leurs gens derriere, parquoy il n'y eut point d'entreprenement ny d'ordre parmy leurs gens. Là y eut grande mortalité & tuerie des François, qui y furent tous desconfits, & y en mourut bien sur la place trois à quatre mille, sans ceux qui furent prisonniers, dont il y eut grand nombre. Pendant que la bataille des François & Anglois duroit, & que les Anglois avoient ja presque gagné le dessus, Isambert d'Azincourt & Robert de Bournonville accompagnez d'aucuns gens d'armes de petit estat allerent frapper sur le bagage des Anglois, &

y firent grand effroy : Pource les Anglois cuiderent que ce fuffent François qui vinffent fur eux pour leur mal faire : Adonc dans cette extremité ils fe fentirent obligez de tuer plufieurs qu'ils avoient desja fait prifonniers, dont les deux deffus-dits furent depuis grandement blafmez, & auffi en furent ils punis par le Duc Iean de Bourgongne. En (16) cette Iournée qui fut entre Maifoncelle & Azincour au Comté de S. Paul (& l'appelle-on vulgairement la Bataille d'Azincour) y mourut quantité du noble fang de France, le Marefchal de Bouciquaud, le Seigneur de Dampierre qui eftoit Admiral de France, le Duc de Bar, le Comte de Marle, & le Comte de Beaumont qui eftoit avec luy, y furent pris ou tuez, & fi y mourut le Duc Antoine de Brabant, & le Duc de Nevers fon frere, lefquels eftoient freres du Duc Iean de Bourgongne & plufieurs autres grands Seigneurs. Le Duc d'Orleans, le Duc de Bourbon, le Comte de Richemont, le Comte d'Eu y furent tous prifonniers, & menez en Angleterre, avec quantité d'autres grands Seigneurs. Ainfi & par cette maniere fut perdue cette bataille pour la France, dont ce fut grand dueil pour le Royaume : car de toutes les

Provinces de la Couronne la fleur de Noblesse y demeura, dont plusieurs maux sont depuis advenus. Et encor la dissension qui continuoit entre ledit Duc Iean de Bourgongne & les Seigneurs du Sang Royal, acheva de gaster tout. En iceluy jour le Duc de Bretagne estoit à Amiens, qui venoit à l'aide des François à tout grande puissance de gens, mais ce fut trop tard. Après cette Iournée le Roy Henry alla reloger à Maisoncelle, où il avoit gisté le jour de devant. Le lendemain au matin il en deslogea, & alla passer tout au milieu des morts, qui avoient esté tuez en ce combat ; là il s'arresta grand espace de temps, & tirerent ses gens encor des prisonniers hors du nombre des morts, qu'ils emmenerent avec eux. Des gens du Roy Henry y moururent environ de quatre à cinq cens seulement ; & si y fut le Duc d'Yorc navré à mort, lequel estoit oncle du Roy. De plus, estoient les Anglois fort troublez de ce qu'on leur avoit osté leurs chevaux ; car il y en avoit quantité de navrez ; & rendus inutiles, qui s'en allerent à grande peine jusques à Calais, là où on leur fit grande joye & grant recueil. Aprés que ledit Roy Henry se fut pendant quelque temps rafraischy avec ses gens dans la ville de de Calais, il s'en retourna en Angleterre, où il fut hautement festoyé, & luy fit-on grande reverence par tout iceluy Royaume. Les Ducs d'Orleans & de Bourbon userent depuis ce temps la plus grande partie de leur vie en Angleterre, avec le Comte d'Eu, & le Comte d'Angoulesme frere dudit Duc d'Orleans. Aprés cette douloureuse journée, & que toutes les deux parties se furent retirées, Louys de Luxembourg qui estoit Evesque de Teroüane, fit faire en la place où la bataille avoit esté donnée, plusieurs charniers, où il fit assembler tous les morts d'un costé & d'autre, & là les fit enterrer, puis il benit la place, & la fit enclore de fortes hayes tout autour, pour la garantir du bestail. Lors que cette bataille se donna le Duc Iean estoit en Bourgongne, lequel se monstra grandement courroucé de la perte des François, quand elle luy eut esté rapportée, par especial de ses freres le Duc Antoine de Brabant & le Duc de Nevers. Tantost aprés il s'en alla en ses pays de Flandre & d'Artois, là où il prit le gouvernement de ses deux neveux de Brabant.

En cette mesme saison le Duc de Guyenne (17) fils aisné du Roy, mourut à Paris, lequel avoit espousé la fille aisnée d'iceluy

Tome V. Bb

Duc Iean de Bourgongne, dont ce fut grand dommage pour le Royaume, car il avoit grand defir de tenir le peuple en paix. Alors ne refta plus des fils du Roy que le Comte de Pontieu, qui avoit efpoufé la fille du Duc Guillaume de Hollande, & le Duc de Touraine qui eftoit maifné fils du Roy.

Affez toft aprés le Roy Henry d'Angleterre repaffa la mer, & vint à Calais, le Duc Iean de Bourgongne l'alla trouver peu aprés avec paffeport pour fa feureté. Ils s'affemblerent vers Calais, & parlerent eux-deux enfemble grand efpace, fans qu'il y euft aucuns de leurs gens qui les peuffent oüyr, n'y fçavoir ce qu'ils difoient. De ce on parla depuis en mainte maniere, mais peu de gens fceurent bien la verité de ce qu'ils avoient pourparlé. Aprés le Roy Henry s'en retourna en Angleterre, & le Duc Iean en fes pays.

Aprés que le Duc de Guyenne fut mort, le Comte de Ponthieu autre fils du Roy Charles, qui avoit efpoufé la fille du Duc Guillaume de Hollande, niece dudit Duc Iean de Bourgongne, devint Dauphin, & le prochain heritier de la Couronne, aprés la mort du Roy Charles fon pere : pource le Duc Guillaume son beau-pere le fit approcher du Roy Charles, afin d'avoir le gouvernement du Royaume de France: mais il ne se passa guiere de temps aprés que ce Dauphin mourut aussi à Compiegne, où il estoit, par ainsi il n'y eut plus des fils du Roy Charles que Charles Duc de Touraine, qui estoit tout le maisné, & qui à son tour devint Dauphin, en attendant la succession de la Couronne de France.

Le Duc Guillaume de Hollande mourut tost aprés en cette mesme saison, & disoient maintes gens qu'il avoit esté empoisonné avec son beau-fils le Dauphin, parce qu'ils estoient si fort alliez au Duc Iean de Bourgongne.

Aprés toutes ses besongnes ainsi faites, le Duc Iean de Bourgongne assembla en peu d'espace de temps grande compagnie de ses gens, avec lesquels il vint vers Paris, cuidant trouver moyen de gouverner le Roy Charles, & le Dauphin, & s'en alla à Lagny sur Marne, où il fut long temps.

Alors gouvernoient le Roy & le Dauphin le Comte d'Armagnac (18), le Seigneur de Barbasan, & Tanneguy du Chastel, qui revenoient de la guerre, & tous gens qui estoient estrangers pour la plus grande partie, lesquels pource ne vouloient point que ledit Duc Iean fut bien d'accord avec le Roy, & avec le Dauphin, pource qu'ils sçavoient bien que si le Duc Iean y estoit, il leur osteroit le gouvernement qu'ils avoient dans le Royaume.

Quand le Duc Iean eut assez esté à Lagny, & qu'il vid bien qu'il ne pouvoit aller devers le Roy pour le present, il partit & retourna en Artois. Alors il y avoit à foison gens qui couroient les champs, où ils se tinrent longuement : parquoy le pays fut fort grevé, & mis en grande destruction de tous costez, par especial les pays de Picardie, & Santerre : & en estoient entre autres Capitaines Messire Gastelain Bast, Iean de Guigny, le Bastard de Tian, Charles l'Abbé, Iean du Clau, Mathieu Després, outre plusieurs autres qu'il y avoit, qui estoient gens sans pitié, lesquels rançonnoient par tout où ils alloient, sans espargner gentil ne vilain ; on les appelloit en plusieurs lieux les *Waudrois*, en autres les *Estrangers*. Ces gens prirent la ville & le chasteau d'Avencour, qu'ils pillerent, puis y mirent le feu, le mesme firent-ils de Neuf-chastel sur Enne (*).

En ce temps le Baillif de Vermandois, & Raymonnet de la Guerre assemblerent pour

(*) Al. Aime.

ruer sur les estrangers, mais les estrangers les desconfirent, tuerent grand nombre de leurs gens, & en prirent de prisonniers. En cet estat regnerent & se gouvernerent les Capitaines dessusdits pendant longue espace de temps : puis ils allerent dans le pays de Boulonnois, où ils se preparerent de faire ainsi qu'ils faisoient ailleurs ; mais les compagnons du pays s'assemblerent, & en tuerent grande quantité qu'ils destrousserent & despouillerent : Là fut tué Laurent Rose Lieutenant de Iean du Clau. Quand ils virent qu'on les guerroyoit ainsi dans le Boulonnois, il se retirerent arriere, & prirent un gentil-homme du pays, nommée Gadifer de Collchant, qui avoit aidé à destrousser de leurs gens, comme ils disoient, lequel fut pendu à un arbre, du commandement du Bastard de Tian. Il fut plaint de maintes gens ; car il estoit vaillant homme d'armes, & de haute entreprise.

Tout ce temps il y avoit plusieurs Capitaines de Picardie, qui estoient au Duc Iean, & avoient plusieurs gens sur les champs, ainsi comme les autres, c'est à sçavoir le Seigneur de Fosseux, Hector de Saveuse, Philippes son frere, Messire Maurice Mauroy de Sainct Leger, Messire Iennet de Pois, Louys de Wargnie, & autres, dont le pays estoit fort travaillé : & dura cette destruction depuis la bataille d'Azincour, jusques à tant que le Duc Iean s'en alla camper devant Paris au village de Montrouge.

En cette mesme saison Messire Martelet du Mesnil, & Ferry de Mailly assemblerent environ deux à trois cens compaghons, avec lesquels ils s'en allerent loger au pays de Santers; mais les gens du Roy Charles vinrent les surprendre par une nuict, & les ruerent jus. Ils y prirent lesdits Messire Martelet du Mesnil, & Ferry de Mailly, qu'ils emmenerent à Compiegne : là où fut iceluy Messire Martelet justicié au dehors de Compiegne : quant à Ferry de Mailly il eschappa par le pourchas de ses amis : il y eut plusieurs de leurs gens suppliciez.

Les gens du Duc Iean passoient souvent à la *Blanque-taque*, & fort incommodoient cette contrée vers la Normandie, d'où ils amenoient souvent grand nombre de bestail dans le pays d'Artois, & ailleurs. Or en une course que Iean de Fosseux fit, il alla jusques devant Aumale, & se logea en la ville, d'où il fit depuis assaillir le chasteau, qui fut bien defendu par ceux qui estoient dedans : depuis, le feu se prit en la ville, qui en fut toute bruslée & destruite. En la compagnie dudit Iean de Foſſeux eſtoit Daviot de Pois, Louis de Wargnie, & pluſieurs autres gentils-hommes. De là Iean de Foſſeux & ſes gens allerent loger à Hornay, puis ils ſe retirerent en Artois par la Blanque-taque, avec un grand butin de beſtial, que ſes gens emmenerent avec eux : ainſi & par cette maniere fut le pays de Vimeu & de Santers occupé pendant long temps par les gens du Duc Iean. Alors y avoit en la ville de Peronne grande garniſon des gens du Roy, que le Comte d'Armagnac y avoit mis, qui faiſoient aſſez de peine aux gens du Duc Iean : auſſi le chaſteau de Muin incommodoit fort les villes d'Amiens & Corbie.

L'an 1417, environ le mois de Iuin, le Duc Iean de Bourgongne fit ſon mandement par tous ſes pays, tant de Bourgogne, Flandre, Artois, comme d'ailleurs, & aſſembla fort noble compagnie de Chevaliers & Eſcuyers, tous leſquels il fit mettre enſemble vers Arras, puis les fit tirer vers Amiens, où ils paſſerent la riviere de Some. Adonc le Seigneur de Foſſeux fut ordonné Capitaine de l'avant-garde d'iceluy Duc Iean, en laquelle qualité eſtant accompagné de pluſieurs notables Seigneurs, il s'achemina vers Beauvais avec ſes gens : avec luy entre autres eſtoit un Advocat d'Amiens, nommé Maiſtre Robert le Ionné, lequel preſcha ſi bien le commun de Beauvais, & tant fit qu'ils furent contens de tenir le party du Duc Iean, & receurent ce Seigneur de Foſſeux en leur ville avec ſes gens. Là y eut force biens de pris à ceux qui tenoient le party des Armagnacs par les gens d'iceluy Seigneur de Foſſeux.

Le Duc Iean ſuivit aſſez toſt aprés ſes gens, & ſe rendit à Beauvais à tout ſa puiſſance : là il ſejourna bien quinze jours, aprés leſquels il envoya une partie de ſes gens à Cambeli (*) le Hauberger, puis Hector & Philippes de Saveuſe allerent à Liſle-adam, leſquels par aucun moyen firent tant que le Seigneur de Liſle-Adam livra paſſage au Duc Iean, & outre ce promit de le ſervir, & d'effet le ſervit depuis toute ſa vie : alors donc paſſa l'avant-garde du Duc Iean par Liſle-adam, laquelle s'en alla enſuite loger à Beaumont ſur Oiſe, dont ils aſſiegerent le chaſteau. Le Duc Iean cependant ſe logea au dehors de Cambeli le Hauberger en ſes tentes : il avoit moult noble compagnie avec luy, puis il fit aſſeoir ſes engins pour jetter dans ledit chaſteau de Beaumont, dont fut iceluy chaſteau fort endommagé par ſes engins, & tant qu'enfin ceux du chaſteau ſe rendirent à la

(*) Al. Chambly.

volonté du Duc Iean. Il y eut onze des affiegez qui eurent les testes couppées, les autres furent mis prisonniers, sinon aucuns des plus grands qui s'en allerent par composition de finance. Le Duc Iean regarnit ce chasteau de Beaumont, & y laissa de ses gens, puis s'en alla mettre le siege devant Pontoise. Alors estoit l'avant-garde du Duc Iean logée en l'Abbaye de Maubuisson : ce Duc fit faire un pont de bateaux sur l'Oise pour secourir son avant-garde, si elle en avoit besoin. Là il tint son siege tant que cette ville luy fut renduë, à condition que *les gens d'armes, qui estoient dedans, s'en iroient saufs leurs corps & leurs biens.* Aprés qu'icelle ville de Pontoise fut renduë à ce Duc Iean, le Seigneur de Lisle-adam, qui avoit livré passage audit Duc par sa ville de Lisle-adam, luy fit serment de tenir son party, & par ainsi demeura de par luy Capitaine de Pontoise. En aprés ce Duc chevaucha en tirant vers Meulant : il faisoit chevaucher ses gens en grande ordonnance, pour le doute de ses ennemis; il s'en alla donc passer à Meulant, ses gens coururent fort dans le pays. Et alla Hector de Saveuse devant une forteresse nommée Haine, qui appartenoit à l'Abbé de Fescamp, lequel Abbé estoit dedans icelle forterefſe, & fit donner du vin audit Hector, à Iean de Foſſeux, & à leurs gens, puis par l'aſſeurance d'un nommé Louys de Sainct-Saulieu, qui eſtoit parent de cet Abbé, Hector & Iean de Foſſeux luy promirent de ne faire aucun mal dedans ce chaſteau. Sur laquelle foy & parole ils furent receus dedans: mais nonobſtant toutes les promeſſes deſſus dites, ce chaſteau fut depuis pillé, & y prit-on de grandes chevances, dont on a depuis parlé en mainte maniere contre ceux qui en furent cauſe, dequoy en fut Hector fort blaſmé, pource qu'il les avoit aſſeurez du contraire. De ce ne ſceut rien Iean de Foſſeux, ains en fut fort courroucé : pluſieurs gens dirent que cela s'eſtoit fait par le conſeil de Raulet le Prevoſt, lequel eſtoit conſeiller dudit Hector, avec ce qu'il eut grande partie du butin pour ſa part. Ainſi fut cette année le plat pays grandement grevé par les gens du Duc Iean de Bourgongne, lequel en ſuite s'advança tant qu'il ſe vint loger ſur le Monrouge au deſſus de Clamart, à une grande lieuë de Paris; là il fit tendre ſes tentes, & fut grand temps, dans l'eſperance que ceux de Paris le miſſent dans leur ville. Lors eſtoient le Roy Charles & le Dauphin dedans

Paris, avec le Comte d'Armagnac, & plusieurs autres grands Seigneurs. Les gens d'iceluy Duc Iean couroient de jour en jour devant Paris ( 19 ), tuoient ceux qu'ils trouvoient, & prenoient tous les biens qu'ils pouvoient avoir ; parquoy ceux de Paris n'ofoient fortir & paroiftre, finon en grand danger de leurs vies. Un jour advint que le Seigneur de Fofleux fit grande affemblée de gens d'armes & de traict, & alla courir devant Paris, où y eut grande efcarmouche, & furent les fauxbourgs de Sainct Marcel pris par force ; il y demeura plufieurs de ceux de Paris morts fur la place, outre quoy on mena deux prifonniers, lefquels on fauva à grande peine : ils furent menez devant le Duc Iean pour fçavoir des nouvelles, car il croyoit pour vray que ceux de Paris fe mettroient en diffenfion pour l'introduire dans la ville : mais ceux qui tenoient fon party ne peurent oncques voir leur pointe à propos, pour faire reuffir leur entreprife en ce temps là, car ils eftoient fort guettez & obfervez par la garnifon de dedans, & parce leur fallut attendre l'occafion à une autre fois. Lors eftoit Meffire Iean de Luxembourg logé dans la ville de Sainct Cloud, où il demeura tant que le Duc Iean fut logé sur ledit Mont-rouge. Il greva fort la tour du Pont avec ses canons : mais autre chose n'y peut faire, pour la force de l'eau qui estoit entre deux. Quand ce Duc eut ainsi esté bien trois semaines logé devant Paris, & qu'il vid qu'il avoit failly sur son dessein, il deslogea, & alla camper en la ville de Mont-le-hery, là où il fut tant que le chasteau luy fut rendu, comme aussi Marcoucy, & plusieurs autres forteresses du pays qui se mirent en son obeissance. Aprés que ce Duc eut reduit en son obeissance Mont-le-hery, il s'en alla devant la ville de Corbeil, là où il fut bien un mois entier à le bloquer seulement : il avoit de grands engins jettans dedans la ville, & contre les portes & murailles : mais nonobstant ceux qui estoient dedans se defendirent si bien, que ce Duc n'y entra point : aussi ceux de cette ville avoient vivres assez, & gens à leur plaisir, ce que fort les confortoit; car ils pouvoient entrer à leur plaisir par un endroit. Devant icelle place de Corbeil fut frappé d'un coup de vireton, ou traict à la jambe Mauroy de Sainct Leger, ce fut à un assaut qu'il faisoit à une barriere; il en clocha depuis toute sa vie. Aprés que le Duc Iean eut esté campé, ainsi que dit a esté cy dessus, devant

Corbeil, il deſlogea, & s'en alla en tirant vers la ville de Chartres, tant il chevaucha qu'il y vint, & ſe logea dedans la ville, car ils luy firent ouverture, & à tous ſes gens avec luy. Ce Duc avoit de ſes gens en pluſieurs lieux, qui penſoient à ſes beſongnes & affaires : il envoya devers la Reyne de France, qui eſtoit pour lors à Tours en Touraine, là où il envoya grand foiſon de ſes gens vers elle ; entre autres y allerent le Seigneur de Foſſeux & Hector de Saveuſe bien accompagnez, leſquels tant chevaucherent qu'ils arriverent vers elle, & firent tant qu'elle fut contente de venir par devers ce Duc, lequel à ce ſubjet alla en perſonne à Vendoſme, d'où il l'emmena à Chartres, avec Dame Caterine en ſa compagnie, ſa fille & du Roy Charles : il y eut enſuite pluſieurs gens de ſes Officiers depoſez, & d'autres arretez priſonniers : ainſi ſe mit cette Reyne de France ſous le gouvernement du Duc Iean de Bourgongne, delaiſſant & abandonnant en cette ſorte le Roy ſon Seigneur, & ſon fils le Duc de Touraine Dauphin. Or de là en avant ladite Reyne entreprit le gouvernement du Royaume, c'eſt à ſçavoir, qu'en l'obeïſſance qu'on rendoit audit Duc Iean, on le faiſoit au nom d'elle ; meſme bailloit-on remiſſions,

& distribuoit-on Mandemens, & telles autres choses de sa part & en son nom, comme ayant le gouvernement du Royaume, combien que le Roy son mary fut lors encor en vie, & son fils le Dauphin ; ce qui sembloit à plusieurs estre chose assez hors de raison & bien hardie : mais ainsi en advint-il pour le temps de confusion & desordre qui regnoit pour lors. Pendant que le Duc Iean estoit à Chartres ( où il fut six semaines ), ses gens estoient logez és villages d'autour, dont fut le pays fort chargé. Or il advint par un Dimanche que Raymonnet de la Guerre survint pour frapper sur un logement des gens du Duc Iean, mais il fut apperceu, & furent les gens dudit Raymonnet chassez, mesme il y en eut quantité de pris & despouillez. Assez tost aprés iceluy Hector de Saveuse, accompagné d'aucuns de ses prochains parens, & avec ce d'une partie de ses gens les plus affidez, vint en la ville de Chartres, où à cause de certaines paroles qui avoient esté entre Messire Elien de Iacqueville & luy, present le Duc Iean, fut ledit Iacqueville pris depuis dedans l'Eglise mesme de Nostre-Dame de Chartres, par iceluy Hector & ses gens : or revenoit lors ledit Iacqueville de l'Hostel du Duc Iean, qui estoit derriere l'Eglise, & prestement ledit Hector le fit prendre par ses gens, en luy disant aucunes paroles, & le fit porter hors l'Eglise, d'où il fut jetté des degrez à val; ledit Iacqueville se vouloit bien excuser, mais il n'y peut estre receu, & ne fut oncques escouté : il fut là tres-laidement & vilainement battu, tant qu'il en mourut peu de temps aprés. En cette execution estoit entre autres un nommé Iean de Vaux, lequel Iacqueville avoit destroussé autrefois, qui grand mal luy fit. Incontinent Hector & ses gens partirent de la ville, & s'en allerent à leur logis en un village : quant à Iacqueville, qui encor parloit bien, il se fit porter devant le Duc Iean, & là luy fit de grandes plaintes, en luy disant : *Mon tres-redouté Seigneur, c'est pour vostre service que je suis ainsi meurtry*, avec plusieurs autres paroles ; dequoy ce Duc fut tres courroucé contre Hector & ceux qui avoient fait ce coup, & luy en sceut tres-mauvais gré, tant que de son vivant il ne luy voulut jamais pardonner, combien que depuis il le servit tousjours en ses besongnes & affaires : & sur l'heure que ledit Iacqueville luy eut fait ainsi sa plainte, ce Duc monta aussi-tost à cheval, & en personne fut chercher par toute la ville pour trouver ledit Hector & ses gens : mais ils estoient desja dehors, & fit le Duc prendre aucuns de ses chevaux avec autres habillemens : mais il fut enfin appaisé par Messire Iean de Luxembourg, & le Seigneur de Fosseux, en consideration des grandes affaires que ce Duc avoit alors sur les bras. Tost aprés ce Duc Iean eut nouvelles de Paris, par lesquelles on lui donnoit à entendre qu'il entreroit dedans la ville ; pour ce il partit de Chartres avec toute sa puissance, & chevaucha vers Paris, puis il envoya Hector de Saveuse & Philippe son frere à tout leurs gens, lesquels passerent devant Bris, petit chasteau qui appartenoit à Messire David de Brimeu de par sa femme, & l'avoient pris les gens du Roy, mais Hector le reprit sur eux, y faisant tuer de ceux de dedans à foison : puis il chevaucha en tirant vers Paris, où le Duc Iean se rendit en grande ordonnance droit au dessus Sainct Marcel, là où il se mit en bataille, y demeurant depuis le poinct du jour jusques à l'heure de None. Hector & Philippe de Saveuse entrerent dedans Saint Marcel, où ce Duc se logea, s'attendant tousjours d'entrer dedans Paris, & avec ce s'approcha de la porte ; mais il en fut rebouté arriere par force. Assez tost aprés ceux de Paris saillirent hors de la ville au nombre d'environ trois à

quatre

quatre cens, & assaillirent les gens de Hector; là y eut grand assaut d'un costé & d'autre, mais toutesfois furent ceux de Paris rechassez dedans la ville. Quand le Duc Iean sceut que les partysans qu'il avoit dans Paris, avoient failly à leur dessein, & qu'ils ne le pouvoient mettre dedans, il contremanda ses gens qui estoient dedans Sainct Marcel, puis commença à se retirer devers Montlehery, où il se logea en icelle nuict : ledit Hector de Saveuse avoit esté blessé à la porte de Paris d'un vireton ce mesme jour.

Le lendemain que le Duc Jean eut esté devant Paris, comme il vient d'estre dit, & qu'il vid qu'il ne pouvoit en rien reussir pour le present, lors il prit conclusion d'asseoir ses gens en garnison tout autour de Paris : à ce subjet il envoya le Seigneur de Fosseux, Hector de Saveuse, Messire Iean de Luxembourg, & tous ses Picards en leur pays, où Messire Iean de Luxembourg occupa les frontieres vers Mondidier, & au devant de Compiegne : le Seigneur de Lisle-Adam demeura à Pontoise, Meulent, & sur les frontieres vers Paris : & Hector de Saveuse s'en alla à Beauvais, où le commun fut mal-content de luy, & y eut grand debat entre eux, tant qu'enfin Hector fut mis hors d'icelle ville. Philippe de Saveuſe ſon frere s'en alla à Gournay en Normandie, où il y fut long-temps. Pendant que Hector de Saveuſe & Philippe ſon frere eſtoient en garniſon à Beauvais, Philippe alla un jour courre devant le chaſteau de Breſle, où il avoit eſté pluſieurs fois, les gens du Roy s'y eſtoient bien garnis de gens : de ſorte que quand Philippe paſſa par devant, comme il avoit accouſtumé, ceux de dedans ſaillirent dehors à puiſſance, & tant firent que les gens de Philippe furent mis en deſroute, dont y eut de pris à foiſon, & ſi y fut tué un nommé *Robin Toulet*, qui eſtoit tres-vaillant homme de guerre, & fut Philippe chaſſé & pourſuivy juſques auprés de Beauvais avec une partie de ſes gens : ainſi fut le pays fort travaillé vers Paris & en Beauvaiſis, pour la guerre qui lors eſtoit. D'autre coſté le Duc Iean s'en alla à tout ſes Bourguignons vers la Bourgongne, & mena la Reyne à Troyes en Champagne, puis il s'en alla en ſon pays de Bourgongne, où il demeura tant que Paris fut pris par ſes gens. Alors les Picards menoient forte guerre de tous coſtez contre les gens du Roy.

Le Baſtard de Tian eſtoit dans Senlis en garniſon : quand le Comte d'Armagnac ſceut que le Duc Iean s'en eſtoit allé en Bourgongne, il amena le Roy Charles devant Senlis. Là mit le fiege tout autour, & y fut longtemps à tout grande puiffance de gens: avec luy eftoit le Duc de Touraine Dauphin, fils d'iceluy Roy Charles, plus n'y en avoit. Ceux de dedans fe defendoient fort bien & grandement; & Meffire Iean de Luxembourg & le Seigneur de Foffeux affemblerent tous les Picards qu'ils peurent, pour aller faire lever ce fiege: & de faict, allerent à cette intention jufques à Pontoife, mais pour cette fois ils n'eurent mie confeil de paffer outre, ains fe retirerent en leur pays. Environ quinze jours après ils fe raffemblerent à tout leur puiffance, & retournerent à Pontoife; de là ils chevaucherent vers Senlis, & approcherent tant qu'ils fe mirent en bataille devant les gens du Roy: ce jour il y eut de grands affauts, & y eut de gens morts & pris d'un cofté & d'autre grand foifon. Ce jour auffi menoit le Seigneur de Miraumont les archers Picards, lequel s'y gouverna fort vaillamment, & bien les tint en ordonnance: auffi Hector de Saveufe y fit de grandes vaillances avec Philippes fon frere, le Seigneur de Lifle-Adam, & plufieurs autres. Ainfi tint Meffire Iean de Luxembourg & le Seigneur de Foffeux ce jour bataille contre le Roy

Charles, fans s'affembler enfemble ; ce qui leur fut reputé à grande vaillance toute leur vie, tant que le Roy avec fes gens s'en alla dudit fiege de Senlis. Les affiegeans (*) avoient oftages de ceux de la ville qui fe vouloient rendre avant que le fecours leur vint, lefquels oftages eurent à ce fubjet impitoyablement les teftes couppées : par ainfi fut delivrée de la forte cette ville du fiege du Roy, qui retourna à Paris : & les Picards renforcerent leurs garnifons tant à Senlis, comme ailleurs. En cette journée y avoit un Capitaine de brigands nommé *Tabary*, lequel avoit foifon de gens de pied, qui furent prefque tous tuez, dont on faifoit grande rifée, pource que c'eftoient gens de pauvre eftat : & eftoit ledit Tabary Bourguignon. Le Duc Iean fut fort joyeux quand il fceut les nouvelles de fes gens, qui fi bien s'eftoient comportez, & leur en fceut tres-moult bon gré.

(**) Aprés ces chofes faites (20), le Seigneur de Lifle-Adam ( qui fe tenoit à Pontoife ) avoit grandes accointances en la ville de Paris, avec ceux qui tenoient le party du Duc

(*) Guillaume Manchelier, Baudart de Voingie, Guillaume de Lefcalot, Jean de Beaufort Advocat du Roy, Oftages de Senlis, decapitez.

(**) 1418.

Iean, & souvent en avoit des nouvelles, car il y en avoit plusieurs qui contendoient à ce que ce Duc eust le gouvernement du Royaume, & enfin firent tant qu'ils en attirerent d'autres à leur cabale en grande quantité : aprés quoy ils manderent au Seigneur de Lisle-Adam qu'il vint par devers eux, & qu'ils le mettroient dedans. A cette nouvelle ce Seigneur de Lisle-Adam assembla tout ce qu'il peut ramasser de gens, tant qu'il se trouva avoir environ sept à huict cens combatans en sa compagnie, avec lesquels il vint droit à Paris au jour precis qui estoit dit, & y arriva vers le poinct du jour : il trouva ceux qui le devoient mettre dedans tous prests & disposez à la porte qui avoit esté designée pour cette execution : ainsi Lisle-Adam entra dedans Paris, bien qu'en grand doute & crainte, qui n'estoit mie merveille ; car il y avoit bien en garnison dedans Paris trois mille combatans des gens du Roy & du Comte d'Armagnac, sans ceux de la ville. Lors iceluy Seigneur de Lisle-Adam chevaucha à tout ses gens en tirant vers la grande ruë Sainct Antoine, où il commença à crier *Vive Bourgongne*, ainsi que firent ceux de Paris avec luy, qui avoient esté de l'intelligence de le faire entrer dedans. Tost aprés s'esleva un grand bruit dans Paris, & n'y eut plus d'entretenement ny ordre en aucun des Gensd'armes, sinon que chacun ne pensa plus qu'à se sauver au mieux qu'il pourroit. Dans ce trouble & effroy plusieurs se retiroient vers la Bastille Sainct Antoine, où le Duc de Touraine fut promptement mené par Tanneguy du Chastel : ainsi se sauvoient aucuns en se rendant en ladite Bastille Sainct Antoine ; mais un vaillant homme d'armes nommé Daniot de Goüy leur fit assez d'empeschement, en renversant à terre plusieurs de ceux qui s'enfuyoient. Le Comte d'Armagnac, Raymonnet de la Guerre, & le Chancelier furent pris, comme aussi Messire Hector de Chartre, avec plusieurs autres grands Seigneurs : il y en eut bien en tout quatre cens de pris, sans aucuns de ceux de la ville qu'on prit aprés que cette premiere confusion eut esté un peu appaisée. Le Seigneur de Lisle-Adam & autres grands Seigneurs allerent par devers le Roy, lequel ne s'estoit bougé de son hostel, & là luy parlerent, luy firent grande reverence, & avec ce ne l'empescherent en rien, ne aucun de ceux qui le servoient : car le Roy estoit du tout content & des Bourguignons, & des Armagnacs, & peu luy chaloit, & luy estoit comme indifferent, comment tout allaſt. Chacun qui de luy avoit cognoiſſance, pouvoit bien ſçavoir l'eſtat pitoyable & lamentable où il ſe trouvoit pour lors.

Il y eut à Paris pour ce temps de grands deſordres commis, car on prenoit ſans mercy tous les biens de ceux qui s'en eſtoient fuys; meſmes les habitans de Paris en uſoient ainſi, & furent pour la plus grande partie tournez en un inſtant du party du Duc Iean; & pour la pluſpart s'entre-accuſoient les uns les autres, pour s'entre-piller impunément. Auſſi-toſt que les nouvelles coururent & s'eſpandirent par le pays, *que Paris eſtoit du party du Duc Iean*, tous ſes gens s'y rendirent promptement; & auſſi pluſieurs Armagnacs abandonnerent diverſes forsetereſſes des environs, qu'ils tenoient, & entra & ſe ſauva grande quantité d'iceux dedans la Baſtille Sainct Antoine. Ce fut par un Dimanche que Paris fut ainſi ſurpris, environ l'iſſuë du mois d'Avril, l'an mille quatre cens & dix-huict.

Le Mercredy enſuivant les gens du Duc de Touraine Dauphin, fils du Roy Charles, qui s'eſtoient retirez dedans la Baſtille, comme il vient d'eſtre dit, avec aucuns autres qui s'y eſtoient rendus d'autres garniſons, firent une ſaillie, en laquelle ils cuidoient reprendre la ville; car tant firent qu'ils regagnerent la rue Sainct Antoine jufques à l'hoftel du Louvre : ils eftoient bien quinze cens combatans de bonne eftoffe; lors il y eut grande affemblée de ceux de la ville avec ledit Seigneur de Lifle-Adam & les autres gens du Duc Iean, qui là eftoient, & prit & porta le fufdit de Lifle-Adam la banniere du Roy, puis eftant bien accompagné il alla contre les gens du Dauphin. Là y eut grande bataille donnée d'un cofté & d'autre, & s'y comporterent ceux de Paris fort vaillamment avec iceluy Seigneur de Lifle-Adam, & tant firent qu'en peu de temps ils les rechafferent jufques à la Baftille : ce qui ne fe paffa point fans qu'il en demeuraft de morts fur la place bien trois à quatre cens, fans les bleffez, dont il y eut grande quantité. Aprés cette journée les gens du Dauphin furent reduits en bien fimple eftat; mais nonobftant ils tenoient encore la Baftille. Au contraire, les gens du Duc Iean & ceux de Paris, demenoient grande joye; car gens nouveaux leur furvenoient de jour en jour à leur fecours, entre-autres y vinrent Hector de Saveufe, & Philippe fon frere à tout grande puiffance, lefquels on logea dans l'hoftel des Tournelles devant & proche de la Baftille, pour faire frontiere & tenir ferme contre ceux de dedans, lesquels quand ils virent qu'il venoit de la sorte de plus en plus si grande puissance contre eux, & qu'ils ne pouvoient plus esperer de rentrer en la ville, ils commencerent à parlementer, tant que leur traité fut fait, à condition *qu'ils s'en iroient saufs leurs corps & leurs biens*. Par ainsi rendirent-ils la Bastille au Seigneur de Lisle-Adam, & s'en allerent devers le Dauphin à Melun, où il estoit. Les gens dudit Seigneur de Lisle-Adam firent grand butin dans Paris, dont ils devinrent riches excessivement : assez tost aprés arriva Iean de Luxembourg à Paris, avec le Seigneur de Fosseux, à tout grand foison de gens de guerre.

Hector de Saveuse & Philippe son frere s'en allerent à tout leurs gens à Compiegne, où ils porterent un mandement du Roy qu'on leur fit ouverture : à quoy ceux de Compiegne obeirent; partant entrerent les dessus dits en icelle ville, & pareillement au Pont Saincte Maixence, à Creil, à Coisy, & en plusieurs autres forteresses du pays. Ainsi furent plusieurs bonnes villes & forteresses mises és mains du Duc Iean en consequence d'icelle prise de Paris, mesme la ville de

Peronne, qui se rendit au Comte Philippe de Charolois fils d'iceluy Duc, lequel y envoya ses gens. Or il y eut grand debat en icelle ville de Peronne entre un des Gouverneurs ou Capitaines dudit Comte de Charolois nommé *Chantemele*, & Hector de Saveuse, tant que ledit Hector chercha ledit Chantemele pour le tuer, dont il fut depuis fort hay d'iceluy Comte de Charolois pendant longtemps. Pendant que le changement estoit nouveau dans Paris, comme il a esté veu cy-devant, il y arrivoit souvent grands desordres en icelle ville, car les habitans s'y accusoient presque tous les uns les autres ; par especial aucuns meschans du commun s'en messoient, qui pilloient soubs divers pretextes, sans mercy, ceux qu'ils disoient avoir tenu le party du Comte d'Armagnac, & lors qu'on hayssoit à Paris aucun homme, il ne falloit que dire, *il a esté Armagnac*, & tout presentement & à l'heure mesme il estoit tué sur le carreau. Entre autres il y avoit un Bourreau nommé *Capeluche*, qui tousiours avoit tenu le party du Duc Iean, lequel estoit tres-mauvais homme, & tuoit hommes & femmes, sans commandement de Iustice par les rues de Paris, tant par hayne, comme pour avoir le leur ; mais enfin le Duc Iean luy fit coupper le col, ou hafterel. De tels defaroys y eut à Paris en quantité, pour ce temps qui eſtoit tres-piteux, & tout à fait deplorable.

Le Duc Iean teſmoigna grande joye quand il ſceut la priſe de Paris, du Comte d'Armagnac, & encore des autres bonnes villes & fortereſſes, qui s'étoient miſes en ſon obéiſſance, dont il ſceut bon gré au Seigneur de Liſle-adam, & ceux qui avoient tramé & ſi bien conduit cette affaire à ſon advantage. Toſt aprés il fit aſſemblée de ſes gens, & tant chevaucha qu'il vint aſſez prés du Pont de Charenton. Ceux du pays par tout où il paſſoit venoient en grande ordonnance au devant de luy, & luy porterent grande reverence, & pareillement les autres Seigneurs qui eſtoient desja dans Paris : il les remercia tous aſſez, & leur promit faire de grands biens. Ainſi chevaucha ce Duc (21), tant qu'il entra dedans Paris fort noblement accompagné, & en belle ordonnance. Ceux de Paris crioient tous à une voix : *Vive le bon Duc de Bourgogne!* & crioient *Noël* de carrefour à autre juſques à ſon Hoſtel d'Artois où il ſe logea, y eſtant convoyé en fort noble compagnie. Après que ce Duc fut arrivé à Paris, comme il vient d'eſtre dit, il y eut grands & importans conseils de tenus, & grandes ordonnances faites, comme aussi nouveaux Officiers nommez & establis; car le Duc Iean alla vers le Roy Charles, en luy faisant grande reverence, & le Roy semblablement luy fit paroistre grande chere : Puis ce Duc fit publier par la ville, *qu'il vouloit la paix, & le bien du Royaume, & contendoit à chasser hors les ennemis & estrangers, qui mal avoient gouverné le Roy & le Dauphin, c'est à sçavoir le Comte d'Armagnac & ses gens, & que le Royaume estoit gouverné par Estrangers, qui estoit chose irraisonnable.* Dequoy ceux de Paris furent fort esmeus & enflammez, aprés qu'ils eurent entendu ces resolutions de la part du Duc Iean, & n'estoit mie fils de bonne heure né, qui ne disoit mal de ces Estrangers, comme depuis il apparut. De plus, ce Duc fit tous nouveaux Officiers dans le Royaume, de ses gens & affidez : entre-autres il declara le Seigneur de Lisle-adam Mareschal de France, Messire Ienet de Pois Admiral, Messire Robinet de Mailly Panetier. Et fit pareillement des Gouverneurs de Paris : Maistre Eustache de Laistre fut fait Chancelier, Maistre Philippe de Morvillier premier President : bref, il advança tous ses gens aux Offices de France ; car le bon Roy Charles eſtoit content de tout ce que ce Duc vouloit faire, & n'y apportoit aucun contredit. Aſſez toſt aprés le commun de Paris fit eſmotion (22), & s'amaſſa grande aſſemblée de menuës gens qui allerent aux priſons, où ils tuerent tous les priſonniers qui avoient eſté arreſtez lors de ladite priſe de Paris. Là fut tué le Comte d'Armagnac, Raymonnet de la Guerre, le Chancelier & pluſieurs autres grands Seigneurs. De plus, y fut tué Meſſire Hector de Chartres; & encor y furent maſſacrez pluſieurs Bourguignons qui y eſtoient detenus pour debat ou pour debtes : car ils n'eſpargnerent aucun homme, que tout ne fuſt mis à mort. Aprés ils allerent au Petit Chaſtelet, où y avoit nombre de priſonniers, qui bien s'apperceurent qu'il n'y avoit point de remede en leur vie, partant ils monterent à mont, où ils reſolurent de ſe defendre bien & vaillamment le plus qu'ils pourroient. Ils crioient tout haut : *Vive le Dauphin*, & bleſſerent aſſez du menu peuple : mais enfin ils furent pris par force, & les faiſoient faillir à val & d'autres les recevoient ſur leurs piques & baſtons, & les marteloient & meurtriſſoient, ſans en avoir aucune pitié ni mercy. Ainſi tuerent ceux de Paris tous les priſonniers, dont le

Duc Iean se monstra fort en colere, & leur en sceut mauvais gré; car il avoit grande envie d'avoir par le moyen de ce Comte d'Armagnac toutes les forteresses que ses gens tenoient, & pour ce en fut mal-content. Ledit Comte d'Armagnac, Raymonnet de la Guerre, & le Chancelier furent laissez pendant trois jours dans la Cour du Palais, eux trois ensemble liez par les bras tous nuds, là où les voyoit qui vouloit en tel & si piteux estat : ce Comte avoit une jambe rompuë, & si avoit-il esté tranché d'un cousteau parmy le corps, en guise d'une bende depuis les espaules jusques en bas, là les traisnoient les petits enfans de Paris de place à autre, qui estoit chose bien estrange à voir, & de considerer tels Seigneurs estre reduits en cet estat. Le commun de Paris fut par plusieurs fois, & à diverses reprises esmeu, & ne les pouvoit-on appaiser, jusques à temps que le Duc Iean s'en corrouça contre aucuns des plus grands, ausquels il dit, *qu'il leur feroit coupper les testes, s'ils faisoient plus ainsi*, & pource s'appaiserent.

Hector de Saveuse laissa dans Compiegne le Seigneur de Crevecœur en garnison, avec plusieurs autres de ses gens avec luy, mais par le moyen de Messire Carados des Quennes (lequel avoit fait ferment *de ne se point armer contre le Duc Iean*) cette ville de Compiegne fut reprife, à quoy fervit & s'employa fort le Seigneur de Bofqueaux : ce fut par un matin qu'elle fut furprife par la porte de Pierrefont ; car les gens du Dauphin avoient dedans bons moyens & amis, comme il fut bien apparent. Là fut pris ledit Seigneur de Crevecœur, & le Seigneur de Chievre ( qui avoit efpoufé la fœur de Hector ) Robinet Auger, avec plufieurs autres : & y mourut un nommé Boutry qui eftoit à Hector de Saveufe. Les Dauphinois s'en eftans ainfi rendus les maiftres y pillerent auffi ceux qui avoient tenus le party du Duc Iean : parquoy la ville fut fort endommagée, & outre ce y fut laiffée groffe garnifon, pour faire frontiere & refiftance au pays d'autour. Lefdits Seigneurs de Crevecœur & de Chievre furent menez prifonniers à Pierre-font, là où les retint le Seigneur de Bofqueaux. Or il y avoit un des freres du Seigneur de Chievre, qui longtemps l'avoit fervy, & eftoit fon parent, lequel cuida trouver moyen de livrer ledit chafteau de Pierre-font aux Bourguignons, afin de delivrer fon frere : mais il fut apperceu & defcouvert par aucuns, & luy fit le Seigneur de Bofqueaux coupper le col. Cette conspiration fit empirer les affaires defdits Seigneurs de Crevecœur & de Chievre, mais enfin ils furent delivrez à force de finance. Hector de Saveufe mit grande peine à ravoir la ville de Compiegne, & fe tint à ce fujet long-temps au chafteau de Moncifort avec grande compagnie leur faifant forte guerre, mais il n'en peut venir à bout, pour les grandes affaires qu'on avoit és autres lieux.

En la mefme année que Paris eut efté furpris ainfi que deffus, le Roy Henry d'Angleterre repaffa la mer à tout grande puiffance, & defcendit à Harfleur, laquelle ville il avoit conquis l'an mille quatre cens quinze; toft aprés il commença à conquerir dans le pays à force villes & foretereffes: car elles fe rendoient à luy fans faire grande refiftance, parce qu'elles ne voyoient efperance en aucun fecours, à caufe de la diffenfion qui eftoit entre les Seigneurs de France; car entre autres Provinces, dans le Duché de Normandie, ceux qui devoient deffendre les bonnes villes & forteresses contre les Anglois, eftoient ou du party du Dauphin, ou du Duc Iean, & avoient mefme guerre les uns contre les autres, parquoy chacune partie avoit à fe garder de deux coftez: par telles chofes fut le Duché de Normandie conquis en peu de temps.

temps. Ce Roy Henry vint devant le Pont-de-l'arche par delà l'eau de la Seine vers Quenhoy. Dedans cette place eſtoit le Seigneur de Graville avec quantité de ſes gens : lors on fit grande aſſemblée des gens d'armes du pays, pour reſiſter contre ledit Roy Henry, afin qu'il ne paſſaſt audit Pont-de-l'Arche, mais nonobſtant il y paſſa la Seine, & ſe rendit ce Pont audit Roy : qui fut un grand deſconfort & deſ-avantage à tout le pays, car c'eſtoit une des clefs de la riviere de Seine. Meſſire Iacques de Harecour tenoit pour lors priſonnier le Comte de Harecour, à qui il étoit prochain parent, lequel s'eſtoit retiré de Harecour pour les Anglois, en ſon chaſteau d'Aumale. Là vint ledit Meſſire Iacques de Harecour vers luy, ce Comte d'abord luy fit grande chere comme à ſon parent, & le receut dedans ſon chaſteau avec tous ſes gens, ne ſçachant & ne ſe doutant de ce qu'il vouloit faire; incontinent il mit la main ſur luy, en diſant, *Monſieur je vous fais priſonnier du Roy :* à ces paroles le Comte devint bien eſbahy, & courroucé, & dit, *Beau couſin que voulez vous faire ?* à quoy Meſſire Iacques reſpondit, *Monſieur ne vous en déplaiſe, j'ay ainſi charge du Roy de vous mener vers luy.* Là

Tome V.                           Dd

y eut pluſieurs autres paroles & reparties, aprés leſquelles ledit Meſſire Iacques le fit prendre par aucuns de ſes gens, puis aprés le mena au Crotoy, où il le detint long-temps priſonnier, & en pluſieurs autres places. De plus il mit garniſon de par luy à Aumale, & outre ce il prit tous les biens d'iceluy Comte à ſon profit. Aucuns dirent là-deſſus que tout cela s'eſtoit fait du conſentement du Comte d'Aumale fils de ce Comte de Harecour : car il ne fit point de pourchas ny d'inſtance pour ravoir ſon pere, qui fut de la ſorte retenu priſonnier depuis ce temps juſques à la mort dudit Meſſire Iacques.

Aprés que ce Roy Henry eut ainſi reduit en ſon obeiſſance le Pont-de-l'Arche, il s'en alla devers Roüen, & ſe logea au mont de Sainte Catherine. Dedans Roüen y avoit groſſe garniſon des gens du Duc Iean de Bourgongne ; car s'y eſtoient mis Meſſire Guy le Bouteiller, un de ſes principaux Capitaines, le Baſtard de Tian, le Seigneur de Toulongeon, Meſſire André des Roches, Langy d'Arly, Gerard Baſtard de Brimeu, & pluſieurs autres de bonne eſtoffe, tant qu'ils faiſoient bien douze à quinze cens combattans, qui fort bien s'y gouvernerent.

Le Roy Henry y mit le siege tout autour, & y fut bien l'espace de neuf à dix mois. Là y eut quantité d'escarmouches faites par ceux de la ville sur les Anglois, ausquels ils porterent grand dommage, ayans tousjours bonne esperance que le Duc Iean les secoureroit, comme il leur avoit promis: mais il n'en fit rien; car il avoit d'autres grandes affaires plus pressantes pour la guerre qu'il avoit contre le Dauphin; partant il fallut enfin que ceux de Roüen se rendissent au Roy Henry d'Angleterre, à condition que *les gens d'armes s'en iroient sauves leurs vies seulement, sans rien emporter de leurs biens.* Ils furent forcez à une si dure capitulation, parce qu'ils n'avoient plus aucuns vivres; car ils mangerent leurs chevaux; & les pauvres gens de la ville estoient reduits par famine à manger chiens, chats, rats, souris, & telles autres choses; qui estoit chose piteuse à voir: & en mourut bien dedans les fossez & par la ville de faim dix à douze mille, qu'on sceut de certain. Outre ce il fallut par la composition que ce Roy Henry eut une partie des plus notables Bourgeois de Roüen à sa volonté. Aprés que Roüen se fut ainsi rendu aux Anglois, plusieurs autres villes se rendirent ensuite à eux és marches de Normandie,

Quant à la garnison qui estoit sortie de Roüen, elle se retira devers le Duc Iean. Le susdit Messire Guy le Bouteiller qui estoit un des Capitaines ou Gouverneurs de Roüen tant que le siege y dura, se rendit alors du party du Roy Henry, & luy fit serment de le servir loyaument, laquelle chose il fit, à cause de quoy le Roy Henry luy fit des grands dons, & luy donna la Roche-guyon avec autres Seigneuries notables. Est à noter qu'aucuns des Bourgeois notables de la ville de Roüen se fierent à ce Guy le Bouteiller, depuis que ledit Roy Henry eut pris leur ville, & luy dirent, *que s'il leur vouloit ayder ils remettroient Roüen en la main du Roy Charles*, à quoy ledit Guy fit semblant de vouloir entendre, mais il le redit au Roy Henry, & pource y eut plusieurs d'iceux notables Bourgeois de Roüen qui eurent les testes couppées, de quoy ledit Guy fut fort blasmé pour cette cause, & trahison. Or pendant que le Roy Henry tenoit son siege devant Roüen, Messire Iacques de Harecour & le Seigneur de Moreuil firent une assemblée tres-grande pour aller courre sur les Anglois, & vinrent jusques à trois lieuës prés d'eux : ledit Roy leur envoya au devant le Seigneur de Cornuaille bien accompagné, lequel rencontrant les deſſuſdits, & fit tant, qu'il les mit en grand deſ-arroy. Là fut pris ledit Seigneur de Moreuil & pluſieurs autres avec luy : quant à Meſſire Iacques de Harecour il ſe ſauva par le moyen d'un bon cheval. En cette meſme ſaiſon Philippe de Saveuſe, qui eſtoit à Gournay en Normandie, à tout deux ou trois cens combattans, fit pluſieurs fois grand dommage aux gens du Roy Henry, dont il emmena des priſonniers dedans ladite ville de Gournay, en ſi grand nombre, qu'enfin ces priſonniers Anglois devinrent maiſtres eux meſmes du chaſteau de Gournay, qu'ils tinrent pendant un jour, mais le Bon de Saveuſe, qui pour lors y eſtoit pour Philippes ſon frere, fit tant par belles paroles, que ces gens luy rendirent le chaſteau, dont il y en eut depuis qui en eurent mauvais marché. Le Roy Charles de France & le Duc Iean de Bourgongne furent long-temps à Beauvais, & avoient fort grande puiſſance ſur le pays d'autour, en eſperance de faire lever le ſiege de Roüen ; mais par le diſcord qui eſtoit entre iceluy Duc Iean, & le Duc de Touraine Dauphin, rien ne s'en fit, car ces deux Princes s'entremenoient forte guerre l'un contre l'autre. Après que le Roy d'Angleterre eut pris la ville de Roüen, fait faire le serment à ceux de la ville, & mis nouveaux Officiers de par luy, il envoya ses gens au pays vers Gournay, & vers le Comté d'Eu, où tout se rendit à luy sans coup ferir; mesme se rendit la ville d'Eu, le chasteau de Moncheau, le Neufchastel, Deincour, Gournay, & plusieurs autres bonnes villes & forteresses : depuis quoy se tint en la ville d'Eu un Chevalier Anglois nommé Messire Philippe Lys, qui faisoit forte guerre dans le pays de Vimeu. Le Roy Henry conquit cette année presque tout le Duché de Normandie tout à son aise; car tres-peu y avoit de gens qui le deffendissent, mesmement il y eut plusieurs Normands qui se rendirent Anglois, & firent le serment à ce Roy Henry. Lionnel de Bournonville & Daniot de Gouy se tenoient alors en Garnison dans Gisors, d'où ils menoient forte guerre aux Anglois. Or advint que les gens du Roy Henry estant logez à Caillyfontaine au nombre d'environ quatre à cinq cens, dont il y avoit la plus grande partie d'Irlandois, iceluy Lionnel & Daniot de Gouy vinrent frapper de nuict sur eux en icelle ville, où ils mirent le feu, puis les assaillirent chaudement, & les ruerent jus. & desconfirent entierement, aprés lequel exploit ils s'en retournerent à Gisors en leur garnison.

Ainsi souvent faisoit ce Lionnel grand dommage aux Anglois, & avec luy Daniot de Gouy qui estoit fort vaillant, & aussi faisoit le Seigneur de Lisle-Adam.

Assez tost aprés y eut grand parlement entre ce Roy Henry d'Angleterre & le Roy Charles, qui se tenoit pour lors avec le Duc Iean de Bourgongne à Pontoise : Pour conclusion le Roy Henry vint devers Meulant, là où il fit tendre ses tentes, & pareillement on y tendit celles du Roy Charles. Là se trouva ledit Duc Iean, avec le Conseil du Roy Charles, par plusieurs fois qui parlementerent avec le Roy Henry, lequel vouloit avoir Caterine fille du Roy Charles en mariage; outre quoy il pretendoit avoir le Duché de Normandie. Le Conseil se tint longuement sur ces demandes, mais enfin rien ne s'en fit; car ledit Roy Henry vouloit avoir trop grand advantage sur le Royaume, ce que le Duc Iean ne voulut accorder : aussi avoit-il tousjours volonté de traiter avec le Duc de Touraine Dauphin, parquoy se separa ce parlement sans y rien conclure, & se retira le Roy Charles à Sainct Denys en France, & la Reine avec luy.

Le Duc Iean avoit grande volonté d'avoir paix avec le Dauphin (23), pour ce y avoit

Dd 4

Ambassadeurs entre les parties qui traitoient, & en estoit la Dame de Giac, lesquels arresterent par ensemble que ces deux Princes seroient contents de venir & se voir ensemble, pour eux-mesmes trouver les meilleurs moyens & expediens de Paix. Alors donc le Duc Iean (qui estoit à Pontoise) partit à noble compagnie pour venir devers le Dauphin qui estoit à Melun. Ladite Dame de Giac qui s'en entremettoit fort, alla avec le Duc Iean jusques à Corbeil, à une lieuë environ de Melun, du costé de la Brie vers Meaux. Le Dauphin de son costé vint à toute sa puissance ; le Duc Iean alla pareillement à tout ses gens, & n'approcherent point ces deux puissances plus prés d'une demie lieuë l'une de l'autre. Là s'assemblerent les Ambassadeurs des deux costez, & tant firent que la Paix fut traitée entre ces deux Princes durable à tousjours, & jura le Dauphin de la tenir, aussi firent tous les grands Seigneurs avec luy. Il y eut en outre de fort grandes promesses faites entre les deux parties, & permirent les deux Princes chacun aux Seigneurs de son costé, *d'aller servir sans aucune reproche contre celuy par qui la Paix seroit rompuë :* c'est à sçavoir, Que si le Dauphin la rompoit *qu'il permettoit à ses gens* d'aller servir le Duc Iean, ou celuy qui tiendroit son party, & ainsi fit reciproquement le Duc Iean. Dequoy on fit force belles Lettres seellées des Seaux des deux parties. Aprés ils s'entre-promirent de mettre toute peine & s'employer à chasser le Roy Henry d'Angleterre hors de France, & assembler à cette fin toute leur puissance. Ainsi fut la Paix faite entre le Duc de Touraine Dauphin, & le Duc Iean de Bourgongne. Chacun creut lors à la bonne foy que ce seroit chose durable, mais depuis on vid bien le contraire, comme cy-aprés sera declaré. Tost aprés que la Paix fut ainsi faite entre le Dauphin & le Duc de Bourgongne, leurs gens s'assemblerent pendant quelque temps, qui menerent forte guerre aux Anglois sur les marches de Normandie. Alors le Seigneur de Lisle-adam perdit la ville de Pontoise, qu'il avoit en garde, laquelle les Anglois surprirent par un matin, qui fut un malheur grandement prejudiciable aux affaires de France, car c'étoit une ville fort notable, bien garnie de vivres, & fournie d'autres biens. Les Anglois en ce temps mirent siege devant Saint Martin le Gaillard, dedans laquelle place estoit Rigaut (*) de Fontaine : mais le Sire de Gama-

(*) Al. Regnaud.

che qui estoit au Dauphin, vaillant Chevalier de son corps, assembla quantité de gens, avec lesquels il alla faire lever ce siege; auquel exploict il y eut des Anglois tuez à foison, les autres se retirerent dedans le Monstier de la ville; & leur Chef estoit un Chevalier Anglois nommé Messire Philippe Lis, qui estoit fort vaillant personnage. Aprés que Pontoise eut esté, comme dessus, surpris par les Anglois, le Roy Charles, la Reyne, & Dame Caterine leur fille s'en allerent à Troye en Champagne, là où les mena le Duc Iean de Bourgongne, pour les mettre arriere de la guerre. Le Seigneur de Lisleadam se mit en garnison dans Beauvais à tout plusieurs gens, aprés qu'il eut ainsi perdu Pontoise. Là il s'opposoit & tenoit frontiere contre les Anglois, afin d'empescher leurs courses, & leur portoit les plus grands dommages qu'il pouvoit. Messire Iacques de Harecour d'autre part se tenoit à Crotoy, & à Noyelle sur la mer, & Hector de Saveuse au Pont-de-Remy, avec le Seigneur de Wancour & Louys son fils, là où ils faisoient guerre aux Anglois d'Eu & de Moncheaux, & souvent s'assembloient avec ledit Messire Iacques pour endommager les Anglois.

L'an mille quatre cens & dix-neuf fut la

paix faite entre le Duc de Touraine Dauphin, & le Duc Iean de Bourgongne en la maniere qu'il vient d'eſtre dit, dequoy tout le pauvre peuple de France demenoit grande joye : à la faveur de laquelle paix, les Gentilshommes des deux partys faiſoient conjointement forte guerre aux Anglois, & bien croyoit-on lors en France eſtre en grande union & concorde ; mais en bref aprés il y ſurvint plus grande tribulation que jamais : car le Duc Iean fut tué, comme il ſe pourra cy-aprés voir. Le Dauphin eſtoit pour lors à Montereau-où-faut-Yonne, là où il avoit aſſemblé toute la plus grande partie de ſa puiſſance. Or il eſtoit gouverné en ce temps par les Seigneurs de Barbaſan, Tanneguy du Chaſtel, le Vicomte de Narbonne, le Seigneur de Gitery, & pluſieurs autres qui point n'eſtoient du Royaume de France, & neantmoins manioient & conduiſoient toutes ſes affaires. Il y eut partie d'iceux qui tramerent & machinerent la trahiſon de mettre à mort le Duc Iean, & tant firent que le Dauphin fut content de le mander, & qu'il fuſt mis à mort. De faict, il chargea Tanneguy du Chaſtel d'aller devers luy, qui eſtoit lors à Bray-ſur-Seine, à deux lieuës prés de Montereau, à tout grande puiſſance de gens d'armes, & de traict. Quand la chose eut esté ainsi pourparlée, les Gouverneurs du Dauphin ordonnerent que le Duc Iean seroit logé dans le chasteau de Montereau, & que le Dauphin seroit cependant logé dedans la ville. Or ils firent sur le pont plusieurs barrieres (24) entre la ville & le chasteau; puis Messire Tanneguy s'en alla vers le Duc Iean à Bray-sur-Seine, là où il le trouva, luy disant: *Que le Dauphin se recommandoit à luy, & le prioit qu'il voulust aller devers luy à Montereau, pour conclure des affaires de France, & plusieurs autres choses.* Ce Duc fit à Tanneguy grande chere & grande reverence, comme encore à ceux qui estoient avec luy, disant, *qu'il iroit vers Monsieur le Dauphin.* Lors ce Duc se hasta de disner, puis il monta à cheval avec tous ses gens, & moult faisoit à Tanneguy grand honneur. *Et bien,* luy dit-il, *nous allons vers Monsieur le Dauphin à vostre fiance, pensant qu'il veuille bien entretenir la paix qui a esté faite entre luy & nous, laquelle nous voulons bien tenir, & le servir tout à sa volonté.* A quoy Tanneguy respondit: *Mon tres-redouté Seigneur n'ayez doute de rien, car Monsieur est bien content de vous; & se veut desormais gouverner selon vous, & outre ce, vous avez* auprés de luy bons amis qui bien vous aiment : ainſi s'en alla le Duc Iean à ſa mort en la compagnie dudit Tanneguy du Chaſtel, lequel le trahit, & chevauchoit en grande ordonnance juſques auprés de Montereau, & là il rangea ſes gens en bataille. Or il y avoit quelques gens du Duc Iean dedans le chaſteau, pour aviſer & diſpoſer le logis, entre leſquels il y eut un valet de chambre qui bien ſe douta de la trahiſon; parquoy il retourna promptement devers le Duc ſon maiſtre, pour luy dire: *Mon tres-redouté Seigneur, aviſez voſtre eſtat, ſans faute vous ſerez trahy, & pour Dieu veuillez y penſer.* Adonc le Duc Iean dit à Tanneguy : *Nous nous fions à voſtre parole, pour Dieu aviſez bien que ſoyez ſeur de ce que vous nous avez dit, qu'il ſoit verité, car vous feriez mal de nous trahir.* Et Tanneguy luy reſpondit : *Mon tres-redouté Seigneur, j'aymerois mieux eſtre mort, qu'euſſe fait trahiſon à vous, ny à autre, n'ayez aucune doute, car je vous certifie que Monſieur ne vous veut aucun mal.* A quoy ce Duc reſpondit : *Nous irons donc à la fiance de Dieu & de vous.* Puis en ces entrefaites il chevaucha juſques au chaſteau, où il entra par la porte de derriere, laiſſant grande partie de ſes gens en bataille hors du chasteau. Avec le Duc descendirent moult de grands Seigneurs : il s'en alla reposer en une chambre dedans le chasteau : cependant Tanneguy alla devers le Dauphin, & devers ceux qui estoient avec luy, leur apprenant la venuë d'iceluy Duc. Là y eut grand consistoire & conseil de ceux qui conduisoient la trahison. Tantost après on envoya vers le Duc afin qu'il vint voir le Dauphin. Quand le Duc ouyt qu'il le mandoit, il partit pour aller devers luy ; & y allerent cinq ou six grands Seigneurs seulement avec luy, plus on n'y laissa passer du chasteau. Or quand ce Duc vint pour entrer sur le pont, il trouva qu'il y avoit une barriere à l'entrée du pont, où y avoit bonne garde. Lors ce Duc passa pour aller vers le Dauphin, qui estoit en un petit detour, lequel il vint saluer fort humblement : sur quoy presentement & prestement ceux qui estoient ordonnez pour le mettre à mort estoient là tous prests, qui frapperent sur luy. Quand il vid qu'il estoit trahy, il cuida tirer son espée pour se defendre ; mais rien ne luy valut, car il fut tantost abbatu, & mis à mort, dont ce fut pitié pour le Royaume : car par sa mort advinrent depuis plusieurs maux en France. Avec luy fut tué le Seigneur de Noaille frere du Comte de Foix, lequel se coucha sur luy pour le cuider sauver.

Aprés ce que le Duc Iean eut ainsi esté mis à mort, ceux qui là estoient le jetterent du haut du pont à val : mais depuis par l'admonestement & l'ordre du Dauphin il fut enterré dans le cymetiere à tout son pourpoint & ses houseaux, là où il demeura de la sorte tant que la ville fut conquise par les gens du Roy Henry d'Angleterre. Avec ledit Duc Iean estoient venus le Seigneur de Noaille, le Seigneur de Sainct George, & Messire Charles de Lens, lesquels furent pris, avec d'autres en quantité.

Ce Duc Iean ayant esté tué, ainsi qu'il vient d'estre dit, ses gens en sceurent aussi-tost les nouvelles. Là y eut grand dueil fait en plusieurs lieux, & n'est celuy qui peust bien penser le grand desconfort qu'il y avoit parmy ses gens. D'autre part les gens du Dauphin saillirent en grande puissance sur eux, & furent promptement mis en grand desaroy ; car il n'y avoit plus d'entretenement ny ordre gardé entre eux, depuis qu'ils sceurent la mort de leur Seigneur. Or s'en alloit chacun d'iceux le mieux qu'il pouvoit sans ordonnance. Les gens du Dauphin les chaſſerent & pourſuivirent, car ils eſtoient tous aviſez de leur fait, dont ils prirent pluſieurs, qu'ils tuerent avant qu'ils euſſent peû regagner Bray-ſur-Seine ; les autres ſe ſauverent le mieux qu'ils peurent. Cette douloureuſe mort fut cauſe de faire recommencer la guerre de plus belle & plus fort qu'auparavant : & chacun ne ſongea plus qu'à ſe garnir contre ſa partie. Pendant tout cela, le Roy Henry d'Angleterre conqueſtoit tousjours fort ſur les deux parties : par ainſi il y avoit trois partys pour lors en France, qui tous contendoient à conquerir & démembrer le Royaume, dequoy le menu peuple eſtoit exceſſivement travaillé.

Aprés la mort d'iceluy Duc Iean, Philippes ſon fils releva toutes les Seigneuries du Duc ſon pere, & devint par ainſi Duc de Bourgongne : il fut fort courroucé du meurtre de ſon pere, & de la trahiſon qu'on luy avoit fait. Ce Duc Philippe avoit eſpouſé Michelle fille du Roy Charles de France, & ſœur du Dauphin, laquelle eſtoit Dame de haut honneur, humble, courtoiſe, belle, & bien aimée de tous les Seigneurs qui converſoient à la Cour d'iceluy Duc ; & en outre du pauvre commun. Or quand ce Duc Philippe eut ſaiſi tous les tenemens & Seigneuries du du Duc Jean son pere, il manda (25) tous ses Barons pour avoir conseil, comment il se pourroit venger du Dauphin. Lors on luy conseilla qu'il prit alliance avec le Roy d'Angleterre, & qu'il luy fit avoir à femme Caterine fille du Roy Charles, & sœur du Dauphin, laquelle ledit Roy Henry avoit grand desir d'espouser : & que mieux que par là il ne se pouvoit venger du Dauphin : car par ce moyen il seroit chassé de France, sans jamais posseder la Couronne. Ce Duc Philippe ayant pris cette conclusion (26), **il envoya devers le Roy d'Angleterre**, & tant y eut d'Ambassadeurs entre les deux parties, qu'enfin alliance fut faite entre iceluy Roy Henry & ledit Duc Philippe. Le Duc promit de livrer au Roy Henry Caterine fille du Roy Charles, & le Roy Henry promit de la prendre à femme, & faire Reyne d'Angleterre. Outre ce promit que le Roy Charles jouyroit tout son vivant du Royaume de France : de plus, promit ce Roy Henry de livrer au Duc Philippe les traistres qui avoient tué son pere, si aucuns escheoient en ses mains. Plusieurs autres promesses y eut, & sermens faits par les deux parties, afin d'entretenir bonne & ferme paix à toujours entre eux. Outre ce, ils s'entre-promirent de chasfer le Dauphin hors le Royaume, avec ſes alliez, ſans jamais pouvoir poſſeder aucune Seigneurie en France.

Le Comte Philippe de Sainct Paul, fils du Duc Antoine de Brabant & neveu du Duc Iean, eſtoit pour ce temps-là à Paris, où il eſtoit Lieutenant du Roy, & gouvernoit la ville de Paris : car ledit Duc Iean l'y avoit laiſſé aprés la priſe d'icelle ville de Paris, pour la gouverner, & s'y conduiſit par bon conſeil, combien qu'il fut jeune d'aage, n'ayant qu'environ quatorze ans, & là demeura tant que le Roy alla à Melun.

Au ſuſdit traité qui fut fait & arreſté entre ledit Roy Henry & le Duc Philippe, il fut ordonné entre autres choſes que le Roy Henry ſeroit droit heritier du Royaume de France luy & ſes hoirs aprés la mort du Roy Charles de France, & que jamais Charles Dauphin n'en jouyroit, ny ceux qui de luy viendroient, & qu'il n'eſtoit digne de tenir Royaume, pour le mauvais cas qu'il avoit fait ſur le Duc Iean de Bourgongne, dont point ne ſe pouvoit excuſer, combien qu'il fut jeune quand le cas advint : conſideré avec ce qu'il eſtoit gouverné par gens eſtrangers, combien qu'ils euſſent eu de leurs amis tuez au ſaccagement & carnage de Paris, parquoy il ne leur chaloit quel deshonneur le Dauphin encouruſt, pourveu qu'ils fuſſent vengez du Duc Iean. Or le Dauphin eſſaya depuis beaucoup de s'excuſer ſur ſa jeuneſſe, & pour ceux qui le gouvernoient, diſant, *que ce n'avoit point eſté de ſon conſentement, & que autant en eut-il fait du Roy Charles ſon pere pour ce temps-là :* mais cela ne peut eſtre receu à excuſe : & pour ce dura la guerre longtemps depuis, comme il ſe pourra voir cy-aprés : meſme pour plus grande apparence le Dauphin mit hors d'avec luy ceux qui luy avoient baillé le conſeil de mettre à mort le Duc Iean, qui s'en allerent hors le Royaume pour quelque temps.

Aprés toutes ces alliances faites entre le Roy Henry d'Angleterre & le Duc Philippes de Bourgongne, ils aviſerent de conquerir force villes & fortereſſes ſur les gens du Dauphin : & commença ce Duc Philippes à faire grands mandemens par tous ſes pays, & tout fit aſſembler proche Peronne. Quand ce Duc Philippe eut ainſi fait grande aſſemblée de gens, il en bailla la conduite à Iean de Luxembourg, qui s'en vint loger en ladite ville de Peronne, & ſes gens tout autour, de là il tira droit à Lihon en Santers, là où il ſe logea en la ville, & tous ſes gens avec luy: avec ce Meſſire Iean y avoit d'autres bons Capitaines, entre autres y eſtoient le Vidame d'Amiens (*), le Seigneur de Croï, Hector de Saveuſe, le Seigneur de Humbercour Mareſchal du Duc Philippe, & d'autres en quantité. Là fut priſe concluſion par iceluy Meſſire Iean, & ceux qui eſtoient avec luy d'aller mettre le ſiege devant un chaſteau nommé *Muin*, ſitué à deux lieuës de Corbie, lequel cauſoit aſſez de mal aux villes d'Amiens & Corbie, & au pays d'entour. Mais en une nuict dont il devoit le lendemain partir, Meſſire Carados des Quennes & Charles de Flavy prirent la ville de Roye en Vermandois, qui avoit eſté donnée au Duc Philippe lors de ſon mariage avec la fille du Roy Charles, & entrerent dedans bien trois cens combatans. Lors eſtoit Gouverneur de Roye, un nommé *Percheval le Grand*, lequel eſchappa de la ville, & vint vers Meſſire Iean à Lihon, où il eſtoit quand il ouït nouvelles de ladite priſe de Roye. Tantoſt aprés il fit ſonner les trompettes, puis monta à cheval avec tous ſes gens, & chevaucha vers icelle ville en grande ordonnance, & preſtement mit coureurs ſus pour

(*) Antoine ſieur de Croy, David de Brimeu ſieur de Humbercourt.

aller devant, lesquels trouverent encores les eschelles dressées aux murs de Roye, par où les Dauphinois estoient montez. Là y eut grandes escarmouches d'abord, & gagna-on sur eux les fauxbourgs qui estoient clos de bonnes murailles, puis incontinent on y mit le siege. Le Seigneur de Lisle-Adam Mareschal de France & Hector de Saveuse se logerent dedans les fauxbourgs du costé de Compiegne, & le Seigneur de Croï à un lieu assez prés; avec luy estoit le Seigneur de Longueval, qui pour lors servoit le Duc Philippe, qu'il servit longtemps aprés. Quant à Messire Iean de Luxembourg il fut logé à une lieuë prés de Roye en tirant vers Noyon: les Flamends encore outre à une ville nommée Chempien. Ainsi fut la ville de Roye assiegée tout autour, & si estoit le siege droit au temps de Noel, bien vingt-quatre jours avant qu'ils se voulussent rendre. Souvent y avoit grandes escarmouches faites par ceux de dehors contre ceux de dedans; mais enfin ils se rendirent à condition qu'ils s'en iroient saufs leurs corps & leurs biens, de quoy Messire Iean fut content, & de ce leur bailla sauf-conduit pour s'en aller à Compiegne: & fut Hector de Saveuse ordonné pour les conduire, & Messire Carados & Charles de

Flavy ordonnerent leurs affaires pour s'en aller, & partirent par un Samedy bien matin. Environ une heure aprés que les Dauphinois furent partis de Roye, & que les gens de Messire Iean estoient dedans la ville, le Comte de Hontiton & Cornuaille vinrent devant Roye, où ils venoient pour aider à iceluy Messire Iean de Luxembourg; mais quand ils apprirent que les Dauphinois en estoient partis, & qu'ils ne pouvoient estre qu'à une lieuë loing, ils commencerent bien fort à courir aprés. Ils estoient bien mille combatans : or tant chevaucha ce Comte de Hontiton & Cornuaille, qu'ils atteignirent les Dauphinois à trois lieuës prés de Compiegne, & frapperent sur eux fortement, aussi les Dauphinois ne s'en donnoient de garde, parquoy ils furent bientost mis en des-arroy, & furent tous ruez jus, pris ou morts; peu s'en estans eschappez. Quand Messire Carados vid cet accident, il se rendit à Hector de Saveuse : mais Cornuaille luy osta, & frappa Hector sur le bracelet de fer de sa main à tout son gantelet, dont Hector fut tres-mal content, mais il n'en peut avoir autre raison pour l'heure, sinon qu'il luy dit : *Cornuaille, vous sçavez bien que ne les pouvez mettre à fiance, & qu'ils ont sauf-con-*

*duit de voſtre Capitaine*? Avec les Anglois monterent à cheval pluſieurs des gens de Meſſire Iean de Luxembourg, quand ils virent qu'on alloit frapper ſur les Dauphinois : or ce fut une choſe qui fort les greva ; car leurs chevaux eſtoient ſejournez & avoient repoſé, pour ce ils les ſuivirent plus rudement que les Anglois, entre autres y alla le Baſtard de Croï, Aubelet de Folleville, le Baillif de Fonqueſolle, & des gens du Seigneur de Longueval, avec pluſieurs autres. Pour cette cauſe ſe courrouça Meſſire Iean de Luxembourg tres-fort, d'autant qu'ils eſtoient ſoubs luy, & qu'il avoit baillé ſauf-conduit aux Dauphinois, & vouloit que le Seigneur de Croï luy baillaſt ſon frere baſtard, & le Seigneur de Longueval le baſtard de Divion frere de ſa femme, mais ils n'en voulurent rien faire, & parce les eut Meſſire Iean en grande haine longtemps aprés, dont il avint depuis grandes tribulations, comme cy-aprés ſera veu. Enſuite de cette deſconfiture ainſi faite contre la foy donnée, les Anglois ſe logerent à deux lieuës prés de Roye à tout leurs priſonniers : vray eſt qu'icelui Iean de Luxembourg alla vers le Comte de Hontiton, à qui il donna un cheval, puis le pria qu'il fit bonne compagnie & favorable traitement à Messire Carados & aux autres prisonniers : car pour vray ledit Messire Iean estoit fort outré de ce qu'ils avoient esté pris de la sorte, nonobstant son sauf-conduit, combien qu'aucuns voulurent dire qu'il le sçavoit bien ; mais il n'en estoit rien : car il estoit Seigneur qui bien vouloit tenir ce qu'il promettoit. Aprés qu'iceluy Iean de Luxembourg eut esté devers le Comte de Hontiton, & qu'ils eurent fait l'un à l'autre grande chere, il se retira en son logis, d'où le lendemain il partit, & s'achemina à tout une partie de ses gens vers la Fere-sur-Oise, en sa compagnie estoit Hector de Saveuse.

Quand Messire Iean arriva à la Fere, il assit garnison par toutes ses forteresses, & mit Hector de Saveuse à Nouvion-le-Comte, & les autres en toutes les autres places pour tenir frontiere contre la ville de Crespy en Laonnois, où estoit la Hire (\*), & Poton de Saintraille à tout grand nombre de gens : là ils se tinrent jusques au Caresme, que le Duc Philippes vint à tout sa puissance, & mit le siege tout autour d'icelle place de Crespy. Les autres gens du Duc Philippe aprés la reddition de Roye s'en allerent cha-

(\*) Estienne de Vignoles, dit la Hire, Capitaine de Crespy.

cun où il voulut en fon hoftel, ou ailleurs, jufques aprés la Chandeleur, que le Duc Philippe refit grand mandement pour aller à Troyes en Champagne. Quand il eut affemblé tous fes gens, il s'achemina vers la ville de Sainct Quentin en Vermandois, & fe logea dedans la place. Avec luy eftoit le Comte de Warvic, le Comte de Quin, & le Seigneur de Ros, qui eftoient Ambaffadeurs du Roy Henry d'Angleterre, lefquels alloient en la compagnie de ce Duc Philippe à Troyes en Champagne devers le Roy Charles de France, pour demander Caterine fille du Roy Charles, pour ledit Roy Henry, lequel la vouloit avoir à femme ; & l'eut enfin, comme il fe pourra cy-aprés voir. Or allerent iceux Ambaffadeurs toujours avec le Duc Philippe jufques à Troyes.

Quand ce Duc deflogea de Sainct Quentin, il s'en alla loger à Crecy fur Seine ; Meffire Iean de Luxembourg conduifoit fon avant-garde, qui s'alla loger à lieuë & demie de Crefpy. Il y eut là grande efcarmouche faite, tant que le Baftard de Haynaut fut fort bleffé par les Dauphinois, mais nonobftant il n'en mourut point : bien fe comporta en iceluy jour ledit Meffire Iean vaillamment, & Philippe de Saveufe avec luy. Le Duc enfuite deslogea de Crecy, & alla camper prés de Crespy en Laonnois, où il mit le siege tout autour, à quoy il employa bien vingt jours de temps, avant qu'ils voulussent se rendre; car ils estoient bien huict cens combatans dedans: mais enfin ils se rendirent à condition qu'ils s'en iroient saufs leurs corps & biens, sinon aucuns qui estoient des pays du Duc, lesquels devoient demeurer prisonniers. Ainsi ce Duc reduisit en son obeïssance Crespy en Laonnois au commencement de sa premiere armée, & ceux qui estoient dedans s'en allerent. Ce Duc fit ensuite desmolir la fortification de Crespy, laquelle ceux de Laon abbatirent: puis le Duc s'en alla à Laon, de là droit à Rheims, ensuite à Chaalons, puis à Troyes en Champagne. Un accident arriva lors, c'est que comme entre Troyes & Chaalons s'advançoit Iean de Luxembourg, ayant avec luy Messire (*) Robinet de Mailly, qui estoit grand Panetier de France, & qu'ils passoient par le milieu d'un village où il y avoit amas de grandes eaux, & où y avoit des fosses profondes couvertes de bourbe, ledit Robinet de Mailly fondit & tomba dedans une grande fosse à tout son cheval, là où il fut noyé, & tout embourbé, tant qu'on

(*) Al. Robert.

ne le peut refcoure ny fauver, & y demeura bien trois heures dedans avant qu'on le peuft ravoir.

Un peu devant ce temps la Hire tenoit le chafteau de Coucy, qui eftoit tres-fort: il avoit pris grand foifon de prifonniers, gentils-hommes & autres, lefquels il avoit referrez dedans ledit chafteau. Or le Seigneur de Maucour, Lionnel de Bournonville, & plufieurs autres aviferent le poinct que la Hire eftoit allé courre, & par aucun moyen firent qu'ils furprirent ce chafteau, & s'en rendirent maiftres. Aprés ils manderent Meffire Iean de Luxembourg pour luy remettre ce chafteau, mais il y en eut aucuns qui ne furent bien contens de le mettre dedans, s'il ne leur promettoit de leur laiffer le gain du butin qu'ils y avoient fait. A cette fin le Seigneur de Maucour alla le premier au devant dudit Meffire Iean, luy difant: *Monfieur, les compagnons ne font mie contens de vous mettre dedans, que ne promettiez de leur laiffer ce qu'ils ont gagné.* Quand Meffire Iean oüyt ce propos, il fe courrouça grandement, refpondant audit de Maucour: Traiftre me voulez-vous trahir? Alors il le fit prendre par fes gens, & s'il euft eu un Bourreau prefent, il luy euft fait couper la teste, pour le grand couroux qu'il avoit. Tost aprés iceluy Lionnel de Bournonville fit tout ouvrir, & Messire Iean entra dedans, & eut ainsi l'obeissance du chasteau de Coucy ; depuis fut ledit de Maucour delivré.

Iceluy Messire Iean de Luxembourg avoit espousé Ieanne de Betune fille du Vicomte de Meaulx, laquelle en premieres nopces avoit espousé le Comte de Marle, dont elle avoit une fille, qui estoit Comtesse de Marle, & une de Messire Iean de Luxembourg, qui pour ce avoit le gouvernement de plusieurs grandes Seigneuries, villes & forteresses, dont il fit long-temps bonne garde.

Quand le Duc de Bourgongne fut arrivé à Troyes & les Ambassadeurs du Roy d'Angleterre avec luy, il alla devers le Roy Charles son beau-pere, & devers la Reyne, & firent tant qu'ils furent contens que le Roy Henry eut Catherine leur fille en mariage, & fut cette affaire traitée & du tout accordée par le Roy Charles & son Conseil : puis les susdits Ambassadeurs s'en retournerent vers leur Roy Henry, pour le querir : afin qu'il vint se marier à Troyes : il demeura cependant vers icelle Dame Catherine un des Chevaliers dudit Roy Henry, nommé

Messire Louys de Robertsart. Le Duc Philippe demeura une partie du Caresme à Troyes: & depuis tant que le Roy Henry y vint. Or pendant son séjour il envoya Messire Iean de Luxembourg courre devant une forteresse à six lieues de Troyes, nommé Alibaudiere, qui faisoit assez de peine au pays de Champagne. Quand Messire Iean y vint, il posa une embusche à un quart de lieuë prés, puis il envoya Hector de Saveuse & Ferry de Mailly à tout quatrevingts combattans courre devant le chasteau. Là y eut grande escarmouche; car ceux du chasteau saillirent dehors, mais incontinent aprés Messire Iean vint pour aviser & considerer la place; mais quand il vid les Dauphinois dehors, luy qui avoit le cœur vaillant frappa de l'esperon pour recongner les Dauphinois dedans, & vint chasser si auprés de la barriere, que son cheval commença à desroyer & devenir comme estourdy, tant qu'il fallut que Messire Iean cheut dessous son cheval, sur quoy il y eut grande huée faite; car les Dauphinois insultoient fort sur iceluy Messire Iean, & s'il n'eut eu lors prompt secours, il eut esté pris, mais ses gens le releverent hastivement, & luy remirent sa lance en sa main, qu'il avoit perduë en tombant : après quoy il marcha encor plus avant vaillamment, & avec peu de gens rechaffa les Dauphinois dedans ; puis ietta fa lance dedans les foffez du boulevart après eux & à leur trouffe : après quoy les affiegez s'enfermerent tout. Puis ledit Meffire Iean manda fes gens qui eftoient pofez en embufche, & de la grande colere qu'il avoit, il fit affaillir le boulevart, fans avoir aucune armure fur foy pour un affaut, & y fit tant, que ce boulevart fut emporté d'affaut, puis il y fit mettre le feu, dont ce boulevart fut tous efpris, tant qu'on n'y pouvoit plus durer : fort genereufement fe comporta Meffire Iean de Luxembourg en cette journée, & y fit tres-vaillamment de fa perfonne. Quand ceux du chafteau le reconnurent & experimenterent fi vaillant, ils voulurent fçavoir fon nom, & envoyerent le requerir de faire armes contre luy : Il manda qu'il en eftoit content : puis quand ils fceurent fon nom, ils n'en voulurent rien faire.

Aprés ledit Meffire Iean de Luxembourg s'en retourna à Troyes devers le Duc Philippe, & mit fes gens aux villages des environs de ladite ville. Environ quinze jours aprés, le Duc Philippe renvoya Meffire Iean de Luxembourg, le Seigneur de Croï le

Seigneur de Lisle-Adam Mareschal de France, Hector de Saveuse, avec plusieurs autres Seigneurs, pour remettre le siege devant icelle place d'Alibaudiere. Ils y allerent bien à tout douze cens combatans de bonne estoffe, & menerent plusieurs engins & instrumens de guerre, pour abatre les murailles. Or quand ce vint pour remettre ce siege, Messire Iean, qui autresfois avoit emporté le susdit boulevart, comme il vient d'estre dit, alla pour le faire assaillir derechef, les Dauphinois l'avoient refait plus fort que devant : là y eut grand assault ; car les Dauphinois le deffendoient fortement. Messire Iean de Luxembourg y estoit en personne ; qui fort assailloit avec les autres, & Hector de Saveuse combatoit cependant sur une eschelle fort vaillamment : cet assaut dura bien deux heures. Il y eut plusieurs des gens de Messire Iean de blessez en cet assaut, mesme de sa personne il fut navré au visage, dont il perdit un œil : là encor fut navré Henry de Caufour gentil-homme de Bourgongne, dont il mourut depuis, ce fut en combatant sur une eschelle : plusieurs autres il y eut de mis à mort.

On emmena ledit M$^{re}$ Iean de Luxembourg en un chasteau pour le guarir, & de là à Troye.

Puis le Comte de Converfan frere dudit M.re Iean vint en fa place à Alibaudiere, & commanda à ce fiege tant qu'il dura & que le chafteau fut rendu. Devant cette place d'Alibaudiere le Seignenr de Beauveir eut un œil crevé. Ledit Comte de Converfan fit affeoir de grands engins devant Alibaudiere, dont il fut fort abbatu en peu d'efpace, tant qu'aprés une capitulation, qui avoit efté entre les Dauphinois & Bourguignons, il y eut un grand affaut donné autour de la ville, mefme il entra bien quatre-vingts hommes dedans les trins, mais enfin il furent chaffez dehors par force: cet affaut dura bien fix heures, lequel il fallut abandonner pour la nuict qui furvint. Là y eut quantité de gens navrez de part & d'autre : enfin au quatriefme jour ceux du chafteau fe rendirent, faufs leur corps : mefme il y eut aucuns gentils-hommes qui eurent leurs chevaux, puis ils s'en allerent à Moime. En fuite cette fortereffe fut arfe & toute defolée; puis les gens du Duc Philippe s'en allerent à Troye, & logerent au tour de la ville & dedans, où les ramena ledit Comte de Converfan. Affez toft aprés le Duc Philippe envoya le Seigneur de Lifle-Adam Marefchal de France, le Seigneur de Croy, & Meffire Mauroy

de

de Sainct Leger à tout bien mille combatans au pays vers Toucy, & vers le Comté de Tonnere.

Quand ils vinrent à six lieues prés Toucy, ils firent faire des eschelles de guerre, puis s'en allerent tout d'une tire de nuict pour assaillir cette place de Toucy : ils arriverent devant icelle ville environ le soleil levant. Or quand le Seigneur de Lisle-Adam fut arrivé devant, il y fit des Chevaliers, entre lesquels le Seigneur de Croy, Messire Baudart de Noielle, & Messire Lionnel de Bournonville furent faits Chevaliers, puis on assaillit cette ville, dedans laquelle n'y avoit que les bons habitans d'ordinaire avec deux ou trois gentils-hommes seulement, parquoy le commun fut bien esbahy : mais nonobstant cela ils se rafermirent, & bien se deffendirent, aussi lesdites eschelles estoient trop courtes, parquoy on s'en retira pour le present, & on se logea autour de la ville, puis on fit faire des eschelles plus longues ; & des marteaux de fer pour les rassaillir de nouveau, puis au troisiesme jour on y livra encor un grand assaut ; mais ils se deffendirent encor mieux qu'ils n'avoient fait au premier, tant qu'ils tuerent un gentil-homme nommé Auger de Sainct Wandrille vaillant homme de guerre, lequel demeura mort dans les foſſez, ſans qu'il fut au poſſible des Bourguignons de le rapporter ; avec ce ils en navrerent aſſez d'autres : de plus il fut tué un Capitaine des Brigans ( * ) nommé Tabary, qui avoit autresfois mené guerre aux Anglois, dont il avoit deſtruit pluſieurs.

Quand les gens du Duc Philippe virent que ces bons hommes ſe defendoient ſi bien, & qu'ils conſidererent qu'ils ne les pourroient avoir d'aſſaut, ils ſe retirerent en leur logis, où toſt aprés leur vint nouvelles que leurs ennemis les venoient combatre. Lors le Seigneur de Liſle-Adam monta à cheval à tout les Picards qu'il avoit avec luy, & alla au devant d'eux pour les trouver ſur les champs : les Dauphinois, qui avoient leurs eſpies, en ouïrent les nouvelles, & pource qu'ils n'eſtoient aſſez puiſſans pour attendre leſdits Picards, ils ſe retirerent en une forte Egliſe nommée Eſtang S. Germain, à deux lieuës prés d'Anſoire, là où les alla ledit Seigneur de Liſle-Adam aſſieger, avec ſes Picards, & y tint le ſiege dix-huict jours; & tant fit, que ceux qui eſtoient dedans

(*) C'eſtoient gens de guerre armez de brigandines, qui eſtoit une eſpece d'armures de fer faites à lames eſtroites.

icelle Eglife de Sainct Germain fe rendirent à fa volonté, à condition *qu'ils s'en iroient par payer finance* : puis aprés ce Monftier fut abbatu, c'eft à fçavoir la fortification qui eftoit autour. De là le Seigneur de Lifle-Adam & les Picards fe retirerent à Troye devers le Duc Philippe, & là troúverent le Roy Henry d'Angleterre avec toute fa puiffance, qui y eftoit venu pour fe marier.

L'an mille quatre cens & vingt ( 28 ) , environ la Pentecofte, le Roy Henry d'Angleterre arriva à Troye en Champagne à tout bien douze mille combatans de bonne eftoffe ; fon frere Thomas Duc de Clarence eftoit avec luy, avec plufieurs autres grands Seigneurs : de plus y eftoit le Rouge Duc en fa compagnie, lequel eftoit d'Alemagne, & avoit efpoufé fa fœur. Quand ce Roy Henry arriva à Troye, là avoit efté desja pourparlé de fon mariage avec Catherine fille du Roy Charles de France : deforte qu'il la fiança au grant Monftier ( * ) de Troye, où y avoit grande affemblée de peuple ; entre-autres y eftoit la Reyne de France. Dix jours après ce mariage fe parfit, & l'efpoufa ce Roy Henry. Cette Caterine fille du Roy Charles, & fœur du Dauphin,

(*) Ce fut dans la Parroiffe S. Iean.

estoit moult belle Dame, humble, & de noble atour. Là y eut de grandes nobleſſes, pompes, & ceremonies faites à ces nopces, & bien haute feſte à ſon mariage : auſſi y eut-il grandes accointances entre ledit Roy Henry & le Duc Philippe de Bourgongne. Outre ce, fut la Paix du tout confirmée entre le Roy Charles & le Roy Henry d'Angleterre, & pareillement avec le Duc Philippe de Bourgongne. Or comme cy-devant a eſté dit, par les promeſſes qui furent là faites, ledit Roy Henry devoit poſſeder le Royaume de France, & en eſtre l'heritier, luy & ſes hoirs aprés la mort du Roy Charles de France, ſans que jamais nul vivant du coſté d'iceluy Roy Charles y peuſt venir, s'il ne iſſoit du Roy Henry & de Caterine fille du Roy Charles. Ce qui ſembloit bien eſtrange à aucuns du Royaume de France, mais ils ne pouvoient avoir ny faire autre choſe pour le preſent.

Environ douze jours aprés que ce Roy Henry eut eſpouſé Caterine fille du Roy Charles, & que toutes les ſuſdites feſtes furent paſſées, le Roy Henry ſe mit en chemin pour aller vers Sens en Bourgongne : il mena avec luy le Roy Charles, le Duc Philippe de Bourgongne, & auſſi la Reyne sa femme. Il s'en vint donc jusques à Sens où il mit le siege tout autour, & leur fit signifier qu'ils rendissent la ville au Roy Charles : mais ils n'en voulurent rien faire. Dedans estoit de la part du Dauphin le Seigneur de Boutonvilliers, à tout environ trois cens combatans. Là fut le Roy Charles, le Roy Henry, & le Duc de Bourgongne sept jours avant qu'il voulussent parlementer : mais quand ils virent qu'il y avoit si grande puissance, & qu'ils n'auroient aucun secours, ils voulurent trouver leur Traité ; partant le Roy Henry envoya Cornuaille parler à eux. Quand ledit Cornuaille ( qui bien apperceut qu'ils estoient en danger ) fut venu assez prés de la porte pour parler à eux, il vint à luy un gentil-homme qui avoit grande barbe, mais quand Cornuaille le vid, il luy dit, *qu'il ne parleroit point à luy s'il n'avoit sa barbe mieux faite, & que ce n'estoit point la guise & coustume des Anglois.* Cela fit, qu'aussi-tost iceluy alla faire sa barbe, puis revint vers ledit Cornuaille : & là parlerent tant que le Traité fut fait, à condition que ceux de la ville s'en iroient saufs leurs corps & biens, c'est à sçavoir les gens d'armes, & que ceux de la ville demeureroient en l'obeyssance du Roy Charles; ainsi en fut-il fait. Le Roy Charles eut de la forte l'obeïffance d'icelle ville, & entra dedans avec luy le Roy Henry, avec le Duc Philippe, & là fejournerent huict jours. Pendant que les deux Roys eftoient logez dans cette ville, il y furvint un grand debat des Anglois avec les gens du Duc Philippe, mefmes furent les gens d'iceluy Duc rechaffez jufques à fon Hoftel. Par plufieurs autres fois les Anglois prirent debat avec les gens du mefme Duc, d'autant que les Anglois eftoient les plus forts; ce qui defplaifoit fort aux Picards : mais enfin le Roy Henry fit defendre à fes gens qu'ils n'en fiffent plus, & ne les attaquaffent davantage. Aprés que le Roy Charles, le Roy Henry, & le Duc Philippe eurent ainfi fejourné à Sens, ils en deflogerent & s'en allerent vers Montereau où-faut-Yonne, là où ils mirent le fiege tout autour. A Sens, en ce temps mourut Maiftre Euftache de Laiftre qui eftoit Chancelier de France.

Quand le Dauphin & fon Confeil fceurent les alliances qui eftoient faites entre le Roy Henry & le Duc Philippe, & avec ce qu'ils virent qu'ils avoient le Roy Charles vers eux, & pour eux, ils furent ainfi que tout esbahis, & bien s'apperceurent qu'ils ne pouvoient fors que garder leurs places, pour ce mirent-ils grande peine à les garder, par especial celles qui estoient tenables, & tres-fort les pourveurent de gens de mise.

Lorsque le Roy Charles, le Roy Henry, & le Duc Philippe eurent mis le siege autour de Montereau, comme dit est, ils y furent bien quinze jours : ils estoient logez droit sur les fossez de la ville. Or advint que le jour S. Iean Baptiste les Anglois & les Bourguignons commencerent à l'assaillir, lesquels tant firent qu'elle fut emportée d'assaut, & y furent pris onze gentils-hommes, & si y en eut environ autant de morts, sans ceux qui se noyerent en taschans de se retirer, & sauver dedans le chasteau. Quand cette ville eut esté prise de la sorte, les gens du Duc Philippe s'en allerent droit à la tombe ou le Duc Iean de Bourgongne estoit enterré, sçavoir dans le Cymetiere de la ville : ils y allumerent des cierges tout autour, puis mirent un drap de Monstier mortuaire sur icelle tombe : aprés on manda des Prestres pour dire Vigiles là auprés : puis aprés que tout eut esté appaisé dans icelle ville, & que les Dauphinois furent retirez dedans le chasteau, les Anglois se logerent devant leur pont, & par toute cette ville. Alors on deterra le corps dudit Duc Iean, lequel eſtoit enterré à tout ſon pourpoint & ſes houſeaux, & moult eſtoit encore entier, & peu endommagé de pourriture, & ſi y avoit ſix à ſept mois qu'il y eſtoit mis, dequoy pluſieurs gens furent fort émerveillez; car pour vray il eſtoit encor preſque tout entier. Là il y eut grand deuil fait par les gens du Duc Iean, quand ils virent leur Seigneur defunct, & y fut leur deuil tout renouvellé. Auſſi-toſt il fut mis dans un cercueil de plomb, puis fut porté à (29) Dijon en Bourgongne, où il fut enterré. Mais on luy fit auparavant un ſervice ſolemnel dedans l'Egliſe de Montereau, où le Duc Philippe ſon fils ſe trouva fort notablement accompagné, ainſi qu'on peut voir, & moult fut le deuil d'iceluy Duc Philippe renouvellé, quand il vid la biere du Duc Iean ſon pere.

Aprés toutes ces beſongnes, le Roy Henry fit ſommer le Seigneur de Guitery, qui eſtoit Capitaine du chaſteau de Montereau, *qu'il ſe rendiſt, ou qu'il feroit mourir ſes gens qui avoient eſté pris en la ville*. Meſme ce Roy envoya les onze gentils-hommes que ſes gens avoient pris priſonniers, lorſque la ville fut emportée, parler au Seigneur de Guictry ſur le bord des foſſez du chaſteau, mais ils eſtoient cependant bien tenus : & là piteuſement firent requeſte audit Seigneur de Guitery leur Capitaine, *à ce qu'il vouluſt rendre le chaſteau, pour eſtre cauſe de leur ſauver les vies,* luy remonſtrans, *que bien l'avoient ſervy*, & auſſi qu'ils voyoient bien que longuement ils ne pouvoient durer & tenir contre telle puiſſance. Mais pour toute requeſte qu'ils firent, ledit Seigneur de Guitery n'en voulut rien faire. Quand ces priſonniers ouyrent la reſponſe, ils en furent bien esbahis, & virent bien qu'ils eſtoient morts. Aucuns requirent là deſſus de voir auparavant leurs femmes, & amis qui là eſtoient, ſur quoy on les leur fut querir. Là y eut de piteux regrets au prendre congé, puis on les ramena. Le lendemain le Roy Henry fit dreſſer un gibet devant ce chaſteau, là où il les fit pendre tous l'un aprés l'autre, dont fut iceluy Seigneur de Guitery fort blaſmé : car il laiſſa pendre ſes gens pour ce ſubjet, & ſi ne laiſſa de rendre cette forte-reſſe au bout de quinze jours ſeulement aprés, & s'en alla *ſauf ſon corps & ſes biens*. On vouloit accuſer ce Seigneur de Guitery *qu'il avoit eſté conſentant de la mort du Duc Iean*; & de ce le vouloit combatre un gentil-homme nommé Guillaume de Biere ; mais enfin rien n'en fut, & s'en alla ledit Seigneur de Guitery avec ses gens, & rendit ainsi ce chasteau de Montereau au Roy Henry, lequel y laissa de ses gens en garnison. Devant cette place fut tué M$^{re}$ Butor de Croy frere Bastard du Seigneur de Croy, qui estoit un vaillant Chevalier, lequel fut frappé d'un coup de vireton parmy le col lors de la prise. Aussi ledit Roy Henry pendant ce siege fit prendre un sien valet de pied, pource qu'il avoit tué un de ses Chevaliers, par aucun debat arrivé de nuict entre eux, lequel valet de pied fut pendu avec les susdits Dauphinois.

Aprés que le Roy Henry eut ainsi eu l'obéissance de Montereau, & qu'il l'eut garny de ses gens, il prit sa route vers Melun, & se logea à deux lieuës prés de cette ville: le Duc Philippe se campa à pareille distance, dans une forteresse nommée Blandy. Le lendemain lesdits Roy & Duc, allerent à grande compagnie considerer icelle ville, & comment ils assoyeroient leur siege. Aprés qu'ils eurent bien advisé pendant deux jours, ce qu'ils avoient à faire, ils délogerent, & alla le Duc avec le Comte de Hontiton loger devant la ville, du costé devers Meaux en Brie. Quant au Roy Henry il s'en alla à Corbeil passer la Seine, puis il vint planter son siege de l'autre costé; par ainsi fut mis le siege tout autour de Melun. Dès le premier jour que le Duc Philippe eut posé son siege, les Dauphinois faillirent sur son camp, & gagnerent l'Estendart d'un Capitaine nommé Iean de Guigny, lequel ils emporterent dedans la ville, mais ils furent assez tost recongnez dedans. Environ huict jours aprés que ce Duc eut assis son siege devant icelle ville, ses gens assaillirent un boulevart qui estoit de son costé; & tant firent qu'ils le prirent d'assaut : mais il y eut beaucoup de ses gens blessez & tuez pour le garder, tant que le siege dura, entre autres y mourut un vaillant homme d'armes nommé Aimar de Vianne; aussi y fut-il tué un Capitaine des Anglois nommé Messire Philippe Lys, dont le Duc fut tres-marry, d'autant qu'il l'aymoit beaucoup, pour la prudence qui estoit en luy. Le Roy Henry fit enclorre son ost tout autour de grands & larges fossez, & n'y avoit que quatre entrées, où y avoit bonnes barrieres, & qu'on gardoit la nuict, parquoy l'on ne pouvoit surprendre ce camp. Ce siege fut puissamment formé, & y fut le Roy Charles grand espace de temps devant sur la fin : partant il y avoit grande puissance, car l'armée du Roy Charles y estoit avec celles du Roy

Henry & du Duc Philippe. Ce siege dura dix-huict semaines entieres. Avec ledit Roy Henry estoit la Reyne sa femme, qui estoit logée dedans ses tentes. Il y avoit devant Melun quantité de grands engins & instrumens de guerre, parquoy cette ville fut fort battuë.

Or avoit ce Roy Henry fait faire une mine dessous les fossez de Melun, qui passoit jusques aux murs de la ville: mais les assiegez s'en apperceurent, & contreminerent alencontre, tant qu'elle fut percée. Il y eut ensuite de grands assauts donnez dedans par plusieurs fois, & y combatit mesme le Roy Henry & le Duc Philippe, eux deux ensemble & conjointement contre deux Dauphinois: Plusieurs Chevaliers furent faits aux combats donnez dedans icelle mine, entre autres y furent faits Chevaliers (*) M^re Iean de Horne, le Seigneur de Mammés, avec plusieurs autres. D'autre part, dedans Melun y avoit de bien vaillantes gens (**), desquels estoit le principal Capitaine le Seigneur de Barbazan (30), un tres-vaillant Chevalier,

(*) Iean de Horne sieur de Bassigny, Robert sieur de Mammez Chevaliers.

Arnaud Guillen sieur de Barbazan, & Pierre de Bourbon sieur de Preau, Capitaines de la ville.

qui tres-bien s'y gouverna. Avec luy estoit Messire Pierre de Bourbon, ausquels le Dauphin & son Conseil avoient juré & promis de les secourir, *s'ils en avoient mestier & besoin*; pource tinrent-ils tant que les vivres leur durerent, & mangerent leurs chevaux par force de famine, comme aussi des chiens. Aprés que ce siege eut duré dix-huict semaines, conme dit est, les vivres faillirent en la ville, par ce fallut-il que Barbazan la rendist au Roy Henry, & se mit en sa volonté, avec tous les autres assiegez, lesquels furent menez prisonniers à Paris, ledit Barbazan fut mis dans la Bastille Sainct Antoine, où il fut long-temps prisonnier, & luy vouloit-on bailler charge *qu'il sçavoit quelque chose de la trahison qui avoit esté faite au Duc Iean :* mais enfin il en fut trouvé non coupable, & pour ce fut seulement detenu prisonnier sans estre mis à mort; depuis il fut mené par les Anglois au Chateau-Gaillart. Pendant qu'icelle ville de Melun fut en traité, il y eut un gentil-homme du Roy Henry nommé Bertrand de Camont, lequel sauva un prisonnier hors de la ville, aprés la defense faite par ce Roy, qui pour cette cause luy fit trancher la teste, nonobstant qu'il l'aimast bien : mais il vouloit que ses commandemens fussent tenus, & ne peut eſtre ſauvé pour aucune priere des Seigneurs. En ceſte même ſemaine le Seigneur de Liſle-adam eſtoit revenu de Sens en Bourgogne, où il avoit tenu garniſon, & vint devant Melun devers le Duc Philippe, puis il alla devers le Roy Henry pour aucune affaire qu'il avoit. Il eſtoit alors Mareſchal de France. Or quand il vint vers ce Roy Henry, il avoit vne robe de blanc gris : Aprés que ce Roy l'eut ſalué & parlé à luy, il luy demanda ; *Liſle-adam, eſt-ce là la robbe de Mareſchal de France ?* Et le Seigneur de Liſle-adam reſpondit, *Tres cher Seigneur, je l'ay fait pour venir depuis Sens juſques icy.* Et en parlant il regardoit ce Roy Henry lors aſſis dans ſa chaire. Adonc ledit Roy luy dit ; *Comment oſez-vous regarder ainſi un Prince au viſage ?* & le Seigneur de Liſle-adam repartit : *Tres-redouté Seigneur, c'eſt la guiſe de France, &, ſi aucun n'oſe regarder celuy à qui il parle, on le tient pour mauvais homme, & traiſtre, & pour Dieu ne vous en deſplaiſe.* A quoy ledit Roy reſpondit, *ce n'eſt pas noſtre guiſe.*

Depuis monſtra bien ce Roy qu'il ne l'aymoit point : car il le fit arreſter priſonnier à Paris, & mettre en priſon, en intention *que jamais il n'en ſortiroit :* ce qui ne ſe fit du vivant d'iceluy Roy Henry, lequel outre ce l'auroit fait mourir, si ce n'eust esté la priere du Duc Philippe de Bourgongne, lequel le requit fort specialement qu'il ne mourust point. Devant Melun il survint une contention entre Messire Huë de Lannoy, & un Huissier d'armes nommé grand Iean, & dit Messire Huë aucunes paroles audit grand Iean, dont il dit qu'il se plaindroit au Duc Philippe. Et une autre fois, present icelluy Messire Huë de Lannoy, ledit grand Iean se plaignit au Duc de l'injure que Huë luy avoit dit : sur quoy Huë qui estoit armé, & avoit ses gantelets mis en ses mains, present icelui Duc Philippe, s'avança en disant; *Tu es un tres-mauvais garçon*, & en ce disant frappa grand Iean de son gantelet parmy le visage, estant à genoux devant le Duc. Dequoy fut le Duc Philippe tres-malcontent, & en sceut fort mauvais gré à Huë de Lannoy, qui en fut aussi fort blasmé de toutes gens : mais enfin le Duc luy pardonna, à la priere des Seigneurs de son Hostel, qui l'en requirent plusieurs fois : Sur quoy ce Duc protesta, *que si jamais tel outrage estoit fait en presence de sa personne, il puniroit ceux qui le feroient.* Durant encore ce siege Atis de Brimeu, qui estoit principal gouverneur du Duc Philippe mourut à Paris de maladie qui luy prit au camp, dont ce Duc fut grandement marry, car il estoit sage, courtois, & aimé de toutes gens.

Aprés toutes ces choses ainsi faites, & que Melun fut reduit en l'obéïssance du Roy Henry d'Angleterre, il la fit bien garnir de gens, & de vivres, & en general de tout ce qu'il y fallut : puis il s'en vint à Paris, où il amena le Roy de France avec luy, comme aussi le Duc de Bourgongne. Quand ils furent arrivez à Paris (31), il y eut de grands appointemens faits, & s'y fit renouveller ce Roy tous les sermens des Seigneurs de France : Outre ce fut-il appointé & resolu que jamais le Dauphin ne possederoit rien du Royaume de France, & le fit-on appeller à la Table de Marbre; mais il n'avoit garde d'y venir. Lors fut fait à Paris quantité de nouveaux Offices, tous *de par ce Roy Henry*, comme ayant le gouvernement du Royaume : mesme de là en avant on commença à deposer petit à petit les gens du Duc Philippe des Offices de France, entre autres le Seigneur de Humbercour qui estoit Baillif d'Amiens, fut deposé, comme aussi le Seigneur de Lisle-adam & plusieurs autres : & fit le Roy Henry Baillif d'Amiens

un

un Advocat nommé Maiſtre Robert le Ionne, lequel fut un rude juſticier tant que le Roy Henry veſquit; car tres-opiniaſtrement & avec paſſion ſouſtenoit la querelle des Anglois, & le Roy Henry pour ce l'aimoit grandement, auſſi faiſoient les autres Seigneurs d'Angleterre qui demeuroient en France.

Aprés ces appointemens faits à Paris, le Duc Philippe retourna en Flandre & Artois vers la Ducheſſe Michelle ſa femme, & là ſe tint grand eſpace de temps. Meſſire Iean de Luxembourg s'en alla à Beaurevoir, & fournit ſes fortereſſes pour tenir frontiere vers le Comté de Guiſe en Terraſſe.

Environ un mois aprés ledit Roy Henry aſſit diverſes garniſons tout ſur la riviere de Seine, puis il mit de ſes gens dedans la Baſtille Sainct Antoine, & à Paris laiſſa ſon oncle le Duc de Gloceſtre, pour entretenir & gouverner les habitans de cette ville: d'autre part il envoya le Duc de Clarence ſon frere en la baſſe Normandie, pour y mener guerre; puis il ſe mit en chemin pour aller vers Calais: de Paris il vint à Amiens, la Reyne ſa femme avec luy. Il fut fort feſtoyé en icelle ville d'Amiens par le ſuſdit Maiſtre Robert le Ionne, lequel il avoit fait Baillit de cette ville, puis il deslogea d'Amiens, & s'en alla au giste à Dourlens, & de là à S. Paul, puis il tira droit chemin à Calais, & delà en Angleterre, où il fut hautement festoyé, & la Reine sa femme avec luy : pour lors estoit ladite Reine Catherine enceinte, laquelle enfanta assez-tost après un fils qui eut nom Henry, comme son pere.

Quand iceluy Roy Henry passa à Amiens & à Sainct Paul, le Roy d'Ecosse estoit avec luy, qui estoit prisonnier. Après que ce Roy Henry fut repassé en Angleterre, & qu'il eut mis dans le pays de France en plusieurs lieux ses gens, qui menoient forte guerre aux Dauphinois, il y eut plusieurs Seigneurs de France, qui furent courroucez de l'alliance que le Duc Philippe de Bourgogne avoit pris si estroite avec ledit Roy Henry d'Angleterre : mesme il y en eut plusieurs qui auparavant avoient tenu son party & du Duc Iean son pere contre le Dauphin, lesquels se tournerent contre luy : entre lesquels Messire Iacques de Harecour fut l'un des principaux, qui se tourna de la sorte, & de plus attira plusieurs Seigneurs avec luy, dans la resolution de mener guerre contre ce Duc Philippe ; combien qu'auparavant il avoit esté de son conseil, & bien son amy. Mais parce que le Roy Henry detenoit les terres du Comté de Tancarville, qui appartenoit à la femme dudit Meſſire Iacques, & qu'il ne luy voulut rendre, il ſe rangea ainſi du party du Dauphin, outre qu'il ſe fioit fort au chaſteau de Crotou, dont il eſtoit Capitaine. Avec Iacques de Harecour ſe tournerent auſſi le Seigneur de Rambure, Meſſire Louis Bournel, Louis de Wancour, Robert de Saveuſe, les enfans de Herſelaine, avec quantité d'autres, de Vimeu, de Ponthieu, & d'ailleurs; leſquels faiſoient forte guerre aux Anglois par mer & par terre, comme encor aux gens du Duc Philippe de Bourgongne.

Le Roy d'Angleterre avoit laiſſé en France le Duc de Clarence ſon frere, qui eſtoit un beau Prince, & avec ce eſtoit renommé d'eſtre vaillant. Il eſtoit Lieutenant dudit Roy ſon frere pour la guerre, & avoit tres-noble compagnie d'Anglois à ſa ſuite, avec leſquels il eſtoit allé en la baſſe Normandie, en tirant vers Bauge. Or advint que les Dauphinois ſceurent ſa venuë; pour ce ils s'aſſemblerent le plus qu'ils ſe peurent trouver enſemble, pour reſiſter à l'encontre d'iceux Anglois: ce Duc de Clarence ſceut l'aſſemblée des Dauphinois pareillement. Or il y avoit une riviere entre les deux armées qui eſtoit fort dangereuſe à paſſer, laquelle ce Duc s'efforça de paſſer, & en effet la paſſa des premiers à tout environ trois à quatre cens hommes des plus leſtes de ſes troupes; dont le reſte ne put ſi-toſt paſſer, que les Dauphinois, qui voyans bien leur pointe, & qu'il y faiſoit bon pour eux, vinrent frapper ſur les Anglois (32.). Là il y eut une rude bataille d'un coſté & d'autre, mais les Dauphinois eſtoient ſans comparaiſon plus forts que les Anglois : finalement le meſchef tourna ſur iceluy Duc qui fut tué ſur la place, & avec luy le Comte de Kent, le Seigneur de Ros Mareſchal d'Angleterre, & pluſieurs autres grands Seigneurs : de plus y fut pris le Comte de Hontiton. Grande perte y firent les Anglois de leurs Capitaines, mais enfin les Dauphinois furent ſoutenus par les Anglois, qui y regagnerent le corps dudit Duc de Clarence, & des autres Seigneurs de leur party morts en ce combat, dont ils firent grand deuil, pour la perte de leurs Seigneurs qui là avoient eſtez tuez, car la fleur de la Seigneurie & Nobleſſe d'Angleterre y demeura cette journée.

Quand nouvelles eurent eſté apportées au Roy Henry d'Angleterre de ſon frere, qui ainſi avoit eſté tué par les Dauphinois avec plusieurs autres Princes, il en fut grandement attristé, & publia derechef en Angleterre grand mandement de gens, pour repasser en France, où il retourna environ la Sainct Iean Baptiste de l'an mille quatre cens vingt & un, à tout grande puissance, & vint descendre à Calais: de là il chevaucha à Montreul, puis à Sainct Riquier. Lors estoit le chasteau de la Fietre és mains des Dauphinois, & l'avoit Messire Iacques de Harecour garny de ses gens, dont estoit Capitaine de par luy le Bastard de Belloy, lequel se rendit au Roy Henry, & y fut mis Nicaise de Bouflers de par le Duc Philippe de Bourgongne. Aprés ce Roy s'achemina à Abbeville, de là à Rouen, puis à Vernon, au pays du Perche, & alloit en intention de combatre le Dauphin, lequel avoit nombre de gens vers Chartres, mais il ne s'approcha point.

Le Seigneur de Lisle-Adam fut en ce temps arresté prisonnier à Paris: ce fut le Duc d'Excestre qui le fit prendre de par le Roy d'Angleterre, dont le commun de Paris fut fort esmeu, & s'assemblerent bien mille ou douze cens pour le recourre; mais ledit Duc d'Excestre avoit environ six-vingts combatans, avec lesquels il vint frapper sur eux, en leur commandant de par le Roy Henry *qu'ils se retirassent, & leur promettant qu'on feroit justice audit Seigneur de Lisle-Adam.* Il y en eut en cette occasion plusieurs de blessez : mais enfin le Seigneur de Lisle-Adam fut mené prisonnier en la Bastille Sainct Antoine, là où il fut detenu tant que le Roy Henry vesquit. Ce Duc d'Excestre se gouverna bien adroitement en cette besongne dedans Paris contre le commun. Aucuns disoient là-dessus, *qu'iceluy Seigneur de Lisle-Adam avoit parlé contre l'honneur du Roy Henry*, lequel pour ce l'avoit pris en grande haine, & avoit intention de le faire ou laisser mourir en prison.

Quand ce Roy Henry passa par Abbeville, le Seigneur de Cohen y fut commis & laissé Capitaine. Or assez tost aprés que ledit Roy fut arrivé vers Vernon, & qu'il passa outre pour aller combatre le Dauphin, il le fit sçavoir au Duc Philippe de Bourgongne, lequel assembla ce qu'il pouvoit avoir de gens, & chevaucha droit à Amiens, de là à Beauvais : en aprés il se logea dans un grand village nommé *Magny*, puis en personne il alla promptement vers le Roy Henry, dans l'esperance d'une bataille. Mais quand il fut arrivé les nouvelles leur vinrent, que le

Dauphin & ses gens s'estoient retirez devers Tours. Quand le Roy Henry eut nouvelles qu'il ne seroit point combatu, il fit retirer le Duc Philippe pour garder ses pays, lequel Duc s'en alla à Beauvais: de là il fut droit loger à Croissy, où estant il ouït nouvelle que le Seigneur d'Offemont, & Poton de Saintraille avoient pris la ville de Sainct Riquier, par le conseil de Messire Iacques de Harecour, & qu'ils luy gastoient tout son pays. En ce voyage le Vidame d'Amiens eut une jambe rompuë d'un cheval, qui le jetta à bas, en chassant aprés un renard, duquel accident il fut depuis si longtemps incommodé, qu'il ne se pouvoit armer. Aprés que le Duc fut venu loger à Croissy, comme dit est, & qu'il sceut les nouvelles que Sainct Riquier estoit pris, il assembla son conseil, pour sçavoir comment il pourroit faire là-dessus: lors sa conclusion fut, qu'il envoyeroit Iean de Luxembourg au pays, pour sçavoir s'il pourroit rien trouver sur ses ennemis. Cependant ledit Duc s'en alla à Amiens, pour y requerir les habitans, qu'ils luy fissent aide d'arbalestriers, afin d'assieger Sainct Riquier: puis il s'advança tant, qu'il vint loger à Conci; d'autre part Iean de Luxembourg alla passer à Piquigni, d'où il s'en vint loger à Dommart en Ponthieu, distance de deux à trois lieuës de Sainct Riquier.

Aprés que Messire Iean eut logé là une nuict, il s'alla mettre en embusche en un village, au dessus de Sainct Riquier, à tout bien cinq cens combatans : puis il envoya ses coureurs devant icelle ville, pour en obliger à sortir les Dauphinois, mais ils ne saillirent point. Quand Iean de Luxembourg vit cela, il se retira à Dommart, & le lendemain à Aussy devers le Duc de Bourgongne, lequel manda archers & arbalestriers par toutes les bonnes villes qu'il tenoit, & les mena avec luy devant le pont de Remy, lequel Louys de Wancour avoit mis és mains de Messire Iacques de Harecour, qui y avoit mis garnison, laquelle grevoit fort les villes d'Amiens & d'Abbeville. Quand ce Duc fut arrivé devant le pont de Remy, ils se logea d'abord dans la ville, & ses gens se logerent devant ledit pont. Adonc ceux de l'Isle dudit pont de Remy tirerent deux ou trois fusées sur les maisons de la ville, qui estoient couvertes d'esteule (\*), & s'y prit le feu assez tost, parquoy la ville fut toute arse &

(\*) Esteule, ou estouble, c'est le tuyau de bled appellé vulgairement du chaume.

desolée. Devant iceluy pont de Remy le Duc demeura cinq ou six jours: puis ceux d'Amiens y vinrent à tout cinq ou six grand bateaux chargez de plusieurs arbalestriers.

Quand ceux de ladite Isle sceurent leur venuë, ils s'enfuyrent, & abandonnerent cette Isle avec le chasteau, d'où ils emporterent les biens qui estoient dedans, sur quoy prestement on passa l'eau par le moyen d'un bateau, & entra-on dedans, où l'on prit ce qu'on y trouva, puis aprés on mit le feu par tout: aussi fit le Duc desoler l'isle & le chasteau d'Eaucour, & de Moreuil, dont la ruine fut faite tout en un jour. Aprés cet exploit, le Duc Philippe vint loger à Abbeville à tout ses gens, où il demeura trois jours, puis il alla mettre le siege devant Sainct Riquier, & se logea premierement devant le chasteau de la Fietre, que les Dauphinois avoient bruslé, lors que ce Duc passa pour aller au susdit pont de Remy, & l'avoit Nicaise de Bouflers rendu aux Dauphinois, auquel on l'avoit baillé en garde, quand le Roy Henry passa audit Sainct Riquier; devant laquelle ville le Duc employa tout le mois d'Aoust, & n'y estoit le siege posé que par deux endroits, parquoy les Dauphinois en sailloient quand il leur plaisoit: vray est, que dans cette place eſtoient le Seigneur d'Offemont, Poton de Saintraille, & pluſieurs autres vaillans hommes d'armes & de guerre, qui faiſoient bien ſix cens combatans. Or pendant que le ſiege fut devant ladite place du pont de Remy, il y eut attinées ou lettres de deffy faites de ſix Dauphinois contre ſix Bourguignons, pour rompre chacun trois lances l'un contre l'autre : & fut le jour pris de les fournir au deſſus de Sainct Riquier, là où alla Iean de Luxembourg à tout ſix cens hommes d'armes, tous gens d'élite : le Seigneur d'Offemont vint ſemblablement au devant à tout ſes gens au deſſus dudit Sainct Riquier devers le pont de Remy. Ils s'entre-avoient baillé ſauf-conduit l'un à l'autre pour eux & leurs gens. Quand Iean de Luxembourg & le Seigneur d'Offemont ſe furent aſſemblez, ils s'entrefirent grande reverence l'un à l'autre, & aprés firent armer ceux qui devoient faire leurs armes.

De la partie dudit Iean de Luxembourg eſtoient Meſſire Lionnel de Bournonville, le baſtard de Roubais, Henriet l'Alleman, un nommé *de Rocour*, & deux autres avec eux. Or lorſqu'ils furent preſts à employer leurs armes l'un contre l'autre, ledit de Rocour eut son cheval tué soubs luy d'un coup porté par un Dauphinois : pareil accident advint au susdit Henriet l'Alleman, dont iceluy Messire Iean fut mal content, & cuidoit que les Dauphinois tuassent leurs chevaux, de fait advisé, & à dessein premedité. Là y eut de beaux coups portez, & quantité de lances rompuës de chacun costé, sans qu'il y eut aucun homme blessé de part ny d'autre : & parce que le vespre survint, il y en eut de chacune partie deux qui ne peurent s'acquiter de ce qu'ils avoient entrepris. Aprés cela Iean de Luxembourg s'en alla au Pont de Remy devers le Duc Philippe, & le Seigneur d'Offemont retourna dedans Sainct Riquier, de laquelle place les Dauphinois faisoient de frequentes sorties sur les gens d'iceluy Duc, dont ils prenoient plusieurs prisonniers, qu'ils menoient dedans leur ville : entre autres y fut pris Messire (*) Edmond de Bomberc, lequel fut tenu si longtemps prisonnier, qu'il mourut en prison, & si y fut pris Messire Iean de Crevecœur, avec plusieurs autres. Un peu avant que ledit siege fut formé devant Sainct Riquier, les Dauphinois allerent courir au nombre d'environ trois cens combatans jusques à la riviere

(*) Al. Aimard de Bouber, ou Boubart.

de Canche, & assaillirent le Monstier de Conchi sur Canche, où les gens de cette ville s'estoient retirez, & tant firent iceux Dauphinois, qu'ils mirent le feu à ce monstier, où ils brusterent plusieurs d'icelle ville, & les autres emmenerent prisonniers à Sainct Riquier. Alors encore estoit le chasteau de Dourier plein de Dauphinois, qui estoient commandez par Poton de Saintraille, & faisoient assez de peine aux environs de Montreuil, & vers Hedin. Aprés que le Duc Philippe eut esté occupé environ un mois devant la ville de Sainct Riquier, & qu'il vid que les assiegez n'avoient aucune volonté de se rendre, & avec ce qu'ils n'estoient bloquez que de deux costez, & pouvoient de jour en jour recevoir secours des gens de Iacques de Harecour, il ouït nouvelles, que par le soin dudit Iacques de Harecour les Dauphinois s'assembloient pour le venir combatre.

Or ayant sceu veritablement que ses ennemis venoient pour luy faire lever son siege: il prit conseil de ses Barons, comment il pourroit faire là-dessus, la conclusion fut d'aller au-devant d'eux outre la riviere de Somme. Adonc il envoya Philippe de Saveuse, & le Seigneur de Crevecœur à tout deux cens

combatans, pour charger fur les Dauphinois:
à ce fujet ils allerent paffer à Abbeville, où
ils arriverent environ à jour failly, ils y fejournerent jufques au poinct du jour qu'ils
monterent à cheval, & chevaucherent en
tirant vers Araine. Quand ils furent à deux
lieuës outre Abbeville, il commençoit à eftre
un peu foleil levant : lors Philippe de Saveufe envoya une douzaine de coureurs au-
devant, lefquels eftoient conduits par le Begue de Gronchés. A peine ces coureurs fe
furent-ils advancez l'efpace d'environ trois
ou quatre traicts d'arc, qu'ils apperceurent
les Dauphinois qui venoyent en grande ordonnance, pour gagner la Blanque-taque.
Adonc ces coureurs fe retirerent devers leurs
Capitaines, mais auparavant ils prirent deux
archers Dauphinois, defquels on apprit au vray
qu'ils alloient combatre le Duc Philippe. Sur
quoi Philippe de Saveufe, & ledit Seigneur de
Crevecœur envoyerent haftivement ces deux
archers vers le Duc Philippe, auquel ils firent
fçavoir, que fes ennemis le venoient combatre, & qu'il fe haftaft de paffer Abbeville,
pour eftre au-devant d'eux. Quand ce Duc
entendit les nouvelles, que fes chevaucheurs
luy rapportoient, fçavoir qu'il deflogeaft
promptement d'Abbeville, & fe mift aux

champs à tout fa puiffance, parce que les Dauphinois chevauchoient fort, pour paffer à la Blanque-taque, & que tousjours les talonnoit de prés Philippes de Saveufe avec le Seigneur de Crevecœur, tant que les Dauphinois eftoient ja affez prés de la Blanquetaque, où ils chevauchoient pour paffer l'eau, en allant vers Noyelle fur la mer : ledit Duc en grande ordonnance les pourfuivit tant que les deux batailles pouvoient s'entre-voir l'une l'autre.

Alors que les Dauphinois apperceurent la bataille du Duc Philippe, ils retournerent aux plains champs, puis vinrent brufquement pour le combatre; & à ce fubjet fe mirent en bataille. Le Duc Philippe fe haftoit fort de les atteindre; & tant s'advança qu'ils fe trouverent à deux traits d'arc l'un prés de l'autre. Là y eut grandes ordonnances faites de chacun cofté, & y fut ledit Duc Philippe fait Chevalier par Meffire Iean de Luxembourg : puis le mefme Duc Philippe fit Chevalier Philippe de Saveufe, & plufieurs autres. Auffi y en eut-il de faits de la part des Dauphinois, qui firent Chevaliers Rigaut de Fontaines, Meffire Gilles de Gamaches, & autres. Aprés ces chofes ainfi faites, ce Duc ordonna environ deux cens combatans sur une aisle, pour frapper sur les Dauphinois par un costé, & les menoit Messire Mauroy de Sainct Leger, & le Bastard de Coucy. Tost aprés les deux batailles s'assemblerent tous à cheval l'une contre l'autre, & vinrent les Dauphinois charger rudement sur les gens du Duc Philippe : là y eut frequente rupture de lances à l'assembler, & fiere attaque d'un costé & d'autre. Le Duc se comporta vaillamment de sa personne en icelle journée, tellement que par le dire des Dauphinois, il n'y en eut aucun de sa compagnie qui plus les grevast, qu'il fit de sa propre main. Iean de Luxembourg s'y conduisit aussi genereusement, mais il fut porté à bas de son cheval, & emmené prisonnier par aucuns des Dauphinois, bien la longueur d'un traict d'arbalestre, monté sur un petit cheval, & depuis il fut rescous par ses gens : il avoit receu un coup d'espée au travers le nés, dont il eut le visage fort desfait & defiguré; neantmoins depuis qu'il eut esté delivré, il rallia plusieurs de ses gens.

Quand se vint au choc des deux batailles, il y eut bien les deux parts des gens du Duc qui tournerent le dos, & se mirent à fuir vers Abbeville : mesme il y avoit jusques à des Chevaliers & Escuyers de Picardie,

Flandre & Artois, qui d'ailleurs eſtoient reputez d'eſtre aſſez vaillans, leſquels toutefois faillirent en ce jour, dont ils furent depuis fort blaſmez par leur Prince, qui eſtoit preſent en la place. Ils s'en voulurent excuſer, à cauſe que celuy qui portoit la banniere de leur Duc s'enfuyoit, & qu'auſſi le Roy de Flandre-Heraud leur certifioit, que pour vray le Duc Philippe eſtoit pris ou mort, parquoy ils en eſtoient tous esbahis & conſternez. Eſt vray que ladite banniere du Duc eſtoit par promptitude demeurée en la main d'un valet qui la portoit, parce que la choſe avoit eſté ſi precipitée & haſtée, qu'on n'avoit eu le temps de la bailler & confier à aucun Gentilhomme de ſervice. Or ledit valet la laiſſa cheoir à terre, pour la peur qu'il avoit qu'elle ne fuſt perduë; & depuis elle fut ramaſſée & recueillie par un Gentilhomme nommé *Iean de Roſimbos*, lequel la porta long eſpace de temps, & ſe rallierent autour d'icelle banniere pluſieurs Gentilshommes: mais nonobſtant cela, ils s'enfuirent comme il vient d'eſtre dit, juſques à Abbeville, où ils cuiderent entrer & ſe mettre à ſauveté, mais ceux d'icelle ville ne les voulurent admettre ny recevoir, bien qu'en leur compagnie fuſt le Seigneur de Cohen qui en eſtoit

Capitaine

Capitaine & Gouverneur, lequel les pria assez qu'ils les receussent dedans, mais ils n'en voulurent rien faire : sur quoy on pouvoit supposer que *si le Duc eust perdu cette journée, ils se fussent rendus Dauphinois.*

Quand ceux qui s'enfuyoient ainsi virent que ceux d'Abbeville leur refusoient les portes, ils s'en allerent droit à Piquigny, où ils passerent la Somme. Du depuis le Duc leur sceut tres-mauvais gré de cette fuite, quand il l'apprit ; comme aussi Iean de Luxembourg, & plusieurs autres Seigneurs, & par longtemps aprés on les surnommoit par risée *les Chevaliers de Piquigny*. Pour ce qui est dudit Seigneur de Cohen, il estoit tres-vaillant homme de guerre, & fut excusé en cette besongne, sur ce qu'il avoit esté blessé dedans Abbeville, en faisant le sourdguet à cheval de nuict, accompagné de huict ou dix hommes, sur lesquels se ruerent quatre compagnons au coin d'une ruë, lesquels frapperent sur ledit sieur de Cohen & ses gens, lequel de Cohen fut griefvement blessé en ce rencontre, & outre ce y fut tué un homme de conseil nommé maistre *Iean de Queux*, lequel estoit monté sur un fort cheval, qui depuis qu'il eut eu un coup à la teste, courut à toute bride, à tout son homme dessus luy, tant qu'il rencontra une chaisne de fer tenduë, où par la grande roideur de sa course il abbatit le soustien ou pillier du milieu où cette chaisne tenoit, ce qui fit cheoir ledit maistre Iean, duquel coup il mourut depuis.

Ceux qui avoient fait cette noire action estoient des habitans de la ville, qui s'enfuirent aussi-tost par le moyen de leurs amis hors d'Abbeville, & s'en allerent à refuge au Crotoy, vers Messire Iacques de Harecour; mais quelque temps aprés ils furent enfin attrappez & suppliciez. Ledit de Cohen aprés ce fascheux rencontre s'en retourna en son hostel : pour lors on ne peut sçavoir ny descouvrir au vray d'où cet assassinat provenoit, car la ville se trouvoit fort divisée & partagée par les menées de Iacques de Harecour, lequel y en avoit rencontré & attiré plusieurs à son party. Aprés que le Duc & les Dauphinois eurent longtemps combatu par ensemble, il y eut forte meslée d'un costé & d'autre. Avec icelui Duc estoient demeurez seulement environ cinq cens combatans, lesquels firent merveilles, tant qu'ils mirent les Dauphinois en desroute, lesquels commencerent à se retirer vers S. Walery, qui estoit de leur party; les gens du Duc les presserent fort vertement, & tuerent fur la place bien sept à huict vingts, fans ceux qui furent pris, au nombre d'environ quatre-vingts. Là entre autres moururent Meffire Charles de Sainct-Saulieu, le Baron d'Ivry (*), Gailehaut de Harfy, avec plufieurs autres gentils-hommes de marque. Meffire Rigaut de Fontaine y demeura prifonnier, comme auffi le Seigneur de Conflans, Gilles de Gamaches, Louys Bournel, Poton de Saintraille, le Marquis de Serre, & plufieurs autres : jufques au nombre deffus dit : David de Brimeu (**) fit lefdits Marquis de Serre & Louys Bournel prifonniers de fa main.

Ce jour le Duc s'y monftra tres-vaillant, chaffant avec le Seigneur de Longueval fes ennemis fi avant, qu'un long-temps après la defconfiture on ne fçavoit où il eftoit, ny ce qu'il eftoit devenu, dequoy fes gens eftoient en grand foucy : mais il revint enfin vers fon eftendart, après avoir pris de fa main deux hommes d'armes, lefquels depuis il relafcha fans leur faire payer rançon. Tout eftant achevé, on raconta au Duc comment fes gens en eftoient fuys du combat, ainfi qu'il a efté recité cy-deffus, & qu'ils l'avoient lafchement

(*) Pierre d'Argency Baron d'Ivry.
(**) Al. Bonneu.

abandonné, dont il fut tres-mal content ; & leur en sceut si mauvais gré, que fort long-temps aprés il n'en pouvoit ouyr parler. Ce Duc rentra ensuite dans Abbeville à tout ce qu'il avoit de gens avec luy, & y fit emmener ses prisonniers, ceux d'icelle ville luy firent grande & joyeuse reception ; là il sejourna quatre jours.

La susdite journée arriva un samedy dernier d'Aoust. Ce Duc partit aprés d'Abbeville pour aller à Hesdin, & passa par devant Sainct Riquier : lors Iean de Luxembourg se faisoit porter en une litiere ou brancart, pour ce qu'il avoit esté blessé en icelle journée, ainsi qu'il a esté dit : le mesme faisoit le Seigneur de Humbercour pour semblable cause. En ce combat le Duc perdit des siens le Seigneur de Vieuville son Mareschal, avec le Seigneur de Mailly gens de nom, & d'autres environ sept ou huict seulement. Le Duc arriva donc à Hesdin, de là il vint à Lisle en Flandre, où il laissa ses prisonniers dedans le chasteau de cette ville ; puis s'en alla à Gand par devers la Duchesse Michelle sa femme, laquelle luy fit grande feste & reception. Assez tost aprés il fut arresté un accord & traité entre ce Duc & le Seigneur d'Offemont, portant, *que ledit d'Offemont rendroit la ville Sainct Riquier,* avec aucuns prisonniers qu'il avoit, & qu'aussi le Duc feroit delivrer le Seigneur de Conflans, Gilles de Gamaches, Poton de Saintraille & Louys Bournel. Aprés cela ledit Seigneur d'Offemont s'en alla à Pierrefons, qui pour lors estoit en sa main.

En ce temps le chasteau de Dourier, qui estoit en la main de Poton de Saintraille, fut rendu à Messire Iean Blondel qui en estoit Seigneur. Et ne resterent de forteresses tenans party contraire au Duc, que Crotoy & Noyelle sur la mer, lesquelles estoient possedées par Iacques de Harecour, qui faisoit de là forte guerre au Roy Henry & au Duc Philippe.

On mit le Seigneur de Cohen dans Ruë en garnison, & le Borgne de Fosseux à Sainct Riquier, d'où ils s'opposoient à Iacques de Harecour; parquoy le pays de Pontieu estoit fort grevé tant d'une partie que de l'autre : y ayant outre cela quantité de forteresses en Vimeu tenans le party du Dauphin, auquel ledit Iacques de Harecour les avoit attirées : entre autres la ville de Gamache, le chasteau de Rambure, Louroy, les deux chasteaux d'Araine, & plusieurs autres.

L'an mille quatre cens vingt & deux, le Roy Henry d'Angleterre tenoit (33) siege devant la ville de Meaux en Brie, devant laquelle il y avoit grande puissance d'Anglois, & autres gens de guerre de France. Dedans Meaux estoient Capitaines pour le Dauphin le Bastard de Vauru, & Pierron de Lupe, lesquels estoient hommes de guerre, & avoient bonnes gens avec eux, qui bien & vaillamment defendirent la ville. Tandis que le susdit Roy estoit devers Meaux, ceux de la ville crioient plusieurs vilennies aux Anglois ; entre autres il y en eut qui pousserent un asne jusques sur les murs de la ville, où ils le faisoient braire à force de coups qu'ils luy donnoient ; puis ils crioient aux Anglois, que c'estoit Henry leur Roy, & qu'ils le vinssent rescoure. De telles choses, & autres, se courouça fort iceluy Roy Henry contre eux, & leur en sceut mauvais gré, comme depuis il apparut : car il fallut que ceux qui avoient fait cette action luy fussent livrez, lesquels ce Roy fit pendre sans nul mercy. Pierre de Luxembourg Comte de Conversan estoit pour ce temps prisonnier dedans Meaux : il avoit esté pris en allant du siege de Melun à Brienne, ville qui luy appartenoit ; mais il fut tant traité par le Roy, qu'il fut finalement delivré.

Quand ce Roy eut demeuré bien cinq mois devant la ville & Marché de Meaux, ceux de la ville tomberent en diſſenſion les uns contre les autres, & pour ce ſubjet perdirent leur ville, que ledit Roy gagna, & ſe logea en ſuite luy & la plus grande partie de ſes gens en icelle; parquoy ledit Marché fut fort approché & aſſiegé de tous coſtez par les Anglois. Aprés que ce Roy eut gagné icelle ville, comme dit eſt, il emporta de ſuite une Iſle, qui eſt aſſez prés du Marché, où il poſa pluſieurs de ſes gens, & encor y fit aſſeoir quantité de groſſes bombardes, dont les murailles d'iceluy Marché furent toutes raſées: de ſorte qu'il ne reſtoit plus à ceux de dedans qu'un petit devant pour ſe defendre contre les Anglois, mais leur Roy le fit aſſaillir; l'aſſaut en dura bien ſept ou huict heures continuellement, car les Dauphinois ſe defendirent tres-vaillamment, & tant combatirent, qu'ils n'avoient plus aucunes lances dedans ce Marché, ſinon tres-peu, manque dequoy ils ſe ſervoient de haſtiers de fer à faute de lances, & firent tant que pour cette fois ils chaſſerent leſdits Anglois hors de leurs foſſez.

Par pluſieurs autres fois ce Roy fit recommencer grandes eſcarmouches contre les Dauphinois qui reſtoient dedans ledit Marché; & tant le fit approcher & attaquer, qu'il estoit enfin en sa liberté de les prendre d'assaut, s'il eust voulu : mais il ne le fit pas, afin de les avoir mieux à sa volonté, & aussi pour en tirer plus grand profit. Ledit Roy employa en tout onze mois devant Meaux, & au onziesme ceux du Marché (qui se voyoient en danger d'estre emportez d'assaut, comme il vient d'estre dit) requirent de traiter avec luy : finalement il fallut qu'ils se rendissent à la volonté de ce Roy, sans aucune grace ny composition, combien qu'ils avoient encor des vivres dedans ce Marché bien pour trois mois. Aprés que ceux du Marché de Meaux se furent ainsi rendus à la volonté dudit Roy, il fit prendre le Bastard de Vauru qui estoit l'un des principaux Capitaines, puis le fit pendre au dehors de Meaux à un arbre, qu'on nomma depuis *l'arbre de Vauru*; c'estoit parce que ledit Bastard y avoit fait pendre plusieurs pauvres Laboureurs.

Aprés que ce Roy eut fait pendre ledit Bastard, il luy fit estoquer & pousser son estendart contre sa poitrine ; ce qu'il fit pour la haine qu'il avoit contre luy, à cause des susdites vilaines paroles, que luy & ses gens avoient proferé à son deshonneur, & au mespris de ses gens. Avec ledit Bastard fut aussi pendu son frere, qui estoit grand Seigneur, mais il n'avoit mie si grande renommée comme ce Bastard, on le nommoit Denys ( 34 ) de Vauru. Plusieurs autres y eut de pris, c'est à sçavoir Pierron de Luppe, avec ses gens, & quantité de ceux de Vauru, mais aucuns eschapperent en payant rançon. Tous les Bourgeois, & autres qui estoient dedans le Marché, furent contraints de bailler tout ce qu'ils avoient vaillant, sans en rien retenir : car ceux qui faisoient le contraire, estoient traitez fort grievement ; & tout cela tournoit au profit du Roy Henry.

Ce ne fut pas tout, aprés que ces Bourgeois eurent ainsi perdu tous leurs biens, on en contraignit plusieurs de racheter leurs maisons : par telles exactions ce Roy tira & amassa grandes finances. Or tout le mal que ceux du Marché de Meaulx eurent, leur provint par la prise de l'Isle cy-devant dite ; & pour ce avoit ce Roy proposé de la faire desoler, quand il eut gaigné le Marché. Devant cette ville de Meaux le fils du Seigneur de Cornuaille eut la teste emportée d'un coup de canon : il estoit cousin germain du Roy Henry, qui en fut fort fasché : Et pour cette cause jura ledit de Cornuaille, qu'il ne porteroit plus les armes en France. Pendant que le siege estoit devant Meaux, le Seigneur d'Offemont qui tenoit le party du Dauphin, alla à tout environ cinquante hommes d'armes, & fit effort pour entrer dedans la ville: de faict il vint jusques aux fossez, où les Dauphinois l'attendoient à une poterne, il y eut mesme la plus grande partie de ses gens qui entrerent dedans, lesquels en personne il chassoit devant luy, car il estoit vaillant Chevalier: mais le guet du Roy Henry poursuivit ledit Seigneur d'Offemont si rudement qu'il le prit, avec quatre ou six de ses gens quand luy & les autres entrerent, comme dit est cy-devant. Par cette prise il fallut que ce Seigneur d'Offemont rendist plusieurs forteresses qu'il tenoit pour le Dauphin, sçavoir Offemont, Pierrefons, Merlan, & autres: & outre ce, il jura & promit audit Roy Henry, qu'il ne s'armeroit plus contre luy & ses alliez, par ainsi on le laissa aller.

Quand le Roy Henry eut reduit la ville & le Marché de Meaux à son obéïssance, comme dessus est declaré, il le garnit fort de vivres & gens, puis s'en alla à Paris, où il mena Catherine sa femme. Par la reddition de Meaux il y eut plusieurs bonnes villes & forts du pays de France qui se rendirent à luy; entre-autres la ville de Compiegne, Gournay sur Aronde, Cresson-sac, Mortemer, & plusieurs autres: car tous ceux qui dedans icelles places estoient pour le Dauphin, s'en allerent outre la riviere de Loire, & le Roy Henry fit par tout mettre de ses gens en leurs places.

Cette mesme année Iean de Luxembourg fit grande assemblée de gens vers Encre, puis tout à coup il envoya le Vidame d'Amiens, & le Seigneur de Saveuse à tout leurs gens prendre place, & se camper devant Quennoy auprés Aroines: le lendemain il les suivit en personne à tout quantité de gens & instrumens de guerre, & mit le siege tout autour du chasteau de Quennoy, lequel il contraignit enfin de se rendre à sa volonté, excepté le Capitaine de cette place, qu'on nommoit Waleran de Sainct Germain, qui fit de bonne heure son traité particulier à l'insceu de ses compagnons, & s'en alla sauf son corps & aucune partie de ses biens: quant aux autres ils furent envoyez à Maistre Robert le Ionne, qui pour lors estoit Baillif d'Amiens, lequel les fit justicier, entre lesquels fut executé un gentil-homme nommé Lienard de Piquigny, lequel estoit parent du Vidame d'Amiens : mais ce Vidame le haïssoit, pource qu'il luy avoit fourragé ses terres, & pour cette cause ne luy voulut aider, n'y s'employer à le sauver.

Aprés que ledit Iean de Luxembourg eut eu l'obeïssance du chasteau de Quennoy, il fit mettre le feu dedans, dont ce chasteau fut tout embrasé & desolé. Puis il s'en alla devant Louroy, qu'il mit en son pouvoir : de là il fut mettre le siege devant les forteresses d'Araines, qu'il assiegea tout autour : ceux qui estoient dedans pour le Dauphin mirent le feu dedans la ville, afin qu'il ne s'y logeast si à son aise, mais pour ce il ne laissa de s'y poster, & y demeura la plus grande partie du Caresme : & tant y fut-il, que lesdites forteresses luy furent enfin renduës, lesquelles il fit tout ruiner & abattre. Les Dauphinois qui estoient dedans s'en alerent à Compiegne vers le Seigneur de Gamaches, qui en estoit encor Capitaine ; car pour ce temps-là la ville de Meaux n'estoit encor renduë au Anglois, mais le siege seulement y continuoit. Pendant qu'iceluy Iean de Luxembourg tenoit siege devant les susdites forteresses d'Araines, le Seigneur de Gamaches, & Poton de Saintraille firent grande assemblée vers Compiegne pour tafcher d'en faire lever le fiege: à ce fujet ils fe mirent en campagne, prenans leur route vers Montdidier; puis ils vindrent à Pierrepont, dont ils emporterent d'abord la ville, qui eſtoit cloſe de pieux & foſſez: aprés ils cuiderent prendre auſſi le chaſteau, mais il fut bien deffendu par les gens du Vidame d'Amiens, qui eſtoient dedans. Alors ledit Iean de Luxembourg avoit partie de ſes gens devers Montdidier, qui luy firent ſçavoir, que les ſuſdits de Gamaches & Poton le venoient attaquer en ſon fiege d'Araines; leſquelles nouvelles oüyes, il leur envoya au devant Hue de Lannoy, & le Seigneur de Saveuſe à tout environ ſix cens combatans de bonne eſtoffe, pour les combatre : outre ce furent bien en leur compagnie ſix ou ſept vingts Anglois, que Meſſire Raoul le Bouteiller menoit.

Quand les deſſuſdits furent tous enſemble, iceluy Meſſire Iean les envoya au loing, puis il s'en retourna à ſon fiege : cependant Meſſire Hue chevaucha droit à Courty, où il ſe logea, puis le lendemain de grand matin il tira vers Moreuil, où il paſſa l'eau : de là il chevaucha vers Pierrepont, en approchant de laquelle place il apprit par nouvelles certaines, que les Dauphinois eſtoient desja dedans, lesquels en ayant eu le vent, s'assemblerent pour se mettre aux champs, mettans auparavant le feu par toute cette ville, puis ils s'allerent ranger en bataille au dessus de ladite ville de Pierrepont, du costé de Montdidier. Alors les Bourguignons & Anglois joints ensemble outre-passerent aussi-tost icelle ville, & poursuivirent rudement les Dauphinois, tant qu'il y en eut aucuns de ruez jus : entre autres y mourut un homme d'armes nommé Brunet de Gamaches, qui estoit fort renommé, & tenoit le party du Dauphin. Quand les susdits Bourguignons & Anglois eurent passé outre, ils se rangerent aussi en bataille contre iceux Dauphinois. Or en ce rencontre il y eut plusieurs Chevaliers faits sur le champ par ledit Hue de Lannoy, qui entre autres fit Chevaliers, le Begue de Lannoy (*), Iacques de Brimeu, Antoine de Rupembré, & plusieurs autres avec eux. Là furent ces deux batailles campées à l'opposite l'une de l'autre l'espace bien de deux heures, sans venir au choq : puis les Dauphinois commencerent à se retirer tout doucement, en tirant & filant vers Compiegne, tout à tret & sans aucun desordre.

(*) Guillebert de Lannoy sieur de Wilerval.

Quand lefdits Bourguignons & Anglois apperceurent que les Dauphinois s'en alloient ainfi, ils envoyerent le Seigneur de Saveufe aprés, pour les pourfuivre, à tout environ quatre-vingts combatans, qui les fuivirent en grande ordonnance bien deux lieuës; mais ils n'y peurent rien gagner, car les Dauphinois avoient mis derriere eux leurs meilleurs foldats, pour faire leur arrieregarde, & les fouftenir. En cette befongne il y eut trois ou quatre Anglois feulement de tuez, lors dudit paffage d'icelle ville: de plus y mourut le Breton d'Ailly, qui par long-temps ne s'eftoit armé: bref de tous les deux coftez y demeurerent environ fept ou huict hommes au plus; mais les Dauphinois y gagnerent un eftendart des Anglois. Aprés cette befongne les Bourguignons & Anglois fe retirerent à Araines vers Iean de Luxembourg, & les Dauphinois s'en allerent à Compiegne, comme dit eft.

Aprés que le Roy Henry d'Angleterre eut mis Meaux en fon obeïffance, toutes les fortereffes tenans le party du Dauphin depuis Paris jufqu'à Crotoy fe rendirent à luy, comme pour fruict de cette conquefte: entre autres les villes de Gamaches, Sainct Valery, Rambures & plufieurs autres; parquoy il ne demeura que Crotoy, où Iacques de Harecour se tenoit, & encor Noyelle sur la mer. Or toujours faisoit iceluy Messire Iacques forte guerre aux Anglois & Bourguignons par mer & par terre. Les Anglois d'autre part faisoient grande guerre en Champagne, au pays de Perche, & vers la riviere de Loire. D'autre cofté s'étoient retirez les Dauphinois à Guise en Thierache, & en plusieurs autres forteresses d'autour, & là menoient guerre de tous costez : les autres se tenoient à Montaguillon, à Monte, & en autres places dudit pays de Champagne. Iceluy Roy Henry se tenoit alors à Paris, où il attacha fort les habitans à son obeïssance & affection, parce qu'il y faisoit observer exactement la justice, & la rendre deuëment à un chacun, ce qui faisoit que le pauvre peuple l'aimoit grandement sur tous autres.

Le Duc Philippe estoit cependant en son pays de Bourgongne, où il se tint long-temps, sans retourner en Flandre ni en Artois. Or pour le temps qu'il y estoit, la Duchesse Michelle sa femme mourut à Gand : c'estoit une Dame fort honnorable, tres-aimée de toutes gens grands & petits ; elle estoit fille du Roy Charles de France, & sœur du Dauphin. Ceux de Gand furent bien marris de sa mort,

& en

& en bailloit-on grande charge & blafme à aucuns des gouverneurs dudit Duc Philippe, comme auffi la premiere Damoifelle de la Duchefſe nommée Ourſe, qui avoit eſpouſé Iacques Copin de la Vieffeville, fut ſoupçonnée & accuſée de luy avoir avancé ſes jours ; mais nonobſtant on n'en ſceut onques la verité. Le Duc Philippe monſtra grand deuil du deceds de ladite Duchefſe Michelle, & teſmoigna d'en eſtre bien attriſté.

En cette meſme ſaiſon, il y eut à Gand une femme, qui donna à entendre qu'elle eſtoit ſœur aiſnée du Duc Philippe, de ſorte que par aucune condeſcendance on luy fit grand honneur, laquelle choſe firent ſemblablement pluſieurs des Seigneurs du pays, cuidans qu'elle dit verité, meſme on luy fit de grands dons : elle ſe faiſoit ſervir hautement, mais enfin on ſceut bien qu'elle abuſoit le monde : ſe voyant deſcouverte elle s'en alla ſi bien, qu'on ne ſceut point depuis ce qu'elle eſtoit devenue, & la verité de ſa tromperie,

En ce meſme temps ou environ les **Dauphinois** firent grande aſſemblée de gens, & mirent le ſiege devant la ville de Conne ſur Loire. Or tant y furent-ils qu'il fallut que les gens de cette ville priſſent jour de ſe rendre en l'obeïssance du Dauphin ; le jour fut pris au dix-huictiesme d'Aoust, à condition qu'ils livreroient bataille au Duc Philippe de Bourgongne s'il y alloit au jour dessusdit, où s'il n'y alloit, ils rendroient la ville aux gens du Dauphin. Quand les gens dudit Duc eurent ainsi pris jour de rendre cette ville, ils le firent aussi-tost sçavoir au Duc, lequel fit incontinent publier par tout ses mandemens, pour se trouver precisément au jour dessus dit contre le Dauphin, mesme il y manda les Picards, & tous autres qui le voudroient servir : aussi envoya-t'il devers le Roy Henry, afin qu'il luy envoyast de ses gens à son secours ; ce Roy luy envoya le Duc de Bethfort son frere à tout bien trois mille combattans ; avec luy estoit aussi le Comte de Warvic.

Le Duc Philippe attendit quelque temps iceluy Duc de Bethfort, & les Picards, à une bonne ville nommée Wezelay ; puis, quand tous ses gens furent assemblez, il se trouva fort belle compagnie, jusques au nombre de douze mille combattans, tous gens de faict. Ensuite il chevaucha en tirant vers Conne, tant qu'il y arriva au jour qui estoit dit. Il avoit là intention de combattre le Dauphin & sa puissance, s'il y fust venu : mais il n'y parut point; parquoy Conne demeura en l'obeïssance du Duc Philippe, comme elle estoit auparavant. En ce voyage Iean de Luxembourg conduisoit l'avant-garde du Duc Philippe, avec laquelle il alla courre jusques à la Charité sar Loire, qui en ce temps estoit tenu par les gens du Dauphin; en quoy se gouverna iceluy Messire Iean fort genereusement. Aprés que la journée eut esté passée que Conne se devoit rendre, & que le Duc Philippe sceust au vray, que le Dauphin ne le combattroit point, il commença à se retirer en allant vers Troyes en Champagne. Quand au Duc de Bethfort il prit sa route devers Sens en Bourgongne en tirant vers Paris, puis il alla au Bois de Vie-Srine (*), où le Roy Henry son frere estoit très-malade. Le Duc Philippe estant arrivé à Troyes, il y sejourna environ huict jours, puis il passa outre en tirant vers Paris avec ses gens. Or en venant à Brie-comte-Robert, il luy fut dit pour nouvelles certaines, que le Roy Henry se mouroit. Aprés qu'il en eut bien sceu la verité, il envoya Hue de Lannoy vers luy; Il estoit lors Maistre des Arbalestriers de France.

(*) Al. Vincennes.

Quand Hue de Lannoy fut venu vers ce Roy Henry, il le trouva tres-accablé de maladie, auſſi-toſt il ſe recommanda fort au Duc Philippe, & le pria par lédit Hue de Lannoy, qu'il entretinſt bien & obſervaſt religieuſement les ſermens & alliances qu'il avoit avec les Anglois : pareillement ce Roy pria ſon frere ledit Duc de Bethfort, & les autres Siegneurs de ſon Conſeil, qu'ils fuſſent loyaux envers ledit Duc Philippe; ce qu'il leur recommanda grandement à divers fois, juſques au dernier ſouſpir de ſa vie. Aprés qu'il eut ainſi parlé à Hue de Lannoy, il ne tarda plus guieres à treſpaſſer de ce ſiecle. Or quand ce vint environ une heure devant ſa mort, il demanda à ſes medecins ce qui leur ſembloit de ſon faict, & qu'il leur prioit qu'ils en diſſent verité : Lors ils luy dirent : *Trescher Sire, pour Dieu penſez au ſalut de voſtre ame, il ne ſe peut faire que vous viviez encor deux heures par cours de nature.* Adonc il commanda à ſon Confeſſeur, qu'il recitaſt devant lui les ſept Pſeaumes Penitentiaux : quand ſe vint au Verſet *Benignè fac Domine,* &c. où il y a au dernier *Muri Hieruſalem,* & qu'il oüyt nommer *Hieruſalem,* il fit ceſſer ſon Confeſſeur, puis il dit, *que par ſon ame il avoit propoſé de une fois conquerir Ieruſa-*

lem, & *faire reedifier, fi Dieu luy eut laiffé la vie.*

Quand il eut dit cela par occafion en paffant, on paracheva les fept Pfeaumes; une heure aprés quoy il rendit l'ame, dont plufieurs gens furent attriftez, regrettant fort une telle perte; car c'eftoit un Prince de haut entendement, qui vouloit grandement garder la juftice : parquoy le pauvre peuple l'aimoit fur tous autres : de plus il eftoit tres-enclin & foigneux de conferver le menu peuple, & le proteger contre les violences infupportables & grandes extorfions, que la plufpart des Gentils-hommes leur faifoient lors fouffrir en France, Picardie, & par tout le Royaume : par efpecial il ne vouloit plus fouffrir qu'iceux nobles les contraigniffent de prendre le foin & gouvernement de leurs chevaux, chiens, & oifeaux : laquelle tyrannie & violence ils exerçoient impunément en ce temps, auffi-bien fur le Clergé, que fur le menu peuple, & avoient accouftumé d'ainfi en ufer en toute licence : c'eftoit chofe bien raifonnable & loüable à ce Roy Henry d'y vouloir remedier, ce qui luy fit acquerir la bonne grace & les vœux du Clergé, ainfi que du pauvre peuple. Aprés qu'il fut trefpaffé, il y eut grand deuil fait par fes gens, fpecialement par le Duc de Bethfort fon frere, devers lequel vint le Duc Philippe de Bourgongne, pour le reconforter, & auſſi pour conclure enſemblement ſur les affaires de France.

Quand ces deux Ducs eurent parlé enſemble, le Duc Philippe s'en retourna à Paris, où il s'arreſta environ quinze jours, puis il s'en alla en fes pays de Flandre & d'Artois. Le corps du feu Roy Henry fut emmené en Angleterre, & avec s'y en alla Caterine ſa vefve, de laquelle il avoit eu un fils nommé Henry comme luy, lequel par la mort de ſon pere releva & recueillit la ſucceſſion du Royaume d'Angleterre : ſon aage eſtoit d'environ quinze mois ſeulement quand ſondit pere treſpaſſa, qui fut au mois d'Aouſt. Pour lors vivoit encor le Roy Charles, parquoy le ſuſdit petit Henry ne fut point encor declaré heritier du Royaume de France ; car il avoit ainſi eſté promis & ſtipulé au traité de mariage d'icelle Caterine fille dudit Roy Charles, agreé & paſſé du conſentement du Duc Philippe de Bourgongne, ſçavoir *Que le Roy Charles joüyroit ſa vie durant du Royaume, & qu'après ſa mort ſeulement le Roy Henry en ſeroit heritier luy & ſes hoirs,* comme en autre lieu cy-devant a esté declaré.

Depuis l'an mille quatre cens quinze, que la bataille d'Azincourt se donna, il y eut en France de grandes tribulations, & pertes pour le sujet des monnoyes & Couronnes, qui ayans au commencement esté forgées pour dix-huict sols seulement, commencerent insensiblement à monter à dix-neuf, & à vingt sols, depuis tousjours en montant petit à petit jusques à neuf francs, avant que cette excessive valeur fut reglée. Pareillement toute autre monnoye monta au *prorata*, chacune à sa quantité. Il couroit lors une monnoye qu'on nommoit flourettes ou fleurettes, qui valloit dix-huict deniers, mais enfin elles furent remises à deux deniers; puis on les deffendit tout à fait, tellement qu'elles n'eurent point de cours : pource il y eut plusieurs riches marchands qui y perdirent grandement. Aussi du temps qu'icelles monnoyes avoient cours pour si grand prix, cela estoit fort au prejudice des Seigneurs ; car les Censiers qui leur devoient argent, vendoient un septier de bled dix ou douze francs & pouvoient ainsi payer une grande cense par le moyen & la vente de huict ou dix septiers de bled seulement, dequoy plusieurs Seigneurs & pauvres gentils-hommes receurent de grands dommages & pertes. Cette tribulation dura depuis l'an 1415. jusques à l'an 1421. que les choses se remirent à un plus juste poinct, touchant les monnoyes: car un escu fut remis à vingt-quatre sols. Puis on fit des blancs doubles de la valeur de huict deniers, & toute autre monnoye fut à l'equipolent remise, chacune à sa juste valeur & quantité. Or en icelle année que les monnoyes furent de la sorte remises à leur regle & legitime valeur, cela fit naistre quantité de procés & de grandes dissensions entre plusieurs habitans du Royaume, à cause des marchez qui avoient esté faits dés le temps de la susdite foible monnoye, qui pour ce temps couroit, c'est à sçavoir l'escu à vingt-quatre sols, & les blancs pour huict deniers, comme il vient d'estre dit : en quoy il y avoit grande decevance, tromperie, & confusion pour les acheteurs.

Tost aprés ledit Roy Henry fit forger une petite monnoye, qu'on nommoit Doubles, qui valloient trois mailles, en commun langage on les appelloit Niquets. Il ne couroit autre monnoye pour lors ; & quand aucun en avoit pour cent Florins, c'estoit la charge d'un homme : c'estoit une bonne monnoye pour son prix, si ce n'eut esté le grand empeschement & l'incommodité qu'elle faisoit à porter. Outre ce, on fit forger des blancs doubles englez en commun. Ainsi par plusieurs fois la France ressentit pendant ces miserables temps de guerre de grands changemens dans le faict des monnoyes, dont le peuple estoit tres-mal content & incommodé : mais on n'en pouvoit avoir d'autres. Mesme il fut ordonné par le conseil de ce Roy Henry, que toutes gens qui avoient vaisselles d'argent, les bailleroit chacun à sa portion pour prix raisonnable, afin d'en forger monnoye. Or en prit-on en plusieurs lieux à ceux qui en avoient, sans leur payer ce que la vaisselle pouvoit valoir : laquelle injustice pratiqua specialement Maistre Robert le Ionne, qui pour lors estoit Baillif d'Amiens, où il estoit fort haï pour cela & autres choses iniques, qu'il faisoit sous la faveur & protection dudit Roy Henry, qui fort l'aymoit, & eut encor ledit Robert grand gouvernement & credit de par ceux, qui aprés ce Roy vinrent en authorité soubs Henry VI son fils : dequoy plusieurs Seigneurs de Picardie, & du Bailliage d'Amiens luy porterent grande envie ; mais nonobstant il soustint bien tousjours passionnement le party des Anglois, tant qu'il peut estre obeï.

Deux mois aprés que le susdit Roy Henry d'Angleterre fut mort, le Roy Charles (35) de France trespassa aussi de ce siecle, lequel fut enterré à Sainct Denys en France, aprés avoir regné l'espace de quarante deux ans. Il fut fort aimé de son peuple toute sa vie, & pour ce le nommoit-on ordinairement Charles le bien-aimé : mais il fut la plus grande partie de son regne travaillé d'une fascheuse maladie, qui grandement luy nuisoit ; car par fois il vouloit frapper sur tous ceux qui se trouvoient avec luy. Il commença de se ressentir de cette pitoyable maladie en la ville du Mans, tost aprés son retour de Flandre, où il estoit allé à main armée, pour reduire & reprimer les Flamands, qui pour lors se vouloient rebeller ; verité est que ce triste accident luy commença de la sorte : comme il oyoit la Messe, un de ses serviteurs luy vint bailler des Heures, sur quoy incontinent qu'il eut regardé dedans pour les reciter, il se leva, devenant & paroissant ainsi comme tout troublé & hors de sens, puis il saillit soudain en furie de de son oratoire, & commença à battre tous ceux qu'il rencontroit, mesme il frappa son propre frere le Duc d'Orleans, & plusieurs autres qui là estoient presens ; sur quoy aussi-tost on le prit & arresta, puis on le mena en sa chambre. Or depuis cette malheureuse journée il n'eut en toute sa vie gueres de bien, ny ne porta presque point de santé, combien qu'il vesquit encor longtemps du depuis, languissant en ce deplorable estat, & falloit incessamment qu'on prit bien garde à luy.

Aprés qu'il fut tombé dans l'estat que dit est, il y eut d'estranges gouvernemens au Royaume de France : car il y avoit plusieurs Seigneurs de son lignage, qui tous contendoient chacun d'avoir la plus grande administration des affaires auprés de ce Roy malade : pour cette cause se meut l'envie entre eux, dont la destruction du Royaume arriva, comme cy-devant a esté raconté. Cela fit, que lors que ce Roy Charles mourut, il laissa son Royaume fort troublé : car gens de tous estranges pays y avoient la puissance & le maniement de tout. Premierement les Anglois en avoient conquis grande partie, & de jour en jour conquestoient le surplus. Outre ce, le Duc Philippe estoit de leur party, avec plusieurs autres grands

Seigneurs fes alliez qui tous s'efforçoient d'usurper le Royaume pour le nouveau Roy Henry d'Angleterre : car ils firent que ce petit Prince fils d'Henry V. & de Caterine de France, fille d'iceluy Roy Charles, saisit & s'appropria le Royaume aussi-tost aprés la mort du Roy son ayeul maternel; & pour marque de son authorité ils luy firent prendre en son seel les armes de France qu'il portoit en un escusson, & les armes d'Angleterre en un autre. Pareillement en toutes les monnoyes qu'il faisoit forger en ce temps-là, on y mettoit deux escussons joints par ensemble, des armes dessus dites : & fit ce Roy Henry defendre que les Couronnes qui avoient esté forgées du temps dudit Roy Charles le Bien-aimé n'eussent plus de cours, comme semblablement toutes les autres monnoyes fabriquées du vivant dudit Roy, ordonnant que chacun les portast aux forges : mais nonobstant que par plusieurs fois il eust ainsi esté defendu, & qu'avec obligation Royale on n'ozoit plus se servir de la monnoye cy-devant dite, soubs grosses peines, si ne laissoit-on de s'en servir & d'en user en tout plein de lieux. Ce pretendu Roy Henry fit encor forger & donner cours à une nouvelle monnoye d'or, qu'on nommoit *Saluts*, qui valoit vingt-deux sols parisis chacun Saluts, elle estoit bonne pour son prix. De plus, il fit fondre & mettre en usage des blancs de huict deniers. Ainsi ne couroit pour lors, par tout où ce Roy Henry estoit obey, dans le Royaume de France, autre monnoye Royale sinon celle qu'il avoit fait faire.

*Bien que cet Autheur paroisse assez desinteressé, & peu passionné dans la suite de son Histoire ou Memoires, si est-ce toutefois qu'il se peut juger en quelques endroits & passages, qu'il panche un peu du costé des Bourguignons, & encline à leur party : aussi se peut il conjecturer par son stile, & de quelques termes & mots dont il use, qu'il estoit Picard de nation, Province alors sujette, pour la plus grande partie, à la Maison de Bourgongne.*

# OBSERVATIONS
## SUR LES MÉMOIRES
### DE PIERRE DE FENIN.

(1) Toujours y avoit quelque grommelis entre les Ducs d'Orléans & de Bourgogne; & souvent falloit faire alliances nouvelles, tellement que le dimanche vingtieme jour de Novembre Monseigneur de Berry & autres Seigneurs assemblerent lesdits Seigneurs d'Orléans & de Bourgogne; ils ouyrent tous la messe ensemble, & reçurent le corps de N. S. & prealablement jurerent bon amour & fraternité par ensemble. Mais la chose ne dura gueres. Car le mercredy en suivant un soir un nommé Raoulet d'Octonville s'embuscha en un hostel en la rue Barbette, au quel on disoit que la Reyne estoit. Et en s'en retournant pour aller en son hostel, ledit Raoulet accompagné de dix ou douze compagnons saillit, & bailla audit Duc d'Orléans plusieurs coups, lui fendit la tête, lui coupa le poing, & le tua, & mourut. Et y eut un de ses serviteurs Allemand qui se jetta sur son maitre, pour le cuider garantir, qui fust tué avec luy. Pour lors on ne savoit qui l'avoit tué, & disoit-on que ce avoit été le Seigneur de Canny, pour ce

qu'on difoit qu'il lui avoit ofté fa femme : n'y jamais on n'eut penfé que ce euft fait faire le Duc de Bourgogne, vû les ferments qu'ils avoient faits, & alliances & autres amitiés promifes & réception du corps de J. C. & fi ce fuft à l'enterrement veftu de noir, faifant deuil bien grand, comme il fembloit. Et difent aucuns que le fang du corps fe efcreva (*). Il fuft enterré aux Céleftins en une belle chapelle qu'il avoit fait faire. Le famedi matin le Duc de Bourgogne alla parler au Roi de Sicile & au Duc de Berry qui eftoient enfemble à Nefle lequel leur confeffa le cas, difant qu'il l'avoit fait faire. Lors le Duc de Berry lui dift... qu'il feroit bien de s'en aller & partir : auffi s'en alla-t-il monter à cheval, & partit de Paris. ( Hift. de Charles VI par Juvenal des Urfins p. 189 & 190).

(2) Parmi les Seigneurs, qui fuivoient le Duc de Bourgogne dans fon expédition contre les liégeois, étoient le Prince d'Orenge, les Seigneurs de St. Georges, de Vergy, d'Efpagny, de Croüy, de Raffe, de Hély, de Guiftelles, de Fouckemberg, de Duinckercke, de Robois, de Champagne, de Chateauvilain, de Dampierre, & de Sive de Gaucourt..... Les Liégeois furent defconfitz, & y eut bien de

(*) C'eft-à-dire, rejaillit.

vingt à vingt-quatre mille de morts... Et de la partie du Duc de Bourgogne y euſt ſeulement de ſeptante à quatre-vingt perſonnes mortes; & diſoit-on communément que la plupart deſdits Liégeois mourut ſans coup férir, & pour la multitude churent l'un ſur l'autre à grands tas, & s'eſtouffoient; & les esbahit bien le traict des Picards qui eſtoit merveilleux. ( Extrait de l'hiſtoire de Juvenal des Urſins p. 195 & 196).

( 3 ) En cette journée ( dit l'Auteur de l'hiſtoire chronologique de Charles VI ) mourut des Seigneurs Liégeois, le Sire de Pernes & ſon fils que les Liégeois avoient fait Evêque en place de Jean de Baviere.

( 4 ) Si ambaſſada & négotia tant le Duc Guillaume de Baviere que les deux partis vinrent tous à Chartres où il fut fait un traité... Les factions de Bourgogne & d'Orléans jurerent & promirent ſolemnellement devant Notre-Dame de Chartres, le Roy, la Reine & tous les Princes préſents de jamais ne porter noiſe ny débat l'un envers l'autre, & d'être bons & vrais parents & amis... ( Hiſtoire chronologique de Charles VI p. 13 ).

Ce fait, le Duc de Bourgogne, ſans boire ny manger

manger en la ville, monta à cheval, & s'en partit. Et avoit un trés-bon fol en sa compagnie, qu'on disoit estre fol-sage, lequel tantost alla acheter une paix d'église, & la fit fourrer, & disoit que c'étoit une *paix fourrée*: Ainsi advint depuis. ( Histoire de Charles VI, par Juvenal des Ursins, p. 198 ).

(5) Le septieme jour d'Octobre fut pris Monseigneur Messire Jean de Montagu grand Maistre d'hostel du Roi, qui avoit presque de 16 à 17 ans comme tout gouverné le Royaume de France, & avoit marié ses filles bien grandement & hautement en grands lignages, & fait plusieurs acquests. Et fut fils d'un Clerc des Comptes, & sa femme fille d'un Avocat de Parlement. Et avec lui fut pris Maistre Martin Gouge, Evesque de Chartres, & un nommé Maistre Pierre de l'Esclat. Les causes n'étoient que pour oster ledit Montagu du gouvernement qu'il avoit. Et ne furent lesdits Gouge & l'Esclat gueres prisonniers, & payerent certaine somme de deniers. Mais au regard dudit Montagu, le dix-septieme jour dudit mois d'Octobre, il fut condamné par Messire Pierre des Essars à estre décapité aux Halles de Paris : combien qu'il fut clerc marié, *cum unicâ Virgine*, & avoit été pris

en habit non difforme à Clerc. Mais en le menant à la Juſtice, on lui veſtit une robe mi-partie de blanc & de rouge, qui eſtoit comme on diſoit ſa deviſe. Et eſtoit moult plaint de tout le peuple. Et coutoit fort ledit des Eſſars qu'il ne fut reſcous, & pour ce en allant il diſoit… qu'il eſtoit traître & coupable de la maladie du Roy, & qu'il déroboit l'argent des Tailles & Aydes. ( Hiſt. de Ch. VI, par Juvenal des Urſins, p. 201 ).

Le lundi 7 Octobre enſuivant, c'eſt-à ſavoir 1409, fuſt prins un nommé Jehan de Montagu, grand Maiſtre d'oſtel du Roi de France emprés S. Brenetor, & fuſt mis en petit Chaſtelet, dont il avint telle emeute à Paris à l'eurre qu'on le print, comme ſe tout Paris fuſt plain de Sarrazins, & ſi ne ſavoit nul pourquoi ils s'enfuioient. Et le prinſt un nommé Pierre des Eſſars, qui pour lors eſtoit Prévoſt de Paris, & furent les Lanternes commandées à allumer comme autrefois & de l'eaue à huis, & toutes les nuits le plus bel guet à pié & à cheval qu'on ne vit gueres oncques à Paris, & le faiſoient les meſtiers l'un aprés l'autre. Et le 17 jour du mois d'Octobre jeudi fuſt le deſſus dit grand maiſtre d'oſtel mis en une charette veſtu de ſa livrée d'une houpelande de blanc & de rouge &

chaperons de mesme, une chauce rouge & l'autre blanche, ungs esperons dorés, les mains liées devant une croix de boys entre ses mains, hault assis en la charette, deux trompettes devant lui. En cel état mené és halles, là on lui coupa la tête, & aprés fust porté le corps au gibet de Paris... (Journal de Paris, édition de Gandouin 1729 in 4°. p. 2 & 3).

(6) Et un peu devant avoit presché devant le Roy le Ministre des Mathurins trés-bonne personne & montra la crualité que ils faisoient par dessault de bon conseil, disant qu'il falloit qu'il y eut des traistres en ce Royaume, dont un Prélat nommé le Cardinal de Bar qui estoit audit sermon le desmenty & nomma vilain chien dont il fut moult hay de l'Université & du commun; mais à peu luy en fut, car il praticoit grandement avec les autres qui portoient chacun une bende dont il estoit ambassadeur. Car le Duc de Berry pourtoit celle bende & tous ceux ici de par lui... Tout le mal qui se faisoit delà, chacun disoit que ce faisoit le Conte d'Armignac, tant estoit de malle voulenté plain, & pour certain on avoit autant de pitié de tuer ces gens comme de chiens. Et quelconque estoit tué delà, on

disoit... c'est un armignac... Car ledit Comte estoit tenu pour trés-cruel homme & Tirant & sans pitié.. ( Journal de Paris, p. 3 & 4. )

( 7 ) Les faulx bendés Armignacs firent le pis qu'ils povoient... prirent tous les Villages d'entour Paris... & firent tant de maulx comme eussent fait Sarrazins ; car ils pendoient les gens, les uns par les pouces, autres par les piez, les autres tuoient & rançonnoient, & efforçoient femmes, & boutoient feux, & quiconque ce feist, on disoit : ce sont les Armignacs. Et ne demouroit personne esdits Villages que eulx-mêmes... ( Journal de Paris, p. 4 & 5. )

( 8 ) L'auteur du Journal de Paris, place la prise du Pont de S. Cloud en 1411... Voici ce qu'il dit... Le huistieme jour de Novembre ou dit an fist chacun disenne selon sa puissance de compagnons vestus de Jacques & armes, & firent leur montre ce dit jour, & furent bien seize ou dix-sept cent tretous fors hommes ; & ce jour environ dix heures de nuit party de Paris le Duc de Bourgogne avecques luy les compagnons dessus dits & les Englois, & alla toute nuit à S. Cloud, & parti par la porte S. Jacques. Adonc il fit assaillir ledit Pont & la Ville qui étoit toute plaine de trés-puissans gens d'armes Arminacs qui moult se deffendirent; mais pou leur valuſt : Car tantoſt furent déconfitz, & tous mis à l'épée... (Journal, p. 6.)

L'Hiſtoire Chronologique de Charles VI, p. 423 & celle de Juvenal des Urſins, p. 233, s'accordent avec le Journal de Paris pour la date de la priſe de S. Cloud.

(9) Ce Mauſſart du Bos eſt appellé Dubois par les autres. Il étoit Breton, ſuivant l'Hiſt. Chronologique, p. 423. Le Journal de Paris ajoute une circonſtance aſſés ſinguliere au ſupplice qni lui fut infligé... Puis fut prins un autre Chevalier de la Bende nommé Meſſire Mauſſart du Bois, un des beaux Chevaliers que on peuſt veoir, lequel oſt la tête copée és halles de Paris, & de ſa force de ſes eſpaules, depuis qu'il ot la tête copée, bouta le tronchet ſi fort, qu'a pou tint qu'il ne l'abbaty, dont le bourreau ot tel freour; car il en mourut à tantoſt après ſix jours; & eſtoit nommé Maiſtre Gieuffroy... (Journal, p. 7.)

(10) En l'an 1412, ſixieme jour de May, ſe miſt le Roy ſur les champs avecques lui ſon aiſné filx le Duc de Guyenne, le Duc de Bourgogne & pluſieurs autres... Et allerent aſſié-

ger la ville de Bourges en Berry, où eſtoit le Duc de Berry ancien de bien prés quatre vingt ans, oncle dudit Roy de France, Maiſtre & Miniſtre de toute traïſon de la Bende, cruel contre le menu peuple en tant que fut oncques Tirant Sarrazin, & aux ſiens comme aux autres, pourquoy il eſtoit aſſiegé; & ſitoſt que ceulx de Paris ſceurent que le Roy eſtoit en la terre de ſes ennemis, par commun conſeil ils ordonnerent les plus piteuſes proceſſions qui oncques euſſent été vues de aage d'homme.

Enſuit le détail de ces proceſſions. (Journal de Paris, p. 8.)

(11) Et fuſt adviſé qu'il eſtoit bon que ſeurement les Ducs de Berry & de Bourgogne parlaſſent enſemble... Et iſſit le Duc de Berry, & le Duc de Bourgogne vint au devant de lui: quand ils s'entrevirent, & furent prés, ils ſe baiſerent; & dit Berry à Bourgogne... beau Neveu, j'ai mal fait, & vous encore pis. Faiſons, & mettons peine que le Royaume demeure en paix & tranquillité... Et l'autre reſpondit..... Bel oncle, il ne tiendra pas à moy... Lors tous ceux qui virent la maniere commencerent à larmoyer de pitié. ( Hiſt. de Juvenal des Urſins, p. 244. )

(12) Le 1er jour de Juillet 1413 fuſt ledit Prevoſt prins dedans le Palais, trainé ſur une claye juſques à la Heaumerie, & puis aſſis ſur un ais en la charrette tout *Jus*, une croix de boys en ſa main, veſtu d'une houppelande noire dechiquetée, fourrée de maitres, une chauſſe blanche, un Eſcaſinons noir en ſes piez : en ce point mené és Halles de Paris; & là on lui couppa la teſte, & fuſt miſe plus hault que les aultres de trois piez; & ſi eſt vray que depuis qu'il fut mis ſur la claye juſques à ſa mort, il ne faiſoit toujours que rire, comme il faiſoit en ſa grant Majeſté, dont le plus de gens le tenoient pour ung foul ; car tous ceux qui le veoient plouroient ſi piteuſement, que vous ne ouyſſiez oncques parler de plus grands pleurs pour mort d'homme, & luy tout ſeul rioit, & eſtoit ſa penſée que le commun le gardaſt de mourir : mais il avoit en ſa voulenté, s'il eut plus vecu, de trahir la ville, & de la livrer és mains de ſes ennemis, & de faire lui meſme trés grants & cruelles occiſions, & piller & rober les bons habitans de la bonne ville de Paris, qui tant l'aimoient loyaulment : car il ne commandit rien qu'ils ne fiſſent à leur povoir ; comme il apparoiſt qu'il avoit prins

si grant orgueil en soy. Car il avoit assez Offices pour six ou huit silx de Comtes ou de Bannerets. Premierement il estoit Prevost de Paris, il estoit grand Bouteiller, Maistre des caves & forests, grant General, Capitaine de Paris, de Cherebourg, de Montargis, grant Fauconnier, & plusieurs autres Offices dont il cuillyt si grant orgueil, & laissa raison; & tontost fortune le fist mener à celle honteuse fin; & saichiez que quant il vist qu'il convenoit qu'il mourut, il s'agenouilla devant le Bourrel, & baisa ung petit image d'argent que le Bourrel avoit en sa poitrine, & lui pardonna sa mort moult doucement, & pria à tous les Seigneurs que son fait ne fut point crié tant qu'il fûst decollé; & on le lui ottroya... Et devant environ deux ans le Duc de Braban frere du Duc de Bourgogne qui veoit bien son oultrageux gouvernement, lui dit en l'ostel du Roy... Prevost de Paris, Jehan de Montaigu a mis vingt-deux ans à soy faire couper la teste: mais vrayment vous n'y en mettrez pas trois... Et non fist-il; car il n'y mit qu'environ deux ans & demy depuis le mot; & disoit-on par esbattement parmy Paris que ledist Duc estoit Prophete vray disant. ( Journal de Paris, p. 14 & 15.)

Il paroiſt que le plus grand crime de des Eſſars aux yeux du Duc de Bourgogne fut d'avoir averti les Ducs de Berry & d'Orleans qu'on en vouloit à leur vie. Au ſurplus des Eſſars expia par ſon ſupplice le jugement inique qu'il avoit prononcé contre Jean de Montaigu. ( Note des Edit. )

(12) En 1414 ſi advint par le plaiſir de Dieu qu'ung maulvais air corrompu chut ſur le monde qui plus de cent mille perſonnes à Paris mis en tel, qu'ils perdirent le boire & le menger, le repouſer, & avoient trezforte fiebvre deux ou trois fois le jour, & eſpeciallement toutesfois qu'ils mengeoient, & leur ſembloient touttes choſes quelconques ameres & très-maulvaiſes & puantes, & toujours trembloient où qu'ils fuſſent, & avecque ce qui pis eſtoit, on perdoit tout le povoir de ſon corps, que on n'oſoit toucher à ſoy de nulle part que ce fuſt, tant eſtoient grevez ceux qui de ce mal eſtoient atteins, & duroit bien ſans ceſſer trois ſepmaines au plus, & commença à bon eſcient à l'entrée du mois de Mars au dit an, & le nommoit-on le *Tac* ou le *Horion*; & ceux qui point n'en avoient, où qui en eſtoient guéris, diſoient par esbattements... En as-tu?.....

Avec tout le mal devant dit, on avoit la toux si fort & la rume & l'enrouerure, on ne chantoit qui rien fult de haultes messes à Paris : mais sur tous les maulx la toulx étoit la cruelle à tous, jour & nuyt, qu'aucuns hommes par force de touffir estoient rompus par les génitoires toute leur vie, & aucunes femmes qui estoient grosses, qui n'estoient pas à terme, orent leurs enfants sans compaignie de personne par force de touffer… Quand ce venoit sur la garison, ils jettoient grant foyson de *sanc bête* par la bouche & par le nez & par dessoulx qui moult les ebayssoit ; & neanmoins personne ne mouroit : mais à peine pouvoit-on en estre guary. Ne Physicien nul ne sçavoit dire quel mal c'estoit. ( Journal de Paris, p. 21. )

(13) Le Roy & Monseigneur le Dauphin aprés qu'ils eurent été à Notre Dame de Paris faire leurs offrandes & dévotions partirent de Paris. Et estoit Monseigneur le Dauphin bien joly, & avoit un moult bel estandart tout battu à or où avoit un K, un cigne, & une L. La cause estoit pour ce qu'il y avoit une Damoiselle moult belle en l'hostel de la Reyne fille de Messire Guillaume Cassinel, laquelle vulgairement on nommoit la

*Caffinelle.* Si elle eſtoit belle, elle eſtoit auſſi trés-bonne, & en avoit la renommée. De laquelle comme on diſoit, ledit Seigneur faiſoit le paſſionné, & pour ce portoit-il ledit mot..... Ils s'en allerent à St. Denis, ainſi qu'il eſt accoutuſmé; & pource que le Seigneur d'Aumont, qui avoit accoutuſmé de porter l'Oriflambe, eſtoit mort... Par élection fut élu Meſſire Guillaume Martel, Seigneur de Bacqueville... auquel à cauſe de ſon grand âge on donna pour coadjuteurs ſon fils aiſné & un beau gent Chevalier nommé Meſſire Jean de Betas Seigneur de St. Cler. ( Hiſt de Juvenal des Urſins, p. 275. )

(14) Au lieu de Menau ce Chevalier eſt appellé Meſſire Pierre de Menou. Suivant l'Auteur cy-après cité, ce Pierre Menou étoit de la Tourraine & non de la Picardie. ( Liſez l'Hiſtoire Chronologique de Charles VI, année 1414 ).

(15) Cette paix ne plût pas à tout le monde... Il y en avoit qui euſſent bien voulu la deſtruction totale du Duc de Bourgogne... Meſme il y eut un grand Seigneur qui en un matin vint devers le Roy lui eſtant en ſon lict, lequel ne dormoit pas, & parloit en

s'esbattant avec un de ses valets de chambre, en soy farsant & divertissant. Et ledit Seigneur vinst prendre par dessous la couverture le Roy tout doucement par le pied en disant.... Monseigneur, vous ne dormés pas ? Non, beau cousin, lui dit le Roy : vous soyez le bien venu : voulez-vous rien ? Y a-t-il aucune chose de nouveau ?... Nenny, Monseigneur, lui respondit-il ; sinon que vos gens qui sont en ce siege disent que tel jour qu'il vous plaira, verrez assaillir la ville où sont vos ennemis, & ont espérance d'y entrer... Lors le Roy dit que son cousin le Duc de Bourgogne vouloit venir à raison, & mettre la ville en sa main sans assault, & qu'il falloit avoir paix... A quoy ledit Seigneur respondit... Comment, Monseigneur, voulez-vous avoir paix avec ce mauvais, faux, traitre & desloyal qui si faussement & mauvaisement a fait tuer votre frere... Lors le Roy aucunement desplaisant lui dit... du consentement de beau fils d'Orléans tout lui a esté pardonné... Helas ! Sire, repliqua ledit Seigneur, vous ne le verrez jamais votre frere... Et sembloit que ledit Seigneur voulut encores dire aucune chose ; mais le Roy lui respondit assez chaudement... Beau cousin, allez-vous en : je le verray au jour du jugement... ( Hift. de Juvenal des Urfins, p. 282 & 283. )

(16) Le 20 Octobre (1415) les Seigneurs de France ouyrent dire que les Englois s'en alloient par la Picardie. Si les tint Monfieur de Charollois fi court & de fi près qu'ils ne porent paffer par où ils cuidoient. Adoncques allerent aprés tous les Princes de France, finon fix ou fept, & les trouverent en un lieu nommé *Agincourt*, prés de Rouftanville, & en ladite place le jour Saint Crepin & Crepinien combattirent à eulx, & eftoient les François plus la moitié que les Englois, & fi furent François defconfiz & tuez, & prins des plus grants de France... Oncques puis que Dieu fut, ne fut fait telle prinfe en France par Sarrazins, ne par aultres ; car avecques eulx furent morts plufieurs Baillis de France qu'ils avoient avec eux amenez. ( Journal de Paris, p. 27. )

Après cette victoire... s'en alla le Roy d'Angleterre à Calais, & emmena tous les prifonniers entre lefquels étoient des Seigneurs, le Duc d'Orléans, le Duc de Bourbon, le Comte d'Eu, le Comte de Vendofme, le Comte de Richemont, & le Maréchal de Boucicaut ; & leurs donna à difner le Dimanche enſuyvant, & à chacun d'eux une robe de drap de Damas. Et leurs dit... qu'ils ne s'émerveillaſſent pas, s'il avoit eu la victoire contre eux, de laquelle il ne s'attribuoit aucune gloire. Car c'eſtoit œuvre de Dieu qui leur étoit adverſaire pour leurs péchez ; & que c'étoit grande merveille que pieça ne leur étoit méſchu : car il n'eſtoit mal, ne péché à quoy ils ne ſe fuſſent abandonnés : ils ne tenoient foy ne loyauté à créatures du monde en mariages, ne autrement : ils commettoient ſacriléges en deſrobant & violant Egliſes : ils prenoient à force toutes manieres de gens, femmes de religion & autres : ils deſroboient tout le peuple, & le deſtruiſoient ſans raiſon ; & pource il ne leur pouvoit bien venir... & rapporta ces choſes, comme on diſoit, un nommé Tromagon, valet de chambre du Roy, lequel avoit été priſonnier... Mourut ( en cette bataille ) l'Archeveſque de Sens (*) qui fut peu plaint, pource que ce n'étoit pas ſon office. ( Hiſtoire de Juvenal des Urſins, p. 315. )

(*) Il portoit, dit un contemporain, au lieu de mitre un baſſinet, pour dalmatique un haulbergeon, pour chaſuble la piece d'acier, & au lieu de croſſe une hache.

( Avant la bataille ) envoierent les Seigneurs de France devers le Roy qui eſtoit à Rouen, afin qu'il vouluſt venir pour s'y trouver. Mais le Duc de Berry ſon oncle n'y vouluſt conſentir, ains fuſt très-courroucé de ce qu'ils avoient offert & accepté le combat, & pour ce ne vouluſt que le Roy y allaſt; car il faiſoit très-grant doute du ſuccès de la bataille, pource qu'il s'eſtoit trouvé autrefois en celle de Poictiers où ſon pere le Roy Jean fut pris en l'an 1356, & diſoit qu'il valoit mieux perdre la bataille ſeule que le Roy & la bataille tout enſemble... Pourquoy ne vouluſt-il conſentir que le Roy y allaſt; lequel Roy y fuſt volontiers allé: car il eſtoit hardy Chevalier fort & puiſſant... ( Hiſt. Chronologique de Charles VI, année 1415. )

(17) Environ la fin de Novembre 1415, le Duc de Guyenne, aiſné filx du Roy de France, moult plain de ſa voulenté plus que de raiſon accoucha malade, & treſpaſſa le 18 jour de Décembre, on dit au jour mercredy des quatre temps; & furent faites ſes vigilles le Dimanche enſuyvant à Notre-Dame de Paris. ( Journal de Paris, p. 28. )

L'Auteur du Journal après avoir enterré

le Duc de Guyenne, le fait mourir une seconde fois le 3 Avril 1417 à Compiegne. Il est singulier que les Editeurs de ce Journal n'aient pas relevé cette bévue qui s'y trouve, p. 31. ( Note des Edit. )

(18) En ce temps furent les portes ( de Paris ) murées comme autrefois pour le Duc de Bourgogne qui estoit près de Paris... Et estoient Capitaines en cette ville un nommé Remonnet, Barbazan & autres, tous mauvais & sans pitié; & pour mieux faire leur voulenté, manderent le Comte d'Arminac, personne excommuniée, & de celuy firent un Connestable de France. ( Journal de Paris p. 28. )

(19) En iceluy temps allerent les Bourguignons devant Corbeil, & fourrerent le pays tout entour, & firent plusieurs assaulx, mais pas ne le prinrent à cette fois; car ils se retrairent vers Chartres : mais la nuit St. Climent arriverent devant Paris si soudainement que merveilles, & les Gensd'armes de Paris les allerent souvent escarmoucher, mais toujours y perdoient grant foyson de foudoyers de Paris; & ceux qui échappoient, s'en revenoient par les villaiges d'entour
Paris,

Paris, & pilloient, roboient, rançonnoient, & avec ce admenoient tout le beſtial qu'ils povoient trouver, comme bœufs, vaches, chevaux, porcs, brebis &c., & toutes autres choſes dont ils povoient avoir de l'argent; & en Egliſes prenoient-ils livres, & toutes autres choſes qu'ils povoient happer; & en Abbayes de Dames autour de Paris prindrent-ils Meſſel, Bréviaires, & toute autre choſe qu'ils povoient piller; & quelque perſonne qui s'en plaignoit à Juſtice, ou au Connétable, ou aux Capitaines, tout bel lui eſtoit de ſoy taire; & vray eſt que les gens aucuns qui venoient de Normandie à Paris, qui eſtoient eſchappez des Engloiz, par rançon ou autrement aprés, & avoient été prins des Bourguignons, & puis à demie lieue ou environ eſtoient reprins des François, & traitiez ſi cruellement & par tyrannie comme Sarrazins; mais ils par leurs ſerments, c'eſt à ſavoir aucuns bons marchands hommes d'honneur qui avoient été priſonniers à tous les trois devant dits, dont ils eſtoient eſchappés par argent, juroient & affermoient que plus amoureux leur avoient été les Engloiz que les Bourguignons, & les Bourguignons plus amoureux cent fois que ceulx de Paris, & de pitance & de rançon, & de paine de corps & de prifon, qui moult leur eftoit ébahiffant chofe, & à tout bon Chrétien doit eftre. ( Journal de Paris, p. 34. )

Et avoit gens fur les champs qui faifoient tous les maux qu'on pourroit faire, comme pilleries, roberies, meurtres & tirannies merveilleufes, violoient femmes & prenoient à force, entroient par force & autrement dans les Eglifes, les pilloient & déroboient, & en aucunes mettoient le feu, & en icelles faifoient ords & déteftables pechés. ( Hift. de Juvenal des Urfins, p. 335. )

Tandis que des troupes de brigands fous les noms d'Anglois, d'Armagnacs, & de Bourguignons, dévaftoient nos provinces, il fe paffoit à la Cour les fcenes les plus fcandaleufes : écoutons le récit de Juvenal des Urfins, p. 336....... Aucune renommée eftoit que en l'hoftel de la Reyne fe faifoient plufieurs chofes deshonnêtes; & y fréquentoient le Seigneur de la Trimouille, Giac, Bourrodon & autres. Et quelque guerre qu'il y euft, tempeftes & tribulations, les Dames & Damoifelles menoient grands & exceffifs eftats, & cornes merveilleufes hautes & larges. Et avoient de chacun cofté, en lieu de bourlées, deux grandes oreilles fi larges, que quand elles vouloient paffer l'huis d'une chambre, il falloit qu'elles se tournassent de costé, & baissassent, ou elles n'eussent pu passer. La chose desplaisoit fort à gens de bien. Et en furent aucuns mis hors; & Bourrodon pris, & pour aucunes choses qu'il confessa, il fut jetté en la riviere & noyé. Et fust déliberé pour plusieurs causes que la Reyne s'en iroit à Blois pour estre loin de la guerre, & y fut envoiée....... En réunissant ces différents traits qui forment un tableau, on conçoit combien le peuple & le Monarque étoient à plaindre. ( Note des Edit. )

(20) Le 24ᵉ. jour d'Avril ( 1418 ) revint le Roy & son ost de devant Senlis, où il avoit esté depuis le moys de Janvier, & ne la pot oncques prendre... Et au dernier s'en party le Roy & le Connestable à très-petit honneur, dont les Gensd'armes qui avec le Connestable estoient, furent si enragez de ce qu'ils orent failly à leur intencion de piller Senlis, qu'ils se tindrent si près de Paris de toutes pars, que homme n'osoit aller plus loing de Paris que St. Laurent tout au plus qu'il ne fust desrobé ou tué..... En iceluy temps alloient femmes d'onneur bien accoimpagnées veoir leurs héritages près de Paris à

demie lieue, qui furent efforciées, & leur compaignie battue, navrée & defrobée..... Vray fuft que les aucuns defdits Gensd'armes furent plains de fi grant cruauté & tyrannie, qu'ils roftirent hommes & enfans, quand ils ne povoient payer leur rançon; & quant on s'en plaignoit au Conneftable ou au Prevoft, leur refponfe eftoit... fe ils n'y fuffent pas allez, & fe fuffent les Bourguignons, vous n'en parliffiez pas... Ainfi Paris eftoit gouverné faulcement, & tant hayoient ceux qui gouvernoient, ceux qui n'eftoient de leur bende, qu'ils propoferent que par toutes les rues de Paris ils les prendroient & tueroient fans mercy, & les femmes ils noyeroient... Mais Dieu qui fcet les chofes abfcondées, regarda en pitié fon peuple, & efveilla fortune, qui en fourfault fe leva comme chofe eftourdie, & mit les pans à fa ceinture, & donna hardement à aucuns de Paris de faire affavoir aux Bourguignons que ilz tout hardiement veniffent le Dimanche enfuyvant qui eftoit vingt-neuvieme jour de May à minuit, & ils les mettroient dedens Paris par la porte St. Germain..... Adonc vindrent à la porte St. Germain entre une heure & deux devant le jour, & en eftoit chef le Seigneur de l'Ifle-Adam & le beau Sire de Bar, &

entrerent dedans Paris 29°. jour de May, criant... Noftre-Dame la paix, vive le Roy, le Dauphin, & la paix !... En ces jours prenoit-on les Arminaz partout Paris & hors Paris, entre lefquelx furent prins plufieurs grants de renom & très-maulvais couraige comme Bernard d'Armignac Conneftable de France, auffi cruel homme qui fut oncques, Henry de Marle Chancelier de France, Iehan Gaude Maiftre de l'artillerie le pire de tous. Quant les povres ouvriers lui demandoient leur falaire de leur befoigne, il leur difoit... avez-vous point de petit blanc pour acheter un cheveftre pour vous aller pendre ? Senglaude Chenaille, c'eft pour votre preu;... & n'en avoient autre chofe... ( Journal de Paris, p. 36. 37. 38.)

(21) Fenin paroît ici s'être trompé : il fait arriver le Duc de Bourgogne à Paris au moment où le maffacre du Conneftable eut lieu, tandis qu'il ne fe rendit réellement en cette ville que quelque tems aprés. Le Journal de Paris , Juvenal des Urfins & l'Hiftoire Chronologique de Charles VI l'atteftent unanimement. ( Note des Edit. )

(22) Quand le Prevoft vift qu'ils eftoient

ainſi eſchauffez de la faulce ire qui les menoit, il n'oſa plus parler de raiſon, de pitié, ne de Juſtice ; & il leurs dit..... Mes amis, faites ce qu'il vous plaira... Ainſi s'en allerent és priſons..... Et tant tuerent de gens à Paris que hommes que femmes depuis cette heure de minuit juſqu'au lendemain douze heures qui furent nombrez mille cinq cent dix huit ; & furent le Conneſtable, le Chancelier, un Capitaine nommé Remonnet de la Guerre, Maiſtre Pierre de l'Eſclat, Maiſtre Pierre Gayant, Maiſtre Guillaume Paris, l'Eveſque de Coutances filx du Chancelier en la Cour de darriere devers la Couſture, & furent deux jours entiers au pié du degré du Pallays ſur la pierre de marbre. ( Journal de Paris, p. 41. )

Et furent bien noyez & tuez de la ſorte juſqu'au nombre de trois mille : car ſi un homme eſtoit haï de parole ou du jeu, ou qu'on lui deuſt argent, ſon ennemy le faiſoit tuer en ce temps ſous ombre d'eſtre de la partie du Roy & du Comte d'Armagnac. (Hiſt. Chronol. de Charles VI année 1418.)

Or ne tuoit-on pas ſeulement les hommes, mais les femmes & les enfants : meſme il y eut une femme groſſe qui fut tuée ; & voyoit-on bien banger ou remuer ſon enfant en son ventre; sur quoy aucuns inhumains disoient... Regardez ce petit chien qui se remue... Que si aucune femme grosse se délivroit de son enfant, à peine trouvoit-on femme qui l'ozast accompagner, ne aider... Et quand la pauvre petite créature étoit née, il la falloit secrettement porter aux fonds, ou baptiser par une femme en l'hostel, ce qui est appellé ondoyer. Mesme il y avoit des Prestres ou Curés si passionnés... que aucuns les refusoient de baptiser. Les morts, qu'ils tenoient Armagnacs, ils réputoient indignes de sépulture. Des cy dessus tués ainsi que dit est la plupart fut jettée aux champs, où là ils furent mangés des chiens & oyseaux; mesme aucuns leurs faisoient avec leurs couteaux de leurs peaux une bande pour montrer qu'ils étoient Armagnacs.

Le Seigneur de l'Isle-Adam (par le moyen des rançons) fit merveilles d'y profiter & faire profiter ses gens dont plusieurs avoient été bons laboureurs en l'Ile de France. Parquoy plusieurs s'armerent, & se monterent des profits qu'ils avoient eu en la ville de Paris, & contrefaisoient les gentils-hommes, & portoient leurs femmes estat de Damoiselles, & estoient les hommes & les femmes veſtus de belles robes. Ainſi faiſoit-on beaucoup de choſes illuſoires & deriſoires tant envers Dieu que le monde. ( Hiſt. de Juvenal des Urſins, p. 341.)

(23) Lorſque cette paix ſe fit, la ville de Paris en avoit le plus grand beſoin vû la mortalité qui y regnoit.

Ce dit moys de Septembre eſtoit à Paris & autour la mortalité ſi trés cruelle qu'on n'en eut vu depuis trois cent ans par ledit des anciens : car nul n'eſchappoit qui fut feru de l'Epydimie, eſpeciallement jeunes gens & enffents, & tant en mouru vers la fin dudit mois & ſi haſtivement, qu'il convint faire és cimetieres de Paris grants foſſes où on en mettoit trente ou quarante en chacune, & eſtoient arrangez comme lars, & puis un peu pouldrés par deſſus de terre.... En moins de cinq ſemaines treſpaſſa en la ville de paris plus de cinquante mille perſonnes (Journal de Paris, p. 49).

(24) Tanneguy du Chaſtel gentil homme Breton n'ignorant pas qu'il avoit été compris dans le nombre de ceux qui ſous le nom d'Armagnac avoient été tués à Paris, & animé d'ailleurs du deſir de venger la mort

du Duc d'Orleans son ancien Maître engagea Barbazan à entrer dans ses projets. Il l'y dérermina en luy rappellant l'assassinat du Connétable d'Armagnac par la faction Bourguignonne : ces deux hommes s'associerent Robert le maçon Chancelier du Daulphin & Jean Louvet président de Province. La mort du Duc Jean fut donc resolue; & pour l'amener dans le piége, on corrompit la Dame de Gyac sa maitresse, Philippe Jossequin, homme de néant devenu le favori de ce Prince, & le Vicomte de Murat. Il ne fut pas difficille à Du Chastel & à ses associés d'y faire consentir le Dauphin, en lui représentant qu'il ne gouverneroit point paisiblement pendant la vie de son pere, tandis que le Duc Jean vivroit.

Le Duc Jean mécontent des prétentions du Roy d'Angleterre, & voulant à quelque prix que ce fût se réconcilier avec le Dauphin sembloit vouloir amener la victime au devant du coup. Aprés différents pourparlers où sur les Saints Evangiles on se jura une amitié sincere & reciproque, on convint que l'entrevue des deux Princes se feroit sur le pont de Montereau. Le Duc de Bourgogne étoit de si bonne foy qu'en attendant il donnoit des ordres pour que ses troupes se tinssent prêtes a marcher avec celles du Dauphin contre les Anglois. Il leur fit même évacuer la ville de Chartres à cet effet.

Le Dimanche 10 Septembre le Duc aprés son diné partit de Bray avec son conseil & sa maison : il estoit accompagné de quatre cents hommes d'armes. Arrivé à la vüe de Montereau il en prévint le Dauphin. On stipula que chacun des deux Princes seroit accompagné de dix personnes dont mutuellement on se communiqueroit les noms, & qu'aucun autre des deux partis ne seroit admis entre les barrieres. On jura parole de Prince de ne se faire aucun mal. Les dix personnes, qui accompagnoient le Duc de Bourgogne, étoient Charles de Bourbon, Archambault de Foix Seigneur de Noüailles, Guillaume de Vienne Seigneur de S. George & de Sainte-Croix, Antoine de Vergy Seigneur d'Autrey, Jean de Fribourg, Jean de Neufchatel, Guy de Pontalier Seigneur de Talemay, Charles de Lens, Pierre de Gyac, & Jean Seguinat Secrétaire du Duc.

Comme on avoit rapporté au Duc qu'il y avoit des gens armés dans les maisons voisines, il chargea le Seigneur de Gyac de s'en assurer. Gyac lui ayant certifié la fausfeté du rapport, ce fut la caufe de fa perte.

Les dix perfonnes, qui fuivirent le Dauphin, furent le Vicomte de Narbonne, Pierre de Beauveau, Robert de Loire, Tanneguy du Chaftel, Barbazan, Guillaume Bataillier, Guy d'Avangour, Olivier Loget, Varenne & Frotier.

Le Duc de Bourgogne & les Seigneurs de fa fuite étoient armés feulement de leurs cottes & épées. Tanneguy du Chaftel avec quelques autres armés à couvert ( c'eft à dire de cuiraffes fous leurs robes ) tenant une hache à la main receurent le Duc avec refpect. Du Chaftel s'impatientant de ce qu'ils n'entroient pas affés vîte, tira Seguinat par fa manche, & ferma la barriere. Quand le Duc vit le Dauphin, il le falua humblement, & luy dit... Qu'aprés Dieu il n'avoit qu'à fervir & qu'à obeir au Roy & à luy... En finiffant il ajouta... Monfieur, & entre vous Meffieurs dis-je bien ?... Le Dauphin luy répondit... Biau Coufin, vous dites fi bien que l'on ne pourroit mieulx... Pendant que ces Princes s'entretenoient paifiblement, fur un figne du Préfident Louvet qui avoit parlé à l'oreille du Dauphin, du Chaftel pouffa le Duc de Bourgogne entre les deux épaules, en luy difant... Monfieur de Bourgogne entrez léans... Le Duc s'étant retourné, du Chaftel s'adreffa au Dauphin, & cria..... *Voilà le traître qui vous retient votre héritage.* Il leva foudain fa hache fur le Duc : les Seigneurs de Noüailles & de Vergy fe mirent entre deux : mais le Vicomte de Narbonne ayant levé fa hache fur le Seigneur de Noüailles lui dit..... Si vous bougez, vous êtes mort... A quoy il repartit, prenant la hache ; vous ne me tuerés pas... Les gens du Dauphin ayant crié..... Tue, tue... Ceux qui étoient cachés entrerent en foule. Un grand homme brun, qui étoit proche Barbazan, frappa le Duc fur la tête avec une epée taillante. Celui cy le para en partie avec le poignet qui fut prefque coupé. Tanneguy d'un coup de hache le jetta par terre. Delà il courut au Seigneur de Noüailles qui vouloit faifir la hache du Vicomte de Narbonne, & il le renverfa d'un coup fi furieux que quelques jours aprés il mourut à l'Hôpital de Montereau. tous ceux qui avoient accompagné le Duc de Bourgogne furent arrêtés prifonniers à l'exception du Seigneur de Neufchatel qui fauta par deffus les barrieres.

Le Duc n'étant pas encore mort, un nommé

Vaſſy s'agenouilla, & l'acheva de trois coups d'épée. Un Domeſtique du Sieur de Guitry lui arracha ſes bagues & joyaux. Le Preſident Louvet au milieu du deſordre, voulut ſe retirer : mais Renaudin le Normant le retint en lui diſant... Ne t'enfui pas ; car tu es conſentant du meurdre auſſi bien comme moi... L'animoſité des aſſaſſins fut telle que chacun prit un morceau de la robe du Duc, & le porta comme une marque honorifique de cet affreux exploit. Du Chaſtel d'un des eperons noirs du Duc, à molettes dorées, fit faire un étuy pour enchaſſer la hache au bec de faucon dont il s'étoit ſervi.

On porta le cadavre dans une maiſon voiſine de la porte de la ville. Enſuite on pourſuivit les gens du Duc qui, inſtruits de l'evénement par le Seigneur de Neufchâtel, ſe retirerent en deſordre. Le malheureux Duc fut inhumé dans la bierre conſacrée à l'uſage des pauvres.

Le Dauphin preſſa les Seigneurs, qu'il avoit pris, de déclarer que le Duc avoit été tué parce qu'il avoit tiré l'épée contre lui. Tous, hormis Pierre de Giac & Philippe Joſſequin, ſe refuſerent à cette déclaration. (Extrait des Mémoires ſur le meurtre de Jean dit ſans peur Duc de Bourgongne dans le recueil des Mémoires pour servir à l'Histoire de France & de Bourgogne, depuis la page 209 jusqu'à la page 224.)

(25) Le Dauphin écrivit envain aux Maires & Echevins de Troyes qu'il n'avoit fait que prévenir les mauvais desseins du Duc de Bourgogne. Au lieu d'écrire, il eût fallu que le Dauphin marchât sur le champ à Troyes où étoient le Roy & la Reine sans argent & sans appui. Le Seigneur de Neufchâtel qui s'étoit sauvé avec les débris de la Maison du Duc de Bourgogne fut plus sage. Il informa le Roi du meurtre du Duc, & depêcha des couriers à la Duchesse de Bourgogne & au Comte de Charollois son fils. Ces derniers en profiterent pour s'emparer de l'esprit de Charles VI & de la Reine Isabelle de Baviere. Il en résulta une confédération entre eux & le Roy d'Angleterre, confédération qui causa la ruine de la France, & faillit enlever à Charles VII la Couronne de ses peres. (Extrait d'un Mémoire sur le meurtre de Jean sans peur Duc de Bourgogne dans le recueil des Mémoires pour servir à l'Histoire de France & de Bourgogne, depuis la page 226 jusqu'à la page 233.)

(26) En conséquence des traités faits au

mois de 7ᵇʳᵉ dernier entre les Rois Charles, Henry, & le nouveau Duc de Bourgogne, ces deux derniers signerent un traité particulier par lequel le Roy d'Angleterre promettoit d'épouser Catherine de France, de marier un de ses freres avec une des sœurs du Duc de Bourgogne, de toujours regarder ce Duc comme son propre frere, de venger le meurtre du Duc son pere, & de ne point relacher le Dauphin & ses adhérents s'il les prenoit, mais de les garder pour en faire justice.

Le Duc s'engagea de son côté à faire cause commune avec le Roi d'Angleterre, à le servir envers & contre tous, excepté contre Charles VI son beaupere : il promit audit Roi d'Angeterre de lui prêter serment de fidelité, s'il étoit Roi de France..... Ce Traité, remarque l'Auteur de l'Ouvrage dont nous donnons l'extrait, étoit trop injuste pour avoir lieu. ( Extrait d'un Mémoire sur le meurtre du Duc de Bourgogne, &c. page 233. )

(27) Au commencement d'Avril (1420) l'armée du Duc assiegea le château d'Haillebaudiere proche Troyes, dont la garnison incommodoit fort la Cour. Jean de Luxem-

bourg, qui commandoit à ce siége, y fut blessé à l'œil d'un jet de lance, duquel ne pouvant guérir, le Duc envoya le 30 May un courrier à la Dame de Ruffey, pour lui demander une pierre précieuse que l'on disoit avoir la vertu de guérir cette blessure. Cette pierre ne fit point l'effet qu'on attendoit; car il perdit l'œil. (Mémoire sur le meurtre du Duc de Bourgogne, p. 235.)

(28) En ce tems estoient les Arminaz plus achenez à cruaulté que oncques mais, & tuoient, pilloient, efforcoient, ardoient Eglises & les gens dedens, femmes grosses & enffents. Brief ils faisoient tous les maulx en tyrannie & cruaulté qui pussent estre faiz par Deables, ne par hommes, parquoy il convinst qu'on traistat au Roy d'Angleterre, qui estoit l'ancien ennemy de France, maugré que on en eust pour la cruaulté des Arminaz, & luy fust donné une des filles de France nommée Katerine, & vint gesir dedens l'Abbaye de St. Denis le 8 May 1420, & le lendemain passa par devant la porte de St. Martin par dehors la ville, & avoit bien en sa compaignie, comme on disoit, sept mille hommes de trait, & trez grant compaignie de gens d'estoffe; & portoit ot devant luy ung heaume couronné

couronné d'une couronne d'or pour cognoiſſance, & portoit en ſa deviſe une queue de
renard de broderie, & alla geſir au pont de
Charenton, pour aller à Troyes pour voir le
Roy, & là luy fut préſentée quatre charretées
de moult bon vin de par ceulx de Paris.

Le jour de la Trinité 1420 qui fuſt le 2
jour de Juing eſpouſa à Troyes ledit Roy Engloiz la fille de France; & le Lundi enſuyvant quant les Chevaliers de France & Angleterre vouldrent faire unes jouxtes pour la
ſolemnité du mariaige de tel Prince, comme
accouſtumé eſt, le Roy d'Angleterre pour qui
on vouloit faire les jouxtes, pour lui faire
plaiſir, dit oyant tous de ſon mouvement...
Je prie à M. le Roy de qui j'ai eſpouſé la
fille & à tous ſes ſerviteurs, & mes ſerviteurs
je commande que demain au matin nous
ſoyons tous prets pour aller mettre le ſiége
devant la cité de Sens, où les ennemis de
M. le Roy ſont, & là pourra chacun de nous
jouxter, & tournoyer, & montrer ſa proeſſe
& ſon hardement; car la plus belle proëſſe
n'eſt au monde que de faire juſtice des maulvais, afin que le pouvre peuple ſe puiſſe
vivre... Adonc le Roy lui octroya, & chacun s'y accorda.. (Journal de Paris, p. 62
& 63.)

(29) Guillaume de la Tournelle Ecuyer Bailli de la Montagne fut envoié avec ses gens d'armes & de trait pour empêcher qu'on enlevât le corps du Duc.

Girard de Bourbon Seigneur de la Boulaye, les Evêques de Tournay, de Châlons, d'Auxerre, de Mascon, tous les Abbés du Duché, Monseigneur de St. Georges, Jean de Chousat, Drue Maréchal, & plusieurs autres Seigneurs & gens notables de toutes les villes accompagnerent le corps depuis Crevant jusqu'aux Chartreux de Dijon où il arriva le 4 Juillet 1420. (Mémoire sur le meurtre de Jean sans peur, &c. p. 238.)

(30). Avec ledit Seigneur de Barbasan étoient de vaillantes gens tant du pays que d'autres ; c'est assavoir Messire Nicole de Giresme un vaillant Chevalier de Rhodes, Messire Denys de Chailly, Arnault Guillon de Bourgogne, Louis Juvenal des Ursins fils du Seigneur de Traignel, Gilles d'Escheviller Baillif de Chartres & autres... y avoit surtout un compagnon qu'on disoit être Religieux de l'Ordre S. Augustin, trés bon Arbalétrier auquel on fit bailler une arbalestre ; & quand les Anglois ou Bourguignons venoient prés des fossés, & il les pouvoit appercevoir, il ne falloit point à les tuer; & dit-on que lui seulement tua bien soixante hommes d'armes, sans les autres. (Hist. de Juvenal des Ursins, p. 378 & 379.)

Comme l'argent manquoit, le Duc de Bourgogne y suppléa de son trésor, & retint ainsi les principaux Officiers qui commandoient ses troupes à ce siège; c'est assavoir, le Seigneur de l'Isle-Adam Maréchal de France, le Seigneur de Cothebrune son Maréchal, Louis de Châlon Prince d'Orange, (lequel déclara au Roi d'Angleterre qu'il ne vouloit combattre contre les François) le Seigneur de Conches, le Comte de Joigny, Jean de Cassel, Baudot de Noielle, Antoine de la Marche, Jean de Bouaud, le bâtard Pinard, Gerard de Toulonjon, Robert de (*) Mamines, François des Frans, Jean de Gingis, Lancelot de Luirieux, Louis de Lurieux, M. d'Humbercourt, Regnault de Montconis, Jean d'Arbon, le bâtard de Martel, Jean d'Aclou, Guillaume de Vienne, André de Roches, le Seigneur d'Humieres, Guillaume de Viry, Jacques de l'Aubepin, Jean de Digoine, Guigne Seigneur de Salenove, Guillaume Seigneur de Champdivers, & Simon le Moine.

(*) Robert de Manismes ou de Mamines, étoit Chevalier de la toison d'or.

De plus il manda à Pierre de Bauffremont qui étoit dans le Mâconnois, à Antoine de Toulonjon, à Guillaume de Maifieres & à tous les Gentilshommes de venir le joindre inceffamment. Sur fa demande les Parifiens lui envoierent un corps de troupes commandé par Jean le Gois & Jean de S. Yon Echevin de Paris. (Extrait des Mémoires fur le Meurtre, de Jean-fans-peur, &c. p. 241.)

(31) Ils entrerent à Paris à grant nobleffe. Car toute la grant rue S. Denis par où ils entrerent depuis la feconde porte jufques à Noftre-Dame de Paris eftoient encourtinées les rues, & parées moult noblement, & la plus grant partie des gens de Paris qui avoient puiffance, furent veftus de rouge couleur ; & fuft faite en la rue de Kalende de devant le Palais un moult piteux myftére de la Paffion N. S. au vif, felon que elle eft figurée autour du cueur de Notre-Dame de Paris..., & n'eftoit homme qui veit le myftére à qui le cueur ne appiteât; ne onques Princes ne furent reçus à plus grant joye qu'ils furent... & fi avoit trés grant pouvreté de faim, la plus grant partie efpecialement le menu peuple...

Tant enchery le pain (trois femaines aprés) avant que Nouel fuft... que on ne plaignoit point qui en povoit avoir ; car quant ce venoit environ huit heures, il y avoit si trez grant presse à l'huys des Boulangers que nul ne le croiroit qui ne l'auroit vu ; & les povres créatures qui pour leurs pouvres maris qui estoient aux champs, ou pour leurs enfants qui mouroient de faim en leurs maisons, quant ils n'en povoient avoir pour leur argent ou pour la presse : aprés cette heure ouyssez parmi Paris piteux plaints, piteux cris, piteuses lamentations, & petits enfans crier... je meurs de faim... & sur les fumiers parmi Paris pussiez trouver cy dix, cy vingt ou trente enfans, fils ou filles qui là mouroient de faim & de froit ; & n'estoit si dur cueur qui par nuyt les oüit crier... hélas je meurs de faim... qui grande pistié n'en eust. Mais les pouvres Mesnaigiers ne leur povoient aider : car on n'avoit ne pain, ne blé, ne buche, ne charbon ; & si estoit le pouvre peuple tant oppressé des guets qu'il falloit faire de nuyt & de jour qu'ils ne sçavoient eux aider ne à autruy. ( Journal de Paris, p. 73.)

(32) Le Samedi 22$^e$. jour de Mars, veille des grands Pasques, l'an 1421, au cimetiere du vieux Baugé, environ quatre heures aprés diné, fut faite la desconfiture du Duc de Cla-

rence & de plusieurs grands Seigneurs Anglois. Des François y furent, le Sire de la Fayette Maréchal de France de par M. le Dauphin de Viennois Régent le Royaume, le Sire de Fontaines, le Sire de Tuffé nommé Baudouyn de Champagne, Messire Jean de la Grezille, M^re Jean des Croix (*), le Roncin & autres Chevaliers de l'Anjou & du Maine... & y furent morts Messire Charles le Bouteiller, Guerin des Fontaines, Thiebault Bahoul. (Extrait d'un vieil registre de la Chambre des Comptes étant en la Chambre d'Anjou, fol. 242.)

(33) En ce tems estoit le Roi d'Angleterre devant Meaulx, & y fist son Noel & sa Tiephanie, qui en toute la Brie avoit ses gens qui partout pilloient ; & pour iceux, & pour les *Arminaz* on ne povoit labourer ne semer nulle part : souvent on s'en plaignoit aux Seigneurs dessus dits ; mais ils ne s'en faisoient que moquer ou rire ; & faisoient leurs gens trop pis que devant dont le plus des laboureurs cesserent de labourer, & furent comme déses-

(*) Les Barons de Plancy se disent issus de ce Messire Jean des Croix, & par lui de la race de S. Roch: lisez-en les preuves dans les annotations de l'Histoire Chronologique de Charles VI, p. 753.

pérés, & laisserent femmes & enffants, en disant l'ung à l'autre... que ferons-nous ? mettons tout en la main du deable, ne nous chault que nous devenions ; autant vault faire du pis comme on peut du mieulx ; mieulx nous vaulsit servir les Sarrazins que les Chrétiens, & pour ce faisons du pis que nous pourrons ; aussi bien ne nous peust-on que tuer ou que prendre ; car par le faulx gouvernement des traistres Gouverneurs il nous faut renyer femmes & enffans.

Mais jà il y a quatorze ou quinze ans que cette danse douloureuse commença ; & la plus grant partie des Seigneurs en sont morts à glaive, ou par poison, ou par trayson, ou sans confession, ou par quelque mauvaise mort contre nature. (Journal de Paris, p. 80.)

Le Journal de Paris ne parle pas mieux de la vie que menoit le nouveau Duc de Bourgogne... car ( y est-il dit ) il menoit telle vie dampnable & de jour & de nuyt comme avoit fait le Duc d'Orléans & les aultres Seigneurs qui estoient morts moult honteusement ; & estoit gouverné par jeunes Chevaliers pleins de folies & d'outrecuidance, & se gouvernoit selon ce qu'ils se gouvernoient, & eulx selon lui, & en vérité de Dieu à nul d'eulx se challoit que d'accomplir sa voulenté. ( Journal de Paris, p. 81.)

(34) Emprès lui fut pendu un larron murdrier nommé Denis de Vauru lequel se nommoit son cousin pour la grant cruauté dont il estoit plain. Car on ne ouyt oncques parler de plus cruel Chrétien en tyrannie, que tout homme de labour qu'il povoit attrapper, quand il veoit qu'ils ne povoient de leur rançon finer, il les faisoit mener à queues de chevaulx à son ourme tout battant; & s'il ne trouvoit Bourrel prest, luy mesme les pendoit, ou celuy qui fust pendu avecques luy qui se disoit son cousin... Et bien paru par une dampnable cruaulté que ledit de Vauru fist... Il print un jeune homme en faisant son labour, il le loia à la queue de son cheval, & le mena battant jusques à Meaulx, & puis le fist gehenner, pour laquelle douleur le jeune homme lui accorda ce qu'il demandoit, & fust à si grant finance que trois ne l'eussent pu payer. Le jeune homme manda à sa femme laquelle il avoit espousée en cel an, & estoit assez prêt de terme d'avoir enfant, la grant somme en quoi il s'estoit assis pour eschever la mort & le quassement de ses membres : sa femme qui moult l'aimoit, y vint, qui cuida améliorer le cueur du tiran : mais rien n'y exploita : ains lui dist que c'il n'avoit la rançon à certain jour nommé qu'il le pendroit à son ourme. La

jeune femme commanda son mary à Dieu moult tendrement, plourant, & luy d'aultre part plouroit moult fort pour la pitié qu'il avoit d'elle.

Adonc se départi la jeune femme maudissant fortune, & fist le plutost qu'elle pot finance, mais ne put pas au jour qui nommé lui estoit, mais environ huit jours après. Aussitost que le jour que le Tyran avoit dit fust passé, il fist mourir le jeune homme, comme il avoit fait les aultres, à son ourme & sans pitié. La jeune femme vint aussitôt qu'elle pot avoir fait finance, si vinst au Tyran, & luy demanda son mary en plorant moult fort; car tant lassée estoit que plus ne se povoit soustenir, tant pour l'heure du travail qui approchoit, que pour le chemin que elle avoit fait qui moult estoit grant; brief tant de douleur avoit qui la convint pasmer : quant elle revint, si se leva moult piteusement, & demanda son mary derechief; & tantost lui fut respondu que jà ne le verroit tant que sa rançon fut payée...

Si attendi encore, & vit plusieurs laboureurs admener devant lesdits Tyrans, lesquels aussitost qu'ils ne povaient payer leur rançon, estoient noyés ou pendus sans mercy. Si ot grand paour de son mary; car son povre cueur luy jugeoit moult mal; neanmoins amour la tint de fi près qu'elle leur bailla la dite rançon de fon mari. Auffitoft qu'ils orent la pécune, ils lui dirent qu'elle s'en alla d'illec, & que fon mary eftoit mort ainfi que les autres Villains... Quant elle ouyt leur très-cruelle parole, fi ot tel deüil à fon cueur que nulle plus, & parla à eulx comme femme forcenée qui fon fang perdoit pour la grant douleur de fon cueur. Quant le faulx & cruel tyran le bâtard de Vauru vit qu'elle difoit paroles qui pas ne lui plaifoient, fi la fift battre de baftons, & mener tout battant à fon ourme, & luy fift acoler, & la fift lier; & puis lui fift couper tous fes draps fi très-courts qu'on la povait veoir jufques au nombril, qui eftoit une des plus grandes inhumanités qu'on pourroit penfer, & deffus luy avoit quatre-vingt ou cent hommes pendus, les uns bas, les autres haut; les bas aucunes fois quant le vent les faifoit brandiller touchoient à fa tefte qui tant luy faifoient de fraour qu'elle ne fe povait fouftenir fur piez : fi lui coppoient les cordes, dont elle eftoit liée, la char de fes bras : fi crioit la pouvre laffe moult cris & piteux plaints.

En cette douloureufe doulour où elle eftoit

vint la nuit : fi fe defconforta fans mefure comme celle qui trop de martyre fouffroit; & quant il lui fouvenoit de l'orrible lieu où elle eftoit... fi recommençoit fa doulour fi piteufement en difant... Sire Dieu, quant me ceffera cette pefme doulour que je fouffre !... Si crioit tant fort & longuement que de la cité la povait-on bien ouyr : mais il n'y avoit nul qui l'eut ofée ôter... En ces douloureux cris le mal de fon enfant la print... Si cria tant hault que les loups, qui la repperoient pour la charrogne, vinrent à fon cry droit à elle, & de toutes parts l'affaillirent efpecialement au ventre qui defcouvert eftoit, & luy ouvrirent à leurs cruelles dents, & tirerent l'enfant hors par pieces... Tout ainfi fina cette pouvre créature, & fut au mois de Mars en Karefme 1420. ( Journal de Paris, p. 84 & 85. )

(35) Le 21<sup>e</sup>. jour du moys d'Octobre vigille de onze mille Vierges, trefpaffa de ce fiecle le bon Roy Charles qui plus longuement regna que nul Roy Chreftien dont on euft mémoire; car il regna Roy de France 43 ans...

A fes obféques fon peuple & fes ferviteurs moult faifoient grant deuil; & le commun de Paris crioit, quand on le portoit parmi les rues... Ha très-cher Prince, jamais n'aurons si bon, jamais ne te verrons ; maudite soit la mort ! Jamais n'aurons que guerre, puisque tu nous a laissés : tu vas en repos ; nous demeurons en toute tribulacion & en toute douleur, &c... Quant le corps ( de Charles VI ) fut enterré & couvert... ung Herault cria haultement que chacun priast pour son ame, & que Dieu voulsist sauver & garder le Duc Henry de Lanclastre Roy de France & d'Angleterre... Le Duc de Betfort au revenir fit porter l'espée du Roy de France devant lui comme Régent, dont le peuple murmuroit fort ; mais à souffrir à celle fois le convint. ( Journal de Paris, p. 89 & 90. ).

*Fin des Observations sur les Mémoires de Fenin, & du Tome cinquième.*

www.ingramcontent.com/pod-product-compliance
Lightning Source LLC
Chambersburg PA
CBHW070825230426
43667CB00011B/1698